新时代内蒙古创新驱动的
激励效应与路径抉择

薛阳　胡丽娜◎著

XINSHIDAI NEIMENGGU

CHUANGXIN QUDONG DE JILI XIAOYING

YU LUJING JUEZE

中国财经出版传媒集团

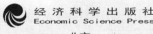
经济科学出版社
Economic Science Press

·北京·

图书在版编目（CIP）数据

新时代内蒙古创新驱动的激励效应与路径抉择／薛阳，胡丽娜著. -- 北京 ：经济科学出版社，2024.6.
ISBN 978 - 7 - 5218 - 6075 - 7

Ⅰ. F127. 26

中国国家版本馆 CIP 数据核字第 20240ZD532 号

责任编辑：郑诗南
责任校对：齐　杰
责任印制：张佳裕

新时代内蒙古创新驱动的激励效应与路径抉择
薛　阳　胡丽娜　著
经济科学出版社出版、发行　新华书店经销
社址：北京市海淀区阜成路甲 28 号　邮编：100142
总编部电话：010 - 88191217　发行部电话：010 - 88191522
网址：www. esp. com. cn
电子邮箱：esp@ esp. com. cn
天猫网店：经济科学出版社旗舰店
网址：http：//jjkxcbs. tmall. com
北京季蜂印刷有限公司印装
710 × 1000　16 开　18.75 印张　263000 字
2024 年 6 月第 1 版　2024 年 6 月第 1 次印刷
ISBN 978 - 7 - 5218 - 6075 - 7　定价：86.00 元
（图书出现印装问题，本社负责调换。电话：010 - 88191545）
（版权所有　侵权必究　打击盗版　举报热线：010 - 88191661
QQ：2242791300　营销中心电话：010 - 88191537
电子邮箱：dbts@ esp. com. cn）

序　言

2024 年 1 月 31 日，习近平总书记在中共中央政治局第十一次集体学习时明确指出，新质生产力已经在实践中形成并展示出对高质量发展的强劲推动力、支撑力，需要我们从理论上进行总结、概括，用以指导新的发展实践。① 当前，百年未有之大变局持续深化，地区冲突、气候变化等全球性不确定性因素有增无减，各国发展与安全仍面临巨大压力。为此，必须加快培育新质生产力，从"新"和"质"两方面重新规定生产力理论的具体内容和结构，不断增强和巩固产业升级新优势和发展新动能。科技创新是领航中国奋进新时代的重要动力之源，也是支撑新质生产力持续生成的关键因素。近年来，内蒙古自治区（以下简称"内蒙古"）不断完善科技创新政策体系，推动全区供给侧结构性改革持续深化，经济高质量发展不断实现新突破、取得新成就。与此同时，科技创新在支撑内蒙古经济社会发展实现向更高水平"跃迁"过程中也正在发挥着不可替代的重要作用。

本书按照"提出问题—分析问题—解决问题"的总体思路展开系统研究。主要由问题由来、内蒙古科技创新实践的总体概况、内蒙古科技创新政策实施效果与效应研究、内蒙古全要素生产率评价与效应研究、内蒙古创新驱动的提升路径与策略选择共 5 篇组成。主要内容如下：

第一篇是问题由来，包括第 1 ～第 2 章内容。主要内容为明确研究

---

① 习近平. 加快发展新质生产力，扎实推进高质量发展［N］. 人民日报，2024 - 02 - 02（1）.

背景、研究意义，完成国内外研究综述，总结研究内容与创新之处，提出研究方法与技术路线。明确科技创新政策、供给侧结构性改革、经济高质量发展、全要素生产率等基本概念，以及熊彼特创新理论、国家创新系统理论、区域创新系统理论以及内生增长理论等理论基础。

第二篇是内蒙古科技创新实践的总体概况，包括第3～第5章内容。从不断夯实创新驱动基础条件支撑等三方面，总结内蒙古推动科技创新实践的主要做法；从产业结构持续优化和经济效益明显改善两方面，阐述内蒙古推动科技创新政策实践的显著成效；从科技创新物质保障能力相对薄弱等三方面，概括内蒙古提升科技创新能力面临的突出挑战。内蒙古研究与开发（R&D）经费投入多尺度分析方面：从时间维度上研究内蒙古 R&D 经费投入的规模、强度以及结构在长期的发展过程中经历了怎样的调整或变化。从空间维度上研究全区各盟市之间以及内蒙古在全国各省区市之间的 R&D 经费投入空间差异状况。进一步地，从投入、产出以及环境三个维度，对内蒙古创新驱动经济高质量发展的现状及存在的主要问题进行系统深入分析。

第三篇是内蒙古科技创新政策实施效果与效应研究，包括第6～第8章内容。通过构建涵盖科技创新投入、产出以及环境的科技创新政策实施效果测度指标体系，完成内蒙古科技创新政策实施效果测度以及各子系统间的耦合协调分析。完成内蒙古科技创新政策实施对供给侧结构性改革的效应与机制检验；在完成基准回归分析的基础上，划分为蒙东、蒙中、蒙西三大区域，揭示科技创新政策对供给侧结构性改革的区域异质性。探究人力资本在内蒙古科技创新政策对供给侧结构性改革中所发挥的间接作用效应；以科技创新政策和人力资本作为门槛变量，检验内蒙古科技创新政策对供给侧结构性改革激励效应作用变化情况。构建空间杜宾模型，考察内蒙古科技创新政策实施对经济高质量发展的效应与机制，并引入产业结构、社会保障、文旅吸引力和政府干预程度作为控制变量，实证分析了内蒙古科技创新政策实施对经济高质量发展的激励效应。

第四篇是内蒙古全要素生产率评价与效应研究，包括第9～第11

章内容。完成内蒙古各盟市全要素生产率测算与分析；将各盟市划分为蒙东、蒙中、蒙西三大区域并对其全要素生产率进行对比分析；依据全要素生产率有效程度，对各盟市全要素生产率的投入产出进行冗余分析并做出调整。完成全要素生产率分解项均值分析。构建固定效应模型，完成 R&D 经费内部支出对内蒙古全要素生产率的效应与机制检验，并验证 R&D 经费内部支出对全要素生产率影响的区域异质性；引入经济发展水平作为机制变量，检验其在 R&D 经费内部支出对全要素生产率产生影响过程中发挥作用。分别选取人力资本投入与科技创新作为门槛变量，考察各自可能的门槛效应。完成数字经济发展水平测度基础上，定量检验数字经济对全要素生产率带来的影响，并分析数字经济对全要素生产率的区域异质性；引入科技创新能力作为机制变量，探究其在数字经济对全要素生产率的影响中所发挥的作用；以经济发展水平作为门槛变量，考察其在数字经济对全要素生产率影响过程中可能存在的门槛效应。

第五篇是内蒙古创新驱动的提升路径与策略选择，包括第 12～第 13 章内容。构建内蒙古创新驱动发展提升路径的系统动力学模型。对扩大投资支持、扩大财政科技支持等不同情景下，2022～2030 年内蒙古科技创新政策实施效果变化趋势进行动态仿真预测，并对不同情景下的模拟结果进行比较分析。阐释增强内蒙古科技创新政策激励效应的总体思路；从创新投入、创新产出、创新环境三方面，提出持续增强内蒙古科技创新政策激励效应的对策措施。

当前，进一步强化科技创新政策实施效果及其对供给侧结构性改革、经济高质量发展的激励作用是内蒙古高标准办好"两件大事"、完成"五大任务"等一系列重大战略部署的迫切需要；也是内蒙古主动构筑自身发展需要的新质生产力，突破资源产业比较优势造成的"路径依赖"，实现向创新驱动发展转型的现实需求。本书研究坚持背靠理论、面向实践，致力于"把论文写在祖国大地上"，聚焦内蒙古区域科技创新政策实践中存在的问题与改进方向，以更好地发挥科技创新政策的指导性、引领性等作用。同时，作为对适合地方区情的科技创新政策激励效应提升路径的探索，本书研究过程中，通过全面地梳理并掌握内蒙古科技创新政策结构系统基本特征及演进过程，有助于更好地把握当前内蒙古科技创新政策激励效应的政策实施存在的瓶颈因素及提升动力机制。本书主要研究发现可以为政策制定者确定内蒙古现行科技创新政策的继续、改进、终止提供依据，提高内蒙古科技创新政策供给的协同性，明确提升内蒙古科技创新政策激励效应的最佳路径，进而为引领内蒙古以及其他边疆少数民族地区深化供给侧结构性改革，推动区域经济高质量发展提供有益参考。

本书由薛阳、胡丽娜两位作者共同完成。其中，薛阳主要负责撰写第一篇第1章、第二篇、第三篇、第四篇第9章和第10章、第五篇第12章；胡丽娜主要负责撰写第一篇第2章，第四篇第11章；两人共同撰写第五篇第13章。该书在写作过程中，课题组研究生牛子正、秦金山、赵会、郭世乐、贾慧、魏佳鑫、樊庆丰、胡晨瑞、隋颖、高伟杰；本科生侯健祥同学，在文献资料分类整理、调查数据整理、文稿校对方面做了辅助工作。

需要指出的是，鉴于作者水平有限以及有关数据资料调查统计存在一定困难，针对有关问题研究的深刻性、系统性、全面性等方面仍存在进一步提升的空间。书中不足之处敬请国内外专家学者不吝赐教。

作者于中国·呼和浩特

2024 年 4 月

目 录
contents

> > > > > >

第一篇 问 题 由 来

第二篇　内蒙古科技创新实践的总体概况

第三篇　内蒙古科技创新政策实施效果与效应研究

第四篇　内蒙古全要素生产率评价与效应研究

第五篇 内蒙古创新驱动的提升路径与策略选择

第一篇
问题由来

第1章 导 论

近年来，内蒙古自治区（以下简称"内蒙古"）积极实施创新驱动发展战略，出台了一系列引导、支持、鼓励区域发展的科技创新政策。这一系列政策的实施为推动内蒙古供给侧结构性改革、区域经济高质量发展等发挥了重要作用。

1.1 研究背景

党的二十大报告明确指出："必须坚持科技是第一生产力、人才是第一资源、创新是第一动力，深入实施科教兴国战略、人才强国战略、创新驱动发展战略，开辟发展新领域新赛道，不断塑造发展新动能新优势。"[1] 创新活动一般需要较大的资金投入，具有较长的回报周期，在技术研发和商业化等不同阶段都存在较高的不确定性，而且创新产出存在明显的外部性，研发企业无法独占创新行为的全部收益，这都将导致局部的创新投入可能低于社会最优水平。为解决市场失灵问题，提高创新资源配置效率，世界各国普遍使用科技创新政策，引导和激励企业加大研发投资力度。中国积极实施创新驱动发展战略，制定并实施了一系列科技创新政策。作为发展中国家，

---

① 习近平. 高举中国特色社会主义伟大旗帜 为全面建设社会主义现代化国家而团结奋斗——在中国共产党第二十次全国代表大会上的报告 [N]. 人民日报，2022 - 10 - 26 (1).

中国的科技创新政策除了解决创新投入的市场失灵问题,还肩负着推动产业转型升级,实现国家发展目标的重任。因此,科技创新政策同产业政策、环保政策等交织在一起,形成了具有中国特色的科技创新政策体系。

进入新时代,进一步强化创新驱动引领经济高质量发展不仅是当前内蒙古推动供给侧结构性改革,促进经济高质量发展等重大发展战略实施的迫切需要,而且也是内蒙古突破由传统资源产业比较优势造成的"路径依赖",向创新驱动发展转型,进而实现新旧发展动能转换的重大现实需求。内蒙古地处祖国北疆,属于典型的少数民族聚居地区。内蒙古产业结构中煤化工、火电、冶金等资源型产业比重相对偏高,导致区域经济结构"偏重"。与此同时,内蒙古经济社会发展转型升级过程中仍存在高层次科技创新人才队伍缺乏、高水平科技创新平台建设滞后、科技创新投入力度不足等突出问题,在一定程度上削弱了区域经济社会创新发展的动力基础。基于此,如何以科技创新政策的激励效应提升为导向引领内蒙古经济社会转型发展,成为亟待破解的重大实践问题。

本书致力于研究内蒙古对适合区情的科技创新政策体系及其激励效应提升路径的探索。近年来,内蒙古积极实施创新驱动发展战略,出台了一系列支持科技创新的政策以引导、支持、鼓励创新驱动发展。如增加财政拨款、优化财政补贴、设立企业创新政府基金、政府采购等财政政策扶持,以及一系列针对科技创新领域的减免税、税率优惠、研发费用加计扣除等财税政策支持,同时还包括各类专门人才政策、创新环境政策,等等。统计数据显示(见图1.1),一方面,2010~2020年内蒙古研发投入强度整体呈现稳步提高的趋势,而在2020~2022年出现了明显下降的趋势;另一方面,与全国整体比较看,内蒙古研发投入强度连续多年不足全国平均水平的四成,且2019~2022年与全国平均水平的差距进一步扩大趋势,2022年的研发投入仅相当于全国平均水平的35.43%,这与全区强化创新驱动转型发展的重大现实需求难以适应。

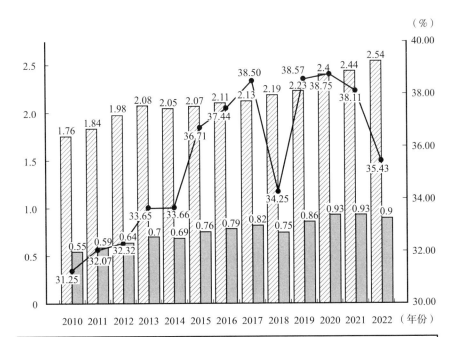

图 1.1　内蒙古与全国研发经费投入强度比较

资料来源：2010～2022 年全国科技经费投入统计公报。国家统计局官网 . https：//www. stats. gov. cn/.

总体而言，面对新形势、新挑战，推动内蒙古经济社会发展的基本动力从要素驱动、投资驱动转向创新驱动的需求十分迫切。特别是随着供给侧结构性改革、推动经济高质量发展等重大战略部署的实施，各类科技创新政策实施效果如何，在推动内蒙古经济高质量发展方面成效如何，是否能够实现预期目标，哪些领域存在亟待解决的问题或短板，这些问题有必要通过定量分析与定性分析结合的方法对科技创新政策实施成效及其作用机制进行全面深入的科学分析，以更好地强化创新驱动效应，推动产业结构转型升级，实现经济社会更高水平、更可持续、更有质量地发展。

1.2 研究意义

通过对内蒙古科技创新政策实施效果及其效应、区域全要素生产率及其效应进行实证检验，完成提升路径的模拟仿真，以更好地发挥科技创新政策的激励作用。具体而言，本书研究意义主要包括以下三个方面：

（1）为政策制定者确定内蒙古现行科技创新政策的继续、改进、终止提供依据。科技创新政策制定并实施的初衷在于推动经济社会更好更快地发展，但是科技创新政策实施效果因区域内外环境的差别或变化而产生明显的不同。通过对科技创新政策激励效应进行检验，有助于发现实际政策需求与政策供给之间的不平衡因素，以便更好地为政策体系的完善提供依据。近年来，内蒙古深入贯彻落实创新驱动发展战略，出台各种"创新新政"，从人才培养和引进、产学研合作、企业研发机构建设等各个方面为企业提供全方位的"政策红包"，客观上降低了部分企业的创新成本，对于激发企业创新活力、提高企业自主创新能力发挥了重要作用。基于上述考量，本书研究内容将致力于揭示这些政策设计的合理性，实施的有效性，存在的局限性以及可能的突破口。

（2）提高内蒙古科技创新政策供给的协同性，增强科技创新实践的正向外溢效应。高效推动科技创新实践是一项涵盖多部门、多领域、跨行业且具有高度复杂性、关联性的系统工程。从科技创新政策供给主体的构成看，涉及党政、科技、教育、财政、工信、人社等多个部门。这些部门的合理分工、协作配合的状况，直接决定了科技创新政策从谋划到制定和实施过程中，能否做到"落地生根""开花结果"。本书在阐释内蒙古科技创新政策与实践概况的基础上，完成对科技创新政策实施效果和区域全要素生产率的测度，并对各自的效应与影响机制进行了多维度检验。本书的研究发现能够从支持科技创新政策多部门协同供给的角度，提升各类创新支持要素的配置效率，并为相应政策的持续动态调整提供必要支持。

（3）明确提升内蒙古创新驱动激励效应的最佳路径。当前，强化科技创新政策实施效果，进一步提高区域全要素生产率是内蒙古推动供给侧结构性改革、促进经济社会高质量发展等重大战略部署的迫切需要，也是内蒙古突破资源产业比较优势造成的"路径依赖"，实现向创新驱动发展转型的现实需求。同时，作为对适合地方区情的创新驱动激励效应提升路径的探索，本书在研究过程中，通过全面梳理并深刻揭示内蒙古科技创新政策结构的基本特征及演进过程，可以更好地把握当前内蒙古科技创新政策实施过程中存在的瓶颈因素，明确提升动力机制，进而为科学合理决策提供有益参考。

1.3　文　献　综　述

科技创新是引领中国当前和今后较长时期发展的重要动力。随着从中央到地方各级政府对区域创新支持力度的不断增大，中国科技创新的"软""硬"基础设施环境更加优化，创新驱动发展能力和水平均有显著提升。学术界在理论层面围绕科技创新领域的很多基本问题展开了广泛而深刻的探讨，然而针对科技创新政策实施效果测度、效应与机制、提升路径系统研究的代表性成果还相对较少。目前，已有成果主要集中在与科技创新密切相关的创新能力、创新绩效的评价与影响因素研究等方面。此类研究基本上都是以科技创新评价为主要对象，通过构建评价指标体系进行定量评价分析。在国家和区域层面创新评价指标体系的构建上，早期研究主要强调以研究与开发（R&D）投入、专利数量为核心的创新投入产出指标。随着 20 世纪 90 年代以来国家和区域创新系统理论的兴起，不少研究以创新系统理论为基础，从创新要素、创新主体、创新成效和创新环境等方面综合设置指标（赵彦云等，2007；王慧艳等，2019），更加全面客观地开展创新评价研究。然而，也有学者认为，由于现有关于创新能力的测评忽视了对于创新系统功能的发挥产生重要影响的体制性因素，故而相关评价结果的有效性、可靠性仍值得商榷（Lorenz et al.，2006；贾根良等，2008）。

近年来，在数字技术迅速迭代及其推广应用的背景下，数字经济的快速发展深刻改变了传统的产业业态、商业模式以及组织管理模式等，并使其成为继工业经济主体形态之后的新的主体经济形态（薛阳等，2023）。数字经济引发了经济社会的整体性、系统性变革，广泛而深刻地改变了人类生产生活的基本面貌。以数字技术为代表的科学技术不断发展、创新与应用，极大丰富了劳动工具的内容和形式，显著推动了社会生产力的发展（胡丽娜，2023）。为此有不少学者从数字经济发展视角对科技创新评价提出了一系列深入思考。比如，严晗等（2023）从大数据视角下，立足我国科技创新新阶段，融合大数据指标，采用组合赋权方法，从创新环境、创新投入、创新产出、企业创新和创新绩效5个维度构建我国区域科技创新高质量发展综合评价指标体系，考察评估2012～2022年我国科技创新发展水平程度、特征和趋势。郭本海等（2023）认为，在数字技术与高技术制造业不断深度融合趋势下，数字经济已成为驱动中国高技术制造业创新效率提升的重要动力。进而通过构建数字经济驱动下中国高技术制造业创新效率评价指标体系，利用Bootstrap - DEA模型对2009～2019年中国各省域高技术制造业创新效率进行评价，分析了中国高技术制造业技术创新效率区域差异、时空演变及其成因。

除了科技创新政策效果测度和评价研究之外，关于科技创新的经济发展效应研究也是不少文献关注的重要内容。在熊彼特开创性地论述创新在经济发展中的重要作用以后，以新经济增长理论（Romer，1990）和新制度经济学理论（North，1990）为代表的两大学派分别强调了科技创新和制度创新在经济发展中的重要作用。当前，更多观点认为二者在经济发展中均扮演着重要角色。结合中国实际，有学者认为推进有利于科技创新实践的制度创新对于现阶段的中国而言显得更为紧迫（刘伟，2013；黄群慧，2014）。在实证研究中，现有文献主要通过考察科技创新对经济增长或全要素生产率的影响完成创新效应的定量检验。同时，不少研究以 R&D 投入强度或专利数量衡量科技创新，并指出科技创新对于一个国家或区域的经济发展具有显著促进作用（李黎明等，2019；薛阳等，2022）。目前，系统分析制度创新经济发展效应的文献较少，已有研究主要考察知识产权保护、非国有经济发展等特定制度因素的效应（张新杰，2009；孔伟杰等，2012）。有关科技创新效应的文献类型比较丰富。近年来涌现出的重要研究成果还包括，易先忠等（2023）从科技强国建设的优势途径出发，系统研究了产业数字化对本土需求引致创新的强化效应。陈亮（2023）运用北上广深面板数据，通过构建计量模型研究了产业集聚影响下区域科技创新效率的集聚效应与拥挤效应。

科技创新为促进供给侧结构性改革提供了不竭动力。不少学者从政策实践角度系统研究了两者之间的关系。袁志刚（2021）认为经济增长的源泉来自供给侧，但在注重供给侧长期增长因素的同时，也必须注意需求侧的波动情况。目前，中国的经济增长已经从生产要素粗放驱动的阶段，迈入了生产要素配置效率提高阶段和创新驱动阶段。赵建强等（2023）从科技创新与供给侧结构性改革方面，运用合成控制法对京津冀协同发展战略的区域科技创新效应进行分析，深刻阐释了跨行政区域的分工协作对科技创新带来的影响与机会。肖宏伟和牛犁（2021）认为在我国经济发展动力变革进程中，急需加快新旧动能转换，提高全要素生产率，从深入实施创新驱动发展战略、促进三大需求协调拉动、加快构建现代产业体系、全面深化改革扩大开放等方面着手，切实推动我国经济发展动力变革，为顺利实现中华人民共和国国民经济和社会发展第十四个五年规划和 2035 年远景目标纲要经济发展目标提供动力支撑。还有学者对比了实施供给侧结构性改革对优化要素配置的影响。比如，叶初升和方林肖（2019）研究发现，在供给侧结构性改革之前，实际经济增速逐年放缓与潜在经济增长率减速密切相关，供给侧结构性改革明显改善了资源错配，缓解了要素扭曲程度，使资本产出弹性大幅上升，从而可能显著提高经济增长的潜能。任颖洁（2020）认为进入工业化后期发展阶段的中国，如何在复杂多变的国际环境下，在全球去杠杆率加大、经济增速下滑的压力下，在稳定和发展中，深化供给侧结构性改革，促进产业转型和升级，推动经济高质量发展、高效率运作，成为新时代经济发展面临的重要任务。

科技创新为推动经济社会高质量发展提供了关键支撑和重要动力。任保平（2020）认为，应当把创新驱动嵌入高质量发展各个环节。其中，高质量发展是贯彻新发展理念的发展，其核心是创新发展，通过创新发展实现效率变革、质量变革和动力变革，从而提高全要素生产率。冯梦黎等（2021）通过量化创新系统和中国经济高质量发展的指标，对两者之间的关系进行实证研究，现阶段虽然科技创新对经济质量的提升作用显著，但科技创新的能力还有待进一步提高。师博等（2021）认为，创新不仅会对本地的经济增长和经济高质量发展产生推动作用，也会对周边相邻地区的经济增长产生影响，通过空间反馈机制引起周边的一系列变化。傅利平等（2024）研究发现，京津冀地区的创新资源集聚程度、协同创新程度与高质量发展水平整体上均呈现出正向空间集聚特征，创新资源集聚、区域协同创新以及二者的交互效应显著促进了京津冀高质量发展。

新质生产力是 2023 年 9 月习近平总书记在黑龙江省考察期间首次提出的原创性概念，并被写入了中央文件。[①] 它从"新"和"质"两方面重新规定了新时代生产力的具体内容和结构。2024 年 1 月 31 日，习近平总书记在中共中央政治局第十一次集体学习时明确指出，新质生产力已经在实践中形成并展示出对高质量发展的强劲推动力、支撑力，需要我们从理论上进行总结、概括，用以指导新的发展实践。[②] 学术界围绕新质生产力的理论与实践研究也形成了部分代表性成果。韩喜平和马丽娟（2024）研究了新质生产力的政治经济学逻辑，他们认为，加

---

① 习近平. 牢牢把握在国家发展大局中的战略定位，奋力开创黑龙江高质量发展新局面 [N]. 人民日报，2023 - 09 - 09（1）.

② 习近平. 加快发展新质生产力，扎实推进高质量发展 [N]. 人民日报，2024 - 02 - 02（1）.

快形成新质生产力，必须坚持科技创新引领，实现人才强、科技强，进而促进产业强、经济强，必须加快实现高水平科技自立自强，支撑引领高质量发展，为全面建设社会主义现代化国家开辟广阔空间。盛朝迅（2024）研究了新质生产力的形成条件与培育路径，他认为新质生产力的形成具有客观必然性，是新技术持续涌现和群体性突破带来新赛道、数据等新生产要素进入生产函数、"科技—产业—金融"顺畅循环、强大国内市场有力支撑、产业基础积淀和高素质劳动者、企业活力和企业家才能充分发挥作用这六个方面因素相互交织孕育形成的结果。黄群慧和盛方富（2024）深入分析了新质生产力系统的要素特质、结构承载与功能取向，并进一步指出，从系统论视角来看，新质生产力是由相互联系、相互作用的生产力要素、生产力结构、生产力功能构成的"要素—结构—功能"系统。其中，新质生产力要素由新型劳动者、新型劳动对象、新型劳动工具、新型基础设施等构成，新质生产力在结构承载上表现为由新兴产业、未来产业等主导发展形成的现代化产业体系，新质生产力功能则凸显新发展理念、追求实现高质量发展、更好满足人民美好生活需要的价值取向。

作为我国北方重要生态安全屏障、祖国北疆安全稳定屏障、国家重要能源和战略资源基地、国家重要农畜产品生产基地、国家向北开放重要桥头堡，通过不断加强科技创新的引领作用，推动内蒙古走稳走实高质量发展之路，事关全区经济社会发展大局。近年来，学术界围绕内蒙古创新驱动发展等有关问题的研究也形成了一系列重要成果。

内蒙古科技创新政策效果综合评价方面：白宝光等（2017）构建了内蒙古科技创新政策实施效果评估指标体系；通过收集 2007~2015 年相关年鉴的统计数据，对政策实施效果进行了评估分析；并从建立健全地方政府研发投入长效机制、强化基础创新能力、积极推动资源型产业转型升级 3 个方面提出了提高内蒙古科技创新政策实施效果的措施建议。薛阳和胡丽娜（2017）运用信息熵与 TOPSIS 方法对内蒙古科技创新政策绩效进行评价。结果显示，投入类支持政策对内蒙古科技创新政策实施效果贡献最为显著，产出能力类政策次之，科技创新环境类政策实施效果最差。郝晓燕和刘玲玉（2018）以科技活动作用环境、应用主体、调控环节作为分类标准，从场域、横向、纵向三个维度构建科技政策的三维立体分析评价体系，对内蒙古科技厅提供的 1994～2015 年 160 项科技政策进行全面分析并提出政策建议。李铀等（2022）结合内蒙古地区的实际情况，运用竞优评价理论，从创新资源投入、创新活动开展、创新成果产出和创新环境支持四个维度，构建了内蒙古大中型工业企业创新能力测度指标体系，进而采用基于优势识别的静态评价模型和动态评价模型，完成了内蒙古地区按登记注册划分的 9 种类型大中型工业企业的科技创新能力评价。

内蒙古科技创新实践与经济社会发展的关系方面：曹考和超博（2022）以内蒙古为对象，研究了发展中地区人力资本与技术创新的动态配置与路径选择，结果表明，内蒙古技术创新的滞后期，对自身有明显的促进作用；人力资本滞后两期对技术创新也呈现出正面效应。但技术创新滞后期和人力资本滞后期与人力资本不存在正向关系，说明内蒙古技术创新意识相对较强，然而以教育为主的人力资本尚未发挥出应有的作用与之匹配。孙晶和黄思敏（2023）以内蒙古沿黄生态经济带为对象，基于 2011～2020 年内蒙古沿黄生态经济带绿色创新发展数据，采用 Super – SBM 模型，结合重心—标准差椭圆和 Dagum 基尼系数分析，揭示了内蒙古沿黄生态经济带绿色创新发展的时空分异特征；利用变异系数、边际垂直 β 收敛模型探究绿色发展的收敛特征。郝晓燕等（2023）基于专利结构视角，以内蒙古新能源产业为研究对象，运用 1987～2022 年内蒙古新能源产业专利的基础数据，对内蒙古新能源产业创新现状与存在问题进行翔实深入的分析。

总体而言，现有系列研究成果从科技创新理论、政策与实践等各个角度为本书研究提供了重要的文献支持、理论支撑和实践基础。需要指出的是，目前研究对科技创新政策实施效果、区域全要素生产率的定量测度，以及有关效应与机制研究的作用机理、作用方式、作用程度强弱以及影响因素等仍存在不同观点。尤其在实践层面上，对科技创新政策制定、实施等缺乏准确的区分标准，往往以政府研发补助或奖励等笼统代替，或简单以政策手段的名称来进行划分，从而缺少对各类政策工具的作用机制开展科学的系统深入分析。当前，通过优化政策结构，增强政策实施力度，可以进一步提高内蒙古科技创新政策的激励效应，强化内蒙古创新驱动能力，但同时，内蒙古科技创新既面临前所未有的重要机遇，也存在很多尚待弥补的短板。一方面，国家层面出台一系列专门支持内蒙古发展的重大政策举措。2023 年 10 月，国务院印发《关于推动内蒙古高质量发展奋力书写中国式现代化新篇章的意见》；2024 年 3月，国家发改委等六部门联合印发《国家发展改革委等部门关于支持内蒙古绿色低碳高质量发展若干政策措施的通知》等一系列针对性文件，为内蒙古更好推动落实"五大任务"，办好"两件大事"明确了更加具体的鼓励政策。另一方面，内蒙古产业结构相对单一且资源型产业在国民经济体系中占主导地位，目前，这一基本区情尚未产生根本性变化。特别是对于资源型产业的路径依赖过重，使内蒙古经济抵御市场波动的能力偏弱。为此，充分释放国家和地方政策红利，提高内蒙古经济发展的创新驱动能力和效果，有助于以创新为重要组成部分的各种新经济业态的不断涌现以及形成传统业态转型升级的良好局面，进而有利于逐步扭转对资源型产业的依赖，为实现内蒙古经济社会转型发展创造更加有利的条件。

1.4　研究内容与创新之处

1.4.1　研究内容

本书共包括问题由来（第 1～第 2 章）、内蒙古科技创新实践的总体概况（第 3～第 5 章）、内蒙古科技创新政策实施效果与效应研究（第 6～第 8 章）、内蒙古全要素生产率评价与效应研究（第 9～第 11章）、内蒙古创新驱动的提升路径与策略选择（第 12～第 13 章），五大

部分研究内容,由十三个章节组成:

第 1 章为导论。明确了本书的研究背景、研究意义,完成了国内外研究综述,总结了研究内容与创新之处,概括了研究方法与技术路线。

第 2 章为相关概念界定与理论基础。明确了科技创新政策、供给侧结构性改革、经济高质量发展、全要素生产率等基本概念,以及熊彼特创新理论、国家创新系统理论、区域创新系统理论以及内生增长理论等理论基础。

第 3 章为内蒙古推动科技创新实践的主要做法、成效与面临挑战。从不断夯实创新驱动基础条件支撑等三个方面,总结内蒙古推动科技创新实践的主要做法;从产业结构持续优化和经济效益明显改善两个方面,阐述了内蒙古推动科技创新政策实践的显著成效;从科技创新物质保障能力相对薄弱等三个方面,概括了内蒙古提升科技创新能力面临的突出挑战。

第 4 章为内蒙古 R&D 经费投入现状的多尺度分析。一方面从时间维度上研究了内蒙古 R&D 经费投入的规模、强度以及结构在长期的发展过程中经历了怎样的调整或变化。另一方面,从空间维度上研究了全区各盟市之间以及内蒙古在全国各省区市之间的 R&D 经费投入空间差异状况。

第 5 章为内蒙古科技创新政策实践的"投入—产出—环境"三维分析。从投入、产出以及环境三个维度,运用大量翔实数据对内蒙古创新驱动经济高质量发展的现状及存在的主要问题进行系统深入分析。

第 6 章为内蒙古科技创新政策实施效果测度及系统耦合协调分析。通过构建涵盖科技创新投入、产出以及环境的科技创新政策实施效果测度指标体系,完成内蒙古科技创新政策实施效果测度。运用耦合协调分析模型,完成各子系统间的耦合协调性测度与分析。

第 7 章为内蒙古科技创新政策实施对供给侧结构性改革的效应与机制检验。运用盟市面板数据,通过构建计量回归模型,实证检验了内蒙古科技创新政策实施对供给侧结构性改革带来的影响。进一步地,验证了科技创新政策实施对供给侧结构性改革影响的区域异质性。探究人力资本在科技创新政策对供给侧结构性改革影响过程中所发挥的间接效应。以科技创新政策和人力资本作为门槛变量,检验内蒙古科技创新政策对供给侧结构性改革激励效应变化情况。

第 8 章为内蒙古科技创新政策实施对经济高质量发展的效应与机制检验。构建空间杜宾模型,考察内蒙古科技创新政策实施对经济高质量发展的影响。引入产业结构、社会保障、文旅吸引力和政府干预程度作为控制变量,实证分析了科技创新政策实施对经济高质量发展的激励效应。结果显示,内蒙古各盟市的经济高质量发展存在显著的空间相关性,科技创新政策实施显著推动了经济高质量发展,且空间溢出效应明显。

第 9 章为内蒙古全要素生产率的测度与分析。基于盟市面板数据,计算得到各盟市全要素生产率值。划分为蒙东、蒙中、蒙西三大区域并对其全要素生产率进行对比分析。依据全要素生产率有效程度,对各盟市全要素生产率的投入产出进行冗余分析并做出调整。完成全要素生产率分解项均值分析。

第 10 章为内蒙古 R&D 经费内部支出对全要素生产率的效应与机制检验。基于盟市面板数据,构建固定效应模型,完成了 R&D 经费内部支出对内蒙古全要素生产率的激励效应检验。同时,还验证了 R&D 经费内部支出对全要素生产率影响的区域异质性。引入经济发展水平作为机制变量,检验了其在 R&D 经费内部支出对全要素生产率产生影响过程中发挥的作用。分别选取人力资本投入与科技创新作为门槛变量,通过构建门槛效应模型,考察各自可能存在的门槛效应。

第 11 章为内蒙古数字经济发展对全要素生产率的效应与机制检验。基于盟市面板数据,计算得到不同年度各地的数字经济发展水平,并对其进行对比分析。通过构建计量回归模型,深入剖析数字经济对全要素生产率的具体影响。进一步地,揭示了数字经济对全要素生产率影响的区域异质性。引入科技创新能力作为机制变量,探究其在数字经济对全要素生产率的影响中所发挥的作用。以经济发展水平作为门槛变量,深刻解析在不同经济发展水平下，数字经济对全要素生产率影响的变化情况。

第12章内蒙古创新驱动提升路径仿真研究。构建内蒙古创新驱动发展提升路径的系统动力学模型。对扩大投资支持、扩大财政科技支持、扩大教育经费投入、扩大节能环保支出等不同情景下，2022～2030年间内蒙古科技创新政策实施效果变化趋势进行动态仿真预测，并对不同情景下的模拟结果进行比较分析。

第13章增强内蒙古科技创新政策激励效应的总体思路与政策建议。结合前面的研究，在阐释增强内蒙古科技创新政策激励效应的总体思路的基础上，从创新投入、创新产出、创新环境三方面，提出持续增强内蒙古科技创新政策激励效应的具体对策措施。

1.4.2　创新之处

本书的创新性之处主要有以下两个方面：

（1）理论方面：现有文献关于创新驱动的激励效应研究，多以具体问题的求证见长，一般将科技创新政策实施效果测度、全要素生产率测度与相应的效应研究、提升路径研究分割开来，各自研究，鲜有系统化、理论化的规范分析。本书按照定量测度与激励效应实证分析、提升路径仿真结合的研究范式进行深入剖析，既从运用系统思想的方法对区域创新驱动发展水平进行整体把握，又从某一特定视角对深化区域供给侧结构性改革、促进经济高质量发展、提高全要素生产率进行具体化分析。这有助于将政策制定者、政策工具以及政策对象，纳入到完整的政策效应传导链条中去，提升研究发现的科学性、可靠性。

（2）实践方面：本书提出创新驱动的激励效应本质上是一个将宏观政策目标微观化实现的问题。采用宏观分析与微观分析结合的思想，在明确内蒙古科技创新实践总体概况的基础上，通过定量评价、效应检验与提升路径逐次深入分析研究，总结以往政策实施成效，找出存在的问题。进一步地，通过构建内蒙古创新驱动的系统动力学仿真模型，并对不同方案的创新驱动激励效应进行对比分析，明确提升最佳路径，为政府决定相关配套政策是否继续执行、修改或终止提供科学依据，有助于促进区域科技创新政策体系更加完善。同时，本书亦可为同类问题的研究提供有益借鉴和参考。

1.5 研究方法与技术路线

1.5.1 研究方法

根据研究内容展开的需要，结合研究对象特点，为了更好地实现预期研究目标，本书采用的研究方法主要包括以下六种：

（1）文献研究方法。根据现有的理论基础或基于某种事实的推断或假设，通过搜集、整理、分析现有文献，建立对相关推断或假设系统性的认识。这种研究方法不受时空条件的限制，能够在较短的时间内获取丰富的文献信息，帮助研究者更好地把握研究对象的现状与发展趋势。

（2）统计分析方法。该方法是以反映研究对象的数量关系特征为目标，通过采用一定的描述方法对其进行收集、整理以及总结分析。这一方法使用必须以足够数据信息为基础，对研究对象的数量特征进行准确刻画。

（3）规范分析与实证分析相结合方法。这一方法是在研究过程中相互印证的研究方法。规范分析通过理论推演，阐释研究对象"应该是什么"或者"应该怎么样"的问题。实证分析通过基于事实的论述，解析研究对象"是什么"或者"不是什么"的问题。通过规范分析与实证分析相结合，较好地保障了研究结论的科学性。

（4）比较分析方法。该方法在使用时一般区分为纵向比较分析和横向比较分析。其中，纵向比较分析是从时间的尺度，针对某一研究对象在不同时间范围内发生的变化或表现出的差异情况进行描述。横向比较分析是指用于比较的各个研究对象在同一时间内各自性质或特点的异同情况。

（5）系统动态变化分析方法。系统动态变化分析方法是将某些复杂的研究对象视为一个特定系统，将不同时期表征该特定系统性质的因素的变动情况进行比较分析，在时间维度和空间维度变化中针对该特定系统因素指标进行综合分析，找出其中的问题以及解决问题的可行方案。

（6）多学科交叉研究方法。根据研究内容涉及的领域和特点，在理论分析和实证分析过程中，采用多学科交叉的研究方法有助于拓展和深化研究内容，揭示研究问题的本质，提升研究结论的可靠性。

1.5.2　技术路线

针对创新驱动的激励涉及科技创新投入、产出、环境等多个方面。各级政府出台的各种"创新新政"，从人才培养和引进、产学研合作、企业研发机构建设等各个方面为企业客观上降低了部分企业的创新成本，对于激发企业创新活力、提高企业自主创新能力发挥了重要作用。如前文所述，这些政策的设计是否科学合理，还可能存在哪些局限性或有待完善之处？不同科技创新政策的实施是否达到了预期目标？这些问题的回答需要通过规范的理论分析把感性认识上升到理性认识。本书将沿着政策制定到作用对象的完整政策传导路径，对创新驱动激励效应及其作用机制进行系统研究。同时，构建提升创新驱动激励效应系统动力学模型，将影响区域科技创新诸要素之间的关系进行可视化呈现，揭示区域创新驱动激励效应与提升动力机制。本书研究过程按照"提出问题—分析问题—解决问题"的总体思路展开研究。

具体技术路线，如图1.2所示。

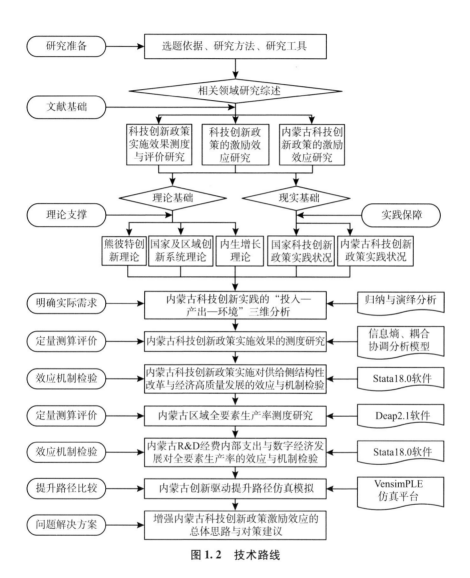

图 1.2　技术路线

第2章 相关概念界定与理论基础

本章明确了科技创新政策实施效果、供给侧结构性改革、经济高质量发展以及全要素生产率等基本概念；阐释了熊彼特创新理论、国家创新系统理论、区域创新系统理论以及内生增长理论等理论基础。

2.1 相关概念界定

2.1.1 科技创新政策

2023年7月，习近平总书记在四川考察时明确指出："以科技创新开辟发展新领域新赛道、塑造发展新动能新优势，是大势所趋，也是高质量发展的迫切要求，必须依靠创新特别是科技创新实现动力变革和动能转换。"[①] 通过实践生动地证明了科技创新作为引领区域发展的首要动力以及推动区域协调发展的关键支撑力，可以为经济高质量发展注入新动力、提供新引擎，在发展方式上实现从投资驱动、要素驱动升级为创新驱动，能更好地助推经济发展内在动力的根本性转换（任保平，2018）。早在2016年5月，中共中央、国务院印发的《国家创新驱动发展战略纲要》

---

① 习近平. 推动新时代治蜀兴川再上新台阶，奋力谱写中国式现代化四川新篇章 [N]. 人民日报，2023 – 07 – 30（1）.

就将创新驱动定义为:"创新驱动就是创新成为引领发展的第一动力,科技创新与制度创新、管理创新、商业模式创新、业态创新和文化创新相结合,推动发展方式向依靠持续的知识积累、技术进步和劳动力素质提升转变,促进经济向形态更高级、分工更精细、结构更合理的阶段演进。"

从有关科技创新政策概念的研究成果看,林木西等(2020)从投入到产出的过程维度看,科技创新驱动过程可以划分为两个阶段,一个是科技创新投入与创新产出阶段,另一个是创新产出与经济增长及经济发展阶段。王振和卢晓菲(2018)认为将科技创新政策的驱动作用可以具体分解为两大动力:①研发创新力,即支撑区域经济的核心竞争力和基础动力;②产业创新力,当研发创新力有效转化为产业创新力,将成为区域经济发展的核心动力和基本保障。刘思明等(2019)认为,科技创新政策效果主要指一国主要以创新驱动经济持续发展的能力,既包括科技创新政策实施效果,也包括制度创新能力。通过以上讨论可以看出,实施科技创新政策有利于促进经济社会高质量发展、扭转新旧动能转换的资金困境,激发市场活力,释放经济新动能。比如,降低税率等税收优惠政策通过降低成本,激励创新,优化资源配置,增加预期收益,降低科技创新风险,增加科技创新资金供给等方面对促进科技创新的系列决策产生积极影响,进而推动创新投入和增强创新产出。考虑到科技创新本身具有正向外溢效应,从政府政策层面促进科技创新实践活动的作用机理如图 2.1 所示。

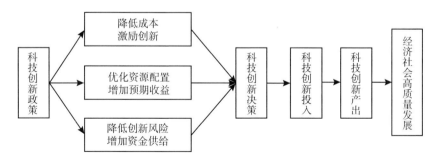

图 2.1　科技创新政策对经济社会高质量发展的作用机理

资料来源:由笔者绘制。

具体内容如下:

(1) 科技创新政策能够降低经营成本,激励企业科技创新。一方面,高税费成本是束缚经济供给体系的主要因素。与降低交易成本相比,通过科技创新政策实施,降低税费成本有更大的操作空间,通过政府之手进行调节,效率更高,而且缓解了企业融资难题。另一方面,科技创新政策还可为提高创新能力起到一定的刺激作用,减少科技创新的成本,提高创新能力,改善科技创新收入,并以科技创新带动税收收入增加的良性循环。

(2) 科技创新政策有助于优化资源配置,增加科技创新预期收益。科技创新政策可以引导社会资源的流动,调节市场对资源的配置,促进社会资源流向科技创新活动,调动科技创新的积极性,激励增加研发投入,增加研发产出。同时,企业以营利为目的,获得较高的经济收益率是激励企业增加研发投入的根本因素。通过科技创新政策可以削减科技创新成本,提高科技创新成果收入。

(3) 科技创新政策可以降低科技创新风险,增加科技创新资金供给。由于科技创新客观存在的风险可能使企业科技创新投入的积极性降低,而降税可以在两方面降低科技创新活动的风险:一方面,科技创新政策能够对企业的资产组合决策产生影响,进而影响企业风险资金获得规模;另一方面,科技创新政策可以对实际投资决策产生影响,进而影响其创新投入。特别是政府制定税收抵免等政策,成为企业投资的隐形合伙人,使得企业在科技创新过程中承受的风险大大降低,进而强化了企业进行科技创新的意愿,激励其增加研发投入。另外,通过实施科技创新政策对企业内部资金和外部融资环境产生影响,亦可对其对科技创新资金供给产生积极影响。

总之,不断强化科技创新作为引领发展的重要动力,是建设现代化经济体系的战略支撑,也是提高社会生产力和综合国力,实现高质量发展的必由路径和必然选择。经济发展主要依靠科学技术的创新带来的效益来实现集约的增长方式,用技术变革提高生产要素的产出率。坚持创新驱动发展,全面塑造发展新优势的重点是建设新型国家创新体系,强化国家战略科技力量。通过运用市场化机制激励企业科技创新，全面提升企业创新能力。同时，紧扣产业链供应链部署创新链，不断提升科技支撑能力，加快科技成果转化应用，促进科技创新与实体经济深度融合。综上所述，本书认为，科技创新政策是一定时期内推动国家或区域实现转型发展的关键影响因素，其涵盖创新投入、创新产出和创新环境三个方面的内容，并且三者之间的协调水平深刻影响其激励效应状况的发挥。

2.1.2 供给侧结构性改革

2024 年中央经济工作会议指出，"必须坚持深化供给侧结构性改革和着力扩大有效需求协同发力"①。供给侧结构性改革的重点是解放和发展社会生产力，用改革的办法推进结构调整，减少无效和中低端供给，扩大有效和高端供给，增强供给结构对需求变化的适应性和灵活性，提高全要素生产率。通过一系列政策举措，特别是推动科技创新、发展实体经济、保障和改善人民生活的政策措施，解决中国经济供给侧存在的问题。供给侧结构性改革既强调供给又关注需求，既突出发展社会生产力又注重完善生产关系，既发挥市场在资源配置中的决定性作用又更好发挥政府作用，既着眼当前又立足长远。任颖洁和李成勋（2020）从马克思扩大再生产理论和供给侧改革的相关性，以及产业结构演化的内在规律出发，结合中国供给侧结构性改革推行中存在障碍及目前产业调整的弊病，挖掘中国产业调整的思路对策，探索构建新时代中国特色供给侧结构性改革与产业升级的政治经济学理论逻辑。洪银兴（2018）认为，回顾 40 年改革开放的实践，每一次重大进展都是政治经济学领域的重大突破开道和推进的，其中近年来经济运行理论的突破，推动了供给侧结构性改革实践。熊兴等（2019）认为供

---

① 划重点！中央经济工作会议要点梳理 ［N/OL］. 人民网，2023 - 12 - 13. http：//politics. people. com. cn/n1/2023/1213/c1001 - 40137880. html.

给侧结构性改革主要集中在问题突出的私人产品领域，但如何推进基本公共服务领域供给侧结构性改革，满足人民对更高质量基本公共服务的需求，客观上构成了提升人民幸福感、获得感，化解新时代社会主要矛盾的关键所在。

总体而言，供给侧结构性改革要求从生产端入手，重点促进产能过剩有效化解，促进产业优化重组，降低企业成本，发展战略性新兴产业和现代服务业，增加公共产品和服务的供给，提高供给结构对需求变化的适应性和灵活性。与"供给侧"对应的就是"需求侧"。在传统的需求管理思路中，拉动经济增长的方式主要是加大投资、刺激消费和拉动出口；而从供给侧来看，则认为经济增长的动力在于供给和生产端，通过解放生产力、提升产业竞争力来"提质增效"。供给侧结构性改革的根本目的是提高社会生产力水平，落实好以人民为中心的发展思想。要在适度扩大总需求的同时，去产能、去库存、去杠杆、降成本、补短板，从生产领域加强优质供给，减少无效供给，扩大有效供给，提高供给结构适应性和灵活性，提高全要素生产率，使供给体系更好地适应需求结构的变化。

2.1.3 经济高质量发展

走高质量发展之路是为适应我国特定发展阶段面临的形势与挑战由党中央、国务院作出的重大战略部署，也是我国发展必须经历的阶段。党的十九大报告首次提出"高质量发展"，这意味着中国经济开始由高速增长阶段转向高质量发展阶段。党的二十大报告明确指出，"高质量发展是全面建设社会主义现代化国家的首要任务。"经济高质量发展根本在于经济的活力、创新力和竞争力。而经济发展的活力、创新力和竞争力都与绿色发展紧密相连，密不可分。离开绿色发展，经济发展便丧失了"活水源头"；离开绿色发展，经济发展的创新力和竞争力也就失去了根基和依托。绿色发展是我国从速度经济转向高质量发展的重要标志。"十四五"时期经济社会发展要以推动高质量发展为主题，这是根据我国发展阶段、发展环境、发展条件变化作出的科学判断。要以习近平新时代中国特色社会主义思想为指导，坚定不移贯彻新发展理念，以深化供给侧结构性改革为主线，坚持质量第一、效益优先，切实转变发展方式，推动质量变革、效率变革、动力变革，使更多经济社会发展成果在更大范围、更多领域、更宽层次惠及全体人民，持续推动实现广大人民群众对美好生活的期待和向往。

从现有研究看，新古典增长理论认为，经济增长的动力一方面来源于要素投入数量的增加，另一方面来源于要素生产率的提高，比如技术进步、资源配置效率提高、制度创新和规模经济等。其中，全要素生产率（total factor productivity，TFP）被视为要素投入水平之外驱动经济增长的重要引擎，是衡量经济高质量发展的核心指标，也是经济长期持续增长的关键。当前，我国正进入经济高质量发展阶段，共同富裕、绿色发展、创新驱动是高质量发展的特征（王一鸣，2020）。李华和董艳玲（2021）认为，在以国内大循环为主体的新发展格局背景下，包容性绿色全要素生产率综合体现了创新、协调、绿色、开放、共享理念，能够较好地衡量经济高质量发展水平。任保平和李禹墨（2018）认为，经济高质量发展是经济总量增长到一定规模后，在保证经济增长效率和稳定性的前提下，经济结构得到优化、动能得到转换的状态，强调社会、经济、生态协同发展。方大春和马为彪（2019）认为经济高质量发展可从"创新、协调、绿色、开放、共享"的发展理念来解释。周琛影等（2021）将经济高质量发展界定为经济高效发展、经济稳定发展、经济结构优化、经济绿色发展、经济创新发展五个方面。

综上所述，走高质量发展之路凸显了新形势下我国发展的方向和路径。推动高质量发展，不仅是在"量"的提升中实现"质"的有效增长，更是在推动发展的实践中贯彻新发展理念，实现创新、协调、绿色、开放、共享的全面发展，让发展成果惠及全体人民。市场经济条件下，通过强化市场机制运行效率能够实现对资源要素的更加充分有效地利用。然而，理想的市场机制因其需要具备的完全竞争市场、信息完全对称、产权清晰等苛刻条件在实践的土壤中缺乏现实基础，难以达到充分的帕累托最优状态，也就是说，受到市场失灵等因素的影响，单纯依靠市场机制实现高质量发展的现实基础并不牢靠。那么，政府通过优化发展理念、强化发展动能转换、推动发展方式变革等做法就成为弥补市场缺陷，实现发展目标的必要选项。因此，高质量发展的战略目标并不是自发实现的，它需要有效的市场与有为的政府相结合，才可能从根本上解决以往长期发展过程中积累的"发展不平衡、不充分""发展方式粗放""卡脖子"问题，以及"供需结构失衡"等突出问题。本书认为，政府政策实践与学术理论研究关于高质量发展的界定既有区别又有联系，但是从本质上看均从不同视角揭示了作为一种新的发展模式的重要特征。从我国区域之间、城乡之间发展相对差异较大的实际情况出发，各地既要在探索各自高质量发展具体实践方式中，遵循指导思想、基本理念等方面的一致性要求，又要在具体实现方式上兼顾不同地区的发展基础、发展现状、产业结构等特殊性因素，因地制宜，因时制宜，走符合区域实际需要的经济高质量发展之路。

2.1.4 全要素生产率

随着经济发展进入新常态，我国经济的内生结构和发展动能正在经历一场全面而深刻调整的演变过程。特别是随着"刘易斯拐点"的到来，中国经济社会发展正面临着人口数量红利快速下降甚至消失、资本累积速度与新增规模呈现"双下降"等挑战，增长速度显著放缓，由高速发展转向高质量发展的转型，已经成为全面建设社会主义现代化国家的必然选择和必经之路。这一矛盾运动转化的过程集中表现在长期以来，依靠资源要素、投资及外需拉动等传统动能对经济发展的边际贡献率整体呈现下降趋势，而以创新为引领的新发展动能正逐步生成并得到持续加强。这种情势下，相比于简单扩大要素投入规模，提升全要素生产率（TFP）才是实现高质量发展的关键所在（刘方和赵彦云，2020）。全要素生产率是主流经济学中的重要概念，通常也被称为技术进步率。20世纪50年代，诺贝尔经济学奖获得者、著名经济学家罗伯特·M.

索洛提出了具有规模报酬不变特性的总量生产函数和增长方程，构成了全要素生产率概念的基本内涵，并将其产生原因归结于技术进步。这一概念在新古典学派经济增长理论中被用于衡量纯技术进步在生产中的作用。根据罗伯特·M. 索洛的基本观点，全要素生产率的主要来源渠道包括效率的提高、技术的进步以及规模效应。在具体核算方式上，全要素生产率刻画了剔除了劳动、资本、土地等要素投入之后的"余量"，不过这一定义并未包括没有识别带来增长、概念上差别以及可能的度量上误差等因素影响，因此，只能是相对衡量技术进步对于效益改善的贡献度。

当前和今后一段时期，我国经济发展仍将经历转型升级的关键时期，经济结构和经济发展动能都在经历广泛而深刻的变化。在这持续深入演变的过程中，仅仅依靠资源要素数量投入、外部市场需求拉动等传统动能，其对经济发展的边际贡献率整体呈现下降趋势，而以创新为引领的新发展动能正逐步生成并得到持续加强。数字经济作为"技术 + 经济"衍生出的具有网络示范效应的新经济形态，通过促进产业结构合理化和高级化（戚聿东等，2022），提升资源集中处理能力，助推智能制造产业发展等，可以进一步增强科学技术进步对经济增长的贡献率，从而实现高质量发展。全要素生产率主要体现为经济增长中产出与投入之间一定的比例关系，不仅反映生产技术水平对经济增长贡献的重要性，也反映生产效率的高低。全要素生产率的提升不仅可以通过技术进步带动，也可以通过降低市场分割度、优化生产要素资源配置状况，引导生产要素实现从生产效率较低的领域向生产效率较高的领域过渡来实现。具体来看，全要素生产率通过推动经济结构优化与转型升级、引导资源和要素向高效率部门流动来为技术创新创造良好外部条件，从而为高质量发展提供强有力支撑。同时，由于在生产函数中全要素生产率以残差形式出现，而这个残差中部分是由技术创新所贡献的，因此在技术创新促进高质量发展的路径中全要素生产率的作用还可能会存在一定的不确定性。

2.2 相关理论基础

2.2.1 熊彼特创新理论

熊彼特在其代表作《经济发展理论》首次明确提出了"创新理论"的概念，并运用创新理论的观点解释了资本主义经济规律发展的一般过程。熊彼特创新理论的核心观点是创新构成引领经济增长的重要因素，推动企业创新的原始动力来自企业家对于超额剩余价值的追求。即企业家利用现有的资源要素等改善生产体系的组合以更好地实现自身的利益诉求。熊彼特认为，企业家创新包括采用新的技术工艺、获取新的供应源、引进新产品或改造升级原有产品以及建立新的组织形式等方面。熊彼特理论的核心思想为创新内生于生产过程的"革命性"变化和创造性"毁灭"，通过创造出新的价值反映经济发展的内在要求。熊彼特还指出，创新与技术发明并不是完全等同的概念，只有引入到经济活动领域的技术发明并实现商业化应用才能称为创新。

随着20世纪二三十年代以美国为代表的西方世界资本主义经济危机引发的一系列适应性生产关系调整，熊彼特基于对资本主义经济规律的认识在《经济周期》《资本主义、社会主义和民主主义》等经典著作中进一步深化了创新的概念，并对创新在已有生产关系下的作用形式进行了深刻的反思。在他看来，技术创新可以作为内生变量揭示经济增长及其周期性变化特征。具体而言，一方面，技术创新推动经济增长具有显著的溢出效应，能够引起其他市场主体的模仿，与此同时会带动技术创新的扩散并引发更大规模的创新；另一方面，当经济发展进入高涨阶段的情况下，模仿创新所能带来的边际效应显著下降，多数企业家获取利润的机会逐渐丧失，进而将经济增长带入到下降的阶段。熊彼特对于创新理论的认识和解读突破了以往经济学家对于创新活动的孤立观点，表现出与经济发展周期性的密切关系以及创新动力作用机制的周期性变化特征。

2.2.2　国家创新系统理论

20 世纪 80 年代后期，英国著名学者弗里曼首次明确了国家创新系统的概念，他指出国家创新系统是不同创新主体、激励机制以及环境的有机结合。该理论在实践发展中不断丰富、完善和深化其内容。创新理论一般认为，国家创新体系包括组织形式上相对独立且功能上存在密切关系的机构或者部门组成的创新网络系统。从构成上看，参与国家创新活动的主体包括政府部门、企业、科研机构、教育或培训机构以及中介服务机构，如图 2.2 所示。这些机构在国家创新体系中发挥作用的形式主要包括以下方面。

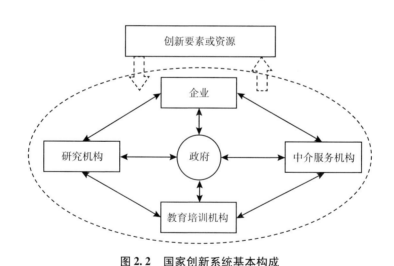

图 2.2　国家创新系统基本构成

（1）政府。政府是推动和参与国家创新实践的核心推动力量，也是重要的创新主体。政府一般通过政策制定，以物力财力支持等方式推动创新活动不断发展，同时还可以协调其他创新主体之间的关系。通过政府参与可以有效弥补创新活动的外部性问题。

（2）企业。作为现代生产活动的重要组织形式，企业在参与国家创新系统运用中扮演了重要行为主体的功能。企业自身作为市场经济的主体，在创新效益的驱动下，具有推动创新实践的客观需求。因此，企业参与创新一般基于企业自身发展战略和外部市场环境变化而进行的自发选择。具体创新内容主要包括技术工艺创新、组织管理模式创新等，通常具有见效快、短期性的特点。

（3）研究机构。这类创新主体主要包括高校研究机构、国家研究机构以及各类社会性非营利研究等。与企业以追求营利为目标的原始诉求不同，专业研究机构的创新活动主要承担各类基础性创新活动等，其研究活动的经费一般由国家拨付，同时也有部分社会资金引入。

（4）教育培训机构。这类创新主体主要是通过创新人力资源的供给发挥作用。主要包括高等学校以及专门从事创新人才培训的社会机构等。创新活动从根本上看离不开人的参与，而各类创新人才的培养需要教育或培训机构充分发挥其作为创新主体的功能。

（5）中介服务机构。这类创新主体主要包括各类推进创新的孵化器，如工程技术研究机构、技术咨询与推广中心、生产力促进中心、大学科技园以及各类创新风险投资机构等。中介服务机构之所以成为创新活动分工的产物，可以大大降低创新实践活动的交易成本，促进技术转移取得实效，降低创新市场风险。

2.2.3　区域创新系统理论

区域创新系统是对国家创新系统的进一步具体化，体现了一定的区域范围内与创新活动相关的制度设计或安排。区域创新系统在国家创新系统的基础上延伸，与国家创新系统具有密切的关系，并具有其自身的特点。它将一定的地理空间上的企业、教育机构、科研机构等不同创新主体连接成一个完整的地区性创新系统。区域创新系统各个主体的作用关系机制一般包括两种形式：一种是以具有主导作用的集群企业或地区性主导产业为载体的创新关系；另一种是靠从事基础创新研究的各类高等院校、科研院所等推动区域原始创新能力的提高。这两种创新组织形式共同构成了区域创新的支撑。从结构上看，区域创新系统包括运作子系统，如制度创新、技术创新、管理创新、服务创新；主体子系统，如企业、研究机构、高校、科技中介服务机构；环境子系统，如政府的政策法规、基础设施等。具体作用关系，如图 2.3 所示。

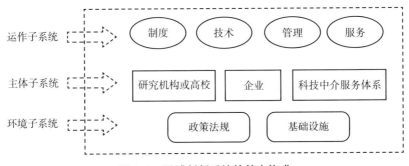

图 2.3　区域创新系统的基本构成

从概念的内涵和外延上分析，区域创新系统与国家创新系统的差别是非常明显的。具体而言，区域创新系统与区域经济具有密切的关系并在区域创新体系中的技术创新上发挥主导作用；在创新主体作用发挥差别方面，企业是影响区域科技创新系统最具活力的因素，是区域创新实践的直接参与者和受益者。高等学校或科研院所则是通过向企业输送创新发展需要的人才或者提供可供企业转化的成果等方式参与区域创新活动。与之形成差别的是国家创新系统更多地强调创新的顶层设计等，对区域创新系统起到更多的规范和引导。区域创新系统的基本功能特征，具有知识的更新与创造、技术及其应用变革、创新资源的扩散与流动以及筛选与优化这四大方面的功能。正是透过区域创新系统的上述四大功能，才能够得以有效促进区域创新系统在动态发展中不断地升级和优化。

2.2.4　内生增长理论

20 世纪 80 年代中期，内生增长理论作为宏观经济学的一个重要理论分支正式登上历史舞台。诺贝尔经济学奖获得者保罗·罗默是内生增长理论的主要创立者。他在 1986 年构建了著名的内生经济增长模型。根据保罗·罗默的基本观点，宏观经济的增长过程是可以实现不依赖外力推动的持续增长，而决定这一过程得以实现的关键因素来自内生技术进步。

从内生增长理论产生的历史背景分析，长期以来对于经济如何实现长期增长的研究都是经济学家关注的焦点问题之一。新古典经济增长理论通过引入外生技术进步、人口增长率试图解释经济持续增长的原因，但是从理论上仍缺乏坚实的基础。在新古典经济理论的基础上，内生增长理论放松了理论假设并将技术进步等变量内生化，通过引进技术创新、人力资本、专业分工等要素对经济实现长期增长的理论进行解释。内生增长理论经过后续的进一步发展和完善，形成的主要结论包括，技术创新是实现经济增长的根本动力，专业化人力资本积累和劳动分工的水平是决定技术创新能力高低的最主要影响因素。

从内生增长理论的实践指导意义看，它可以为优化支持经济长期增长的制度顶层设计、鼓励非竞争性改进、技术和知识创新等的产生和分配提供合理化建议。近年来，新科技革命的深入发展深刻改变了人类生产生活的基本面貌，特别是很多重大科学问题以及一些基础领域关键核心技术的突破，大大提高了人类经济社会长期发展关键动能的生成速度。如传感器技术、3D 打印、物联网、区块链等领域的技术突破为制造业转型升级提供了坚实的技术支持，并为制造业转型升级明确了方向。根据日本学者尾木藏人的解释，新科技革命"旨在通过网络互联互通信息，以计算机、人工智能的应用为基础，使得生产、流通等的各个环节都能达到最高程度的自动化"，并为最终实现制造业的智能化、数字化提供必要的技术基础。世界经济论坛创始人兼执行主席克劳斯·施瓦布在《第四次工业革命》一书中指出，无论是从覆盖规模、广度抑或复杂程度，以制造业智能化、数字化为主要特征的新科技革命都与人类以往经历经济发展模式变革呈现截然不同的特征。这种差别突出表现在高度信息化的社会背景下，各种技术、工艺不断被突破并形成新的更加高效的表现形态和更加强大的作用方式，同时各种跨领域、跨学科的技术协同与融合更加广泛，使得新科技革命发展的速度及其影响面远远超过以往任何历史时期。正因如此，新科技革命的发生与不断演变必然对有关国家、产业、行业、企业以及消费者个体等从宏观到微观均会产生系统性、全局性、长期性的影响。也就是说，新形势下抓住新科技革命带来的重要机遇，将为生成区域经济转型升级的关键动能发挥重要作用，进而提升经济发展的核心竞争力。

现阶段，内蒙古经济发展正处于由"数量型""规模型"向"质量型""内涵型"发展转变的关键时期。内生增长理论的基本思想对于指导当前内蒙古经济高质量发展，实现转型升级提供了重要的指导和遵循。目前形势下，推动内蒙古经济发展实现转型升级的关键在于技术科技创新政策实施效果的不断强化与提升。长期以来，内蒙古依托资源禀赋等形成的天然比较优势，利用发达地区的产业转移带来的机遇，跨区域协调发展水平相对较高，不过这种现实的经济发展条件占据产业链分工附加值较低的一环。近年来，内蒙古实现高质量发展所面临的"瓶颈"问题愈加凸显。主要表现在技术创新能力不强、处于产业链分工中低端环节、市场竞争力不足等方面。因此，如何在区域发展竞争加剧、劳动力成本提升等背景下，利用新科技革命带来的最新成果转化为内蒙古经济转型升级的内生动力，并形成长期持续增长的驱动因素，其现实意义重大，影响深远。

第二篇
内蒙古科技创新实践的总体概况

第3章　内蒙古推动科技创新实践的
主要做法、成效与面临挑战

根据内蒙古推动科技创新的状况，系统总结内蒙古科技创新实践的具体做法，取得的明显成效以及面临的突出挑战。

3.1　内蒙古推动科技创新实践的主要做法

3.1.1　不断夯实创新驱动基础条件支撑

科技创新作为支撑创新驱动发展的重要原动力，在推动区域经济社会高质量发展实践中发挥着日益重要的作用。近年来，内蒙古根据区域功能定位，立足区情，从人、财、物等各方面，不断夯实地方创新驱动发展的基础条件支撑，为科技创新环境显著改善奠定了必要的物质保障。

在加大研发投入力度的同时，进一步优化投入结构，重点解决"卡脖子"问题，不断提升区域发展的创新驱动能力。内蒙古注重提升基础创新能力，提高科技成果产业化水平，通过制定符合区情与发展定位的创新驱动战略实施具体政策，优化调整财政科技支出结构，合理引导高技术产业研发资金的流向。内蒙古在继续加大研发经费投入总量的同时，进一步优化改善研发经费投入结构。同时，考虑政府财力紧张的情况，通过开源节流采用适当的政府和社会资本合作等方式，以有限的研发资源条件、政府研发投入撬动更多的优质社会资本加入进来。加强创新资源统筹，改进资源配置方式，有力有序推进新型举国体制的具体实践，努力在新能源、农牧业、传统能源清洁化等领域存在的"卡脖子"技术上取得实质性进展。通过设置研发专项支持资金等方式，增加对基础研究投入，有效缓解在技术研发阶段因短期收益不足给产业创新绩效带来的不利影响。内蒙古持续深化"科技兴蒙"行动，全力实施科技"突围"工程，瞄准国家和地方重大实践需要实施一批"揭榜挂帅"项目等，不断增强创新动能持续生成与有效释放的基底。同时，内蒙古还不断完善研发资金监管体制、积极优化营商环境，充分发挥社会资本对技术创新的推动作用，进一步强化在以市场为导向的技术商业化过程中对产业创新绩效改善的促进作用。

（1）根据内蒙古自治区党委、政府安排部署，2024 年自治区财政厅严格落实财政科技投入刚性增长机制，本级预算安排科技支出 34 亿元，同比增长 20%，① 为全力保障实施科技"突围"工程推进奠定了重要基础。围绕完成"五大任务"和"办好两件大事"的要求，全区财政科技资金使用的重点领域主要包括新能源、现代生物医药、种业、防沙治沙、乳业、现代煤化工、稀土、草业等方面，采用"揭榜挂帅""赛马制"等方式，聚力开展关键技术联合攻关。高标准建设国家乳业技术创新中心、鄂尔多斯市国家可持续发展议程创新示范区、巴彦淖尔国家农业高新技术产业示范区等国家级创新平台，同时有效带动本土重要研究院所、高等学校在科学研究、学科建设、人才培养以及服务社会等方面持续蝶变，形成全方位、系统化、多层次支持区域创新发展的动力网络。全力创建呼包鄂国家自主创新示范区、稀土新材料技术创新中心、国家草业技术创新中心和怀柔实验室内蒙古基地，建设一批具有全国影响力、行业知名度的科技创新载体。深入实施"双倍增、双提升"行动，培育"专精特新小巨人"企业，壮大更多科技型中小企业、高

---

① 财政科技投入再加力 科技"突围"再加码［N/OL］. 内蒙古自治区财政厅官网. 2024 – 02 – 29. https：//czt. nmg. gov. cn/czdt/czxw/202402/t20240229_2474629. html.

新技术企业和科技领军企业，鼓励引导企业加大产品、技术、工艺等具体领域或环节的研发投入。截至2023年底，内蒙古已培育国家级"专精特新小巨人"企业27户，认定自治区级"专精特新"中小企业287户、创新型中小企业629户。①大力支持"蒙科聚"平台建设，汇聚产业链、创新链、资金链、人才链、信息链，充分释放创新动能"聚变"效应等，为高水平实现科技"突围"强化基础支持。

（2）合理优化高技术产业发展布局，着力提升科技创新能力，致力于实现科技高水平和科技创新自立自强，为创新驱动发展战略的全面落实提供有力支撑，充分发挥高技术产业在引领创新驱动实践中的"头雁"功能。宏观统筹规划产业空间布局，积极优化集聚区内的竞争环境，建立企业间"以强补弱、以长补短"的互动机制，实现联动发展。通过建立技术创新合作网络平台和实施技术战略联盟等方式，加强各盟市之间以及区内与区外之间的交流合作，带动技术创新能力较弱环节的发展，提高产业整体创新绩效水平。内蒙古瞄准重大创新平台短缺、基础条件薄弱的短板，围绕"三区三中心"建设，全力以赴实施区域创新平台提质行动，打造具有重要影响力的区域创新高地。通过积极推动科技创新领域"放管服"改革，充分发挥市场的导向作用，打通政、产、学、研、用之间的"堵点"，纾解"痛点"，突破"难点"，激发创新链各环节主体的积极性、主动性。全区上下努力创造条件，积极跨越"U"型特征的门槛值，更大限度地释放产业创新绩效提升的动能，为创新引领新旧发展动能转换、实现经济高质量发展提供更加坚实的动力基础。

呼包鄂地区既是内蒙古重要的经济活跃区，也是全区重要的科技创新高地。这一区域汇聚了全区半数以上本科院校、重点研究院所等重要的科技创新平台和科技创新资源要素，为支撑全区创新发展原始动力提供了重要保障。总部位于呼和浩特市伊利健康谷的国家乳业技术创新中

---

① 自治区政府新闻办召开"回眸2023"系列主题新闻发布会（第2场 - 自治区工业和信息化厅专场）[N/OL].内蒙古自治区人民政府官网.2023 - 12 - 25. https：//www. nmg. gov. cn/zwgk/xwfb/fbh/zxfb_fbh/202312/t20231225_2431362. html.

心，自 2022 年初获批建设以来，通过联合国内外乳业优势创新力量，奋力攻克事关国家乳业发展的关键核心技术，取得阶段性成效。截至 2023 年底，这一重大国家科研平台立足内蒙古乳业发展重大现实需求，已开展 142 项科研攻关项目，申请专利 98 项，中心汇聚 102 家成员单位，打造了一支集聚 10 位院士、113 名高级行业专家、27 位海外专家和超过 5000 人的全产业（链）创新队伍①。包头市紧紧围绕建设"两个稀土基地""世界绿色硅都"重大任务，多措并举完善创新体系，科技创新对全市高质量发展的支撑作用持续增强。统计数据显示，2023 年全市技术合同成交额达到 19.34 亿元，同比增长 18.7%；全社会 R&D 经费投入总量、强度、增量、对全区总量的贡献率均居自治区首位（总量占全区 37%、增量占全区 52%、强度是内蒙古唯一一超 2% 的盟市）。鄂尔多斯市积极统筹调度各类创新资源要素，以项目建设为核心，以科技创新为支撑，持续深入探索生态保护和荒漠化治理新机制、新技术、新模式。努力形成更多创新治理、产业治理的典型范例，以打好黄河"几字弯"攻坚战为契机，打造世界荒漠化防治与绿色发展样板区。同时吸引多方优质高端科研力量进驻，其中涵盖了新能源、传统能源等多个相关细分领域。引进成立了中国矿业大学（北京）内蒙古研究院、中国地质大学（武汉）内蒙古研究院、北京大学鄂尔多斯能源研究院、辽宁工程技术大学鄂尔多斯研究院等重要院所。引进区内高校内蒙古工业大学在鄂尔多斯设立涵盖"本硕博"完整人才培养体系的内蒙古工业大学新能源学院。与此同时，鄂尔多斯市国家可持续发展议程创新示范区建设加快推动。该项目实施以来，以项目建设为核心，建设了 24 项重大工程、39 项重点项目，截至 2023 年底已完成总投资 662.6 亿元，其中 2023 年完成投资达到 330 亿元。②

注重通过高技术产业发展有效带动传统产业转型升级，促进经济结构持续优化升级。内蒙古积极培育具有区域特色和竞争力的高技术产业集群，鼓励高技术产业集群式发展。同时也高度重视高技术产业集聚的

①② 牢牢抓住科技创新这个"牛鼻子"[N]. 内蒙古日报，2023 – 12 – 05（1）.

质量，避免因过度集聚导致竞争加剧和资源浪费，促进高技术产业发展向微笑曲线两端攀升。全面贯彻落实国家层面推动供给侧结构性改革的各项政策措施，加快淘汰落后产能，积极促进传统资源型产业转型升级。通过科技创新增加资源型产品的经济附加值，不断拓宽内蒙古资源型产品的市场竞争空间。同时，着重突破内蒙古经济发展过程中的经济结构过度单一、市场综合竞争力不强、开放程度不高等瓶颈问题，补足经济发展短板，为科技创新实践营造良好外部环境。根据技术研发阶段和技术商业化阶段的不同特点，采取相应的措施来提升高技术产业创新绩效，适时调整战略，合理引导高技术产业集聚。按照"资源上整合、力量上共用、项目上共建、成果上共享"的理念，探索建立高技术产业安全区域合作协调机制，加强企业间的互联互通，为高技术产业提供良好的研发环境。注重有效打通科技成果转化为生产力的体制机制通道，实现科学研究和成果转化的双向良性互动。

稀土素有工业"黄金"之称，由于其具有优良的光电磁等物理特性，是电子、激光、超导等诸多高科技产品提升功能和质量的关键元素。包头市拥有全国56个国家级高新区中唯一以稀土资源冠名的国家级高新区——包头稀土高新技术产业开发区。该稀土高新区拥有各类稀土企业127家、占全市的70.9%，并形成白云鄂博稀土资源研究与综合利用国家重点实验室、稀土功能材料产业计量测试中心、包头稀土研发中心、稀土功能材料创新中心和稀土新材料技术创新中心"一国重四中心"技术创新体系[①]。2023年，注册地位于包头市的国家稀土功能材料创新中心围绕新一代信息技术、清洁能源、航空航天等应用领域，建设了12条技术成果产业化示范线，推动科技成果转化，激发稀土产业创新活力，为稀土产业高质量发展提供强劲动力。[②] 通过围绕全产业链开展原始创新和集成创新，致力于打造开放、共享、共赢的创新平台。通

① 包头稀土高新区管委会. 扛起建设"两个稀土基地"主力军责任推动稀土产业高质量发展［N/OL］. 包头市人民政府网站. 2023 – 08 – 21. https：//www.baotou.gov.cn/info/1144/255758.htm.

② 白莲. 牢牢抓住科技创新这个"牛鼻子"［N］. 内蒙古日报，2023 – 12 – 05（1）.

过立足稀土资源优势、产业优势和创新优势，包头市全力打造我国乃至全球具有重要影响力的旗帜型稀土产业集群。2023 年，全市稀土产业产值达到 800 亿元，晶硅光伏产业产值达到 1200 亿元，两大旗帜型产业集聚成势，切实将资源优势转化成市场竞争优势、发展优势，并为支撑包头市经济社会高质量发展提供了强大支撑。①

3.1.2 积极推动新经济形态高质量发展

党的二十大报告明确指出，"加快发展数字经济，促进数字经济和实体经济深度融合，打造具有国际竞争力的数字产业集群"。数字经济作为我国领航新时代经济高质量发展的"头雁"，关乎国家未来发展方向和前途。数字技术发展、创新与应用极大丰富了劳动工具的内容和形式，显著推动了社会生产力的发展。近年来，内蒙古数字经济发展基础设施日渐完善，发展活力逐渐增强，在地方经济社会发展发挥了越来越重要的作用。

（1）完善数字经济"软、硬"基础设施，大力支持数字经济等新经济形态竞相涌现。内蒙古不断完善现代市场体系，着力优化市场化、法治化、国际化营商环境，激发各类市场化创新主体公平参与市场竞争的动力和活力，为数字经济作为新经济形态的发展营造良好氛围。立足内蒙古市场化创新主体发育相对滞后、经济活跃程度不够高的实际，进一步放宽市场准入许可，终结一批非行政许可性审批，将本地市场管理纳入全国统一的市场准入负面清单制度框架。优化政务服务，提升政务服务效率，进一步完善"双随机、一公开"监管实施细则。不断加强全社会信用体系建设，加大力度整顿和规范市场秩序，增强对外部投资的吸引力，持续优化营商环境。将"放管服"改革与减税降费协同推进，着重做好针对中小微企业的普惠性政策制度设计，集中做好涉及中

---

① 张锐.2024 年包头市政府工作报告［N/OL］.包头市人民政府网站.2024 - 01 - 17. https://www.baotou.gov.cn/info/6285/259468.htm.

小微企业收费和降低融资、用能、上网、物流等成本管理工作，更加有效地激发各类市场主体公平参与市场竞争的活力。进一步激发数字经济等新经济形态发展潜能，释放数字经济等新经济形态发展红利，充分发挥数字经济等新经济形态对供给侧结构性改革的推动作用。多措并举拓展投资渠道，以有限的政府财力撬动更多社会优质资本，持续加大对数字基础设施的投资力度。同时，不断扩大移动网络的覆盖范围并提升网络质量，充分发挥数字基础设施等新基建领域投资在"稳增长""促发展"方面的积极作用，进而筑牢数字经济发展底座，为深化供给侧结构性改革创造必要条件并提供坚实保障。

通过大力完善以数字基础设施为主要内容的新型基础设施建设，内蒙古数字经济发展基础持续完善。从创新载体建设情况看，截至 2022 年底，全区建成数字经济领域国家重点实验室 3 个、国家备案众创空间 50 个，各类重点实验室、工程研究中心、工程技术研究中心初具规模，百度创新中心等数字经济领域孵化器实现规模化运营①。从应用基础设施看，2022 年，内蒙古农信信息科技中心、东方国信工业互联网北方区域中心、与中国移动携手共建的"5G 互动视频云北方枢纽算力节点"等一批数据中心项目启动或推进，包钢集团、伊泰集团、朗坤科技等企业工业互联网标识解析二级节点测试建成。内蒙古数字产业平台建设规模持续扩大。借助国家"东数西算"工程，内蒙古着力推进国家算力枢纽节点和国家数据中心集群平台建设，以算力为核心的数据信息服务正在成为推动全区经济社会发展的重要基础性产业门类。截至 2023 年底，内蒙古和林格尔新区、乌兰察布、鄂尔多斯、赤峰等地的数字产业园区发展已经初具规模。以各大园区为平台载体，内蒙古基本形成了算力供给的基础优势，算力供给主体涵盖了国有、民营、外资等不同的经济类型。

（2）兼顾地区性差异与结构性差异，合理优化数字经济空间布局，充分释放数字经济发展红利。内蒙古注重立足自身实际情况结合资源禀

---

① 康媛璐. 着力推动数字经济持续健康发展［N］. 内蒙古日报，2023 - 03 - 12（8）.

赋条件，因地制宜、因时制宜、因事制宜，积极采取差别化创新驱动发展策略，全方位推动数字要素的高效流通和配置，从而促进各区域数字经济协调发展，跨越制约经济社会高质量发展的"数字鸿沟"，促进各类"数字红利"竞相涌现。同时，着重增强数字经济对外开放的正向激励作用，致力于逐步解决开放维度的积极作用发挥不充分、不突出等问题。通过积极完善数字经济治理体系，提高对数字贸易规则的把控与运用能力，提升本地产品与服务在国际国内市场上的竞争力，补齐数字经济在现阶段促进高质量发展在开放维度的短板弱项进而助推高质量发展。同时，不断增强数字技术创新与应用对经济发展方式、具体内容不断优化升级的促进作用。

具体而言，一方面通过市场需求导向机制来推动数字人才队伍建设，打造产教融合的人才培育体系，凭借人才优势打破技术依赖，以高素质"数字人才"点亮高质量"数字经济之光"；另一方面积极有序地推动数字平台向社会生活各个方面的渗透，加速数字经济与实体产业融合发展，加大对基础研究的支持力度，促进创新资源自由流动，进而提升技术创新与全要素生产率水平，从而为推动区域创新发展实践保驾护航。近年来，内蒙古把数字经济作为创新驱动发展的重要力量，内蒙古自治区人民政府办公厅于2021年10月24日印发了《内蒙古自治区"十四五"数字经济发展规划》，于2023年10月10日印发了《内蒙古自治区推动数字经济高质量发展工作方案（2023—2025年）》，初步构建起产业数字化、智能化发展基础。智慧城市、智慧园区、智慧企业等各领域的数字化应用场景已成展开之势。利用互联网推进电子商务、园区建设、服务售后等增值服务已经成为社会经济活动的常态。以呼和浩特建成国家级互联网骨干直联点为重要标志，内蒙古推动建设了相对完备的数字经济产业基础和保障条件体系，并构建起以涵盖呼和浩特、乌兰察布、鄂尔多斯、赤峰等盟市为重要节点的数字经济发展空间布局。

（3）大力推动传统产业数字化转型，充分释放经济发展的内生活力。在推动农牧业数字化转型方面，内蒙古着力打造了若干国家级、自治区级生态农业园、现代农业创新示范基地，如宏福现代农业产业园、瑞田现代生态农业创新示范基地，多家涉农涉牧企业入驻国家农产品质量安全追溯管理信息平台。特别是在马铃薯产业方面，创建了智慧生产综合管理服务平台和国内首个马铃薯全产业链大数据平台（薯联网）。在推动工业数字化转型方面，截至目前，内蒙古全区已有 113 家企业通过国家"两化融合"贯标，17 家企业正在积极开展"两化融合"贯标项目，1320 家企业完成"登云"①。内蒙古大力推动企业经营管理、生产制造、设备监控等多方面的数字化转型，初步构建了一批符合实践需要的智能工厂发展模型，推动完成了矿山、发电企业等多个 5G 应用场景项目建设。在推动服务业数字化转型方面，内蒙古分层级建成投入使用电子商务服务中心、乡镇电子商务服务站、村级服务网点；分领域建成示范旗县级快递物流分拨中心，树立了区域电商公共应用品牌。2024 年春节期间，先后开展了"年货节直播中国内蒙古专场""京蒙协作2024 年内蒙古好物网上年货节""首届内蒙古电商选品会"等网上年货节主题系列活动，根据商务大数据第三方监测提供数据显示，"2024 网上年货节"期间内蒙古网络零售额实现 61.3 亿元，同比增长 8.5%②。此外，文旅产业方面，已建成"呼包鄂乌智慧文旅一体化康养平台"，并与自治区文旅厅实现数据共融，进一步深化拓展数字化应用场景，释放潜在市场价值。

3.1.3　持续强化人才创新要素的基础性作用

创新是推动发展的第一动力，人才是支撑发展的第一资源。内蒙古不断加强人才创新要素在经济社会发展中的基础性作用，不断完善留人、育人、选人、用人机制及其配套政策，充分释放人才红利，促进经济社会发展持续向好。

（1）优化"资本—劳动"要素禀赋结构，积极促进经济社会高质量发展。内蒙古加快产业结构的升级换代，加速发展技术密集型产业和资金

---

①② 康媛璐. 着力推动数字经济持续健康发展［N］. 内蒙古日报，2023 – 03 – 12（8）.

密集型产业，减少人口老龄化等人口结构变化对劳动力市场的冲击。制定本区域的产业升级政策，重点发展与各盟市、旗县相适应的产业，以解决人口结构变化带来的消费需求变动及其与产业结构升级之间的矛盾。同时，破除地区间人口流动的体制性障碍，完善地区间的基础设施连通条件，消除地区间生产要素流动的阻碍，引领经济资源在不同区域间的转移，促进产业结构转型和升级。通过不断优化资本—劳动要素结构，使其对供给侧结构性改革的促进作用达到最大化。积极做好与区域发展战略定位相适应的人才引育工作，为全面推动供给侧结构性改革提供人才支持。

以呼和浩特市为例，2022 年以来，该市启动实施"十万大学生留呼工程"，通过"丁香扎根"计划，推动实现三年十万大学生留呼就业创业。从 2022 年 4 月中旬开始，呼和浩特市结合就业、创业、人才培养培训等方面，重点组织实施"职场引航""情系首府""千企万岗""引贤纳智""技能提升""基层成长"以及"服务创优"等八项行动，为"十万大学生留呼工程"启动开好局、起好步。同时，呼和浩特市人社局与自治区教育厅、驻呼各高校探索建立常态化沟通联络机制，合力推进大学生留呼就业创业工作；建立校企联动机制，定期组织驻呼高校师生代表深入驻呼企业参观交流；并在和林格尔新区、经济技术开发区及"六大产业集群"的优势企业中，开展"千企万岗进校园"活动；推动企业入驻"北疆就业网"信息发布平台，为高校毕业生提供更多更高质量的就业、创业机会。

（2）不断提升技术创新水平，加速技术创新进程，充分发挥人力资本对供给侧结构性改革的创新驱动效应。内蒙古不断加大生产技术的研发、引进、消化、吸收及再创新，以技术创新作为经济发展的关键推动力量，充分发挥比较优势，瞄准制约区域经济社会发展的"卡脖子"问题，努力通过创新驱动效应的释放推动经济高质量发展行稳致远。鼓励各盟市不断加大对创新活动的政策支持和资金保障，激励高校、科研院所、企业等进行各类创新实践。特别是高校和科研院所不断深化与企业的合作，及时了解企业的相关需求，将最新研究成果应用到企业生产过程当中。通过交流与合作进一步提升企业的技术创新能力，推动供给侧结构性改革不断得实效。发展壮大各类创新中介服务机构，进一步形成通达和便利的市场交易网络平台。制定相关优惠政策引导和鼓励技术创新服务中心、生产力促进中心、科技企业孵化基地、国家大学科技园、技术转移中心等机构或平台发展。推动形成风险融资、创新人才服务、技术贸易、知识产权服务、股份经营等服务，集成各项服务形成体系，并综合加强各类服务的能力，使其延伸到市场信息咨询服务等领域。同时，构建公共创新技术服务与支持平台，通过这些平台进一步整合针对中小企业的中介服务机构，促使其服务更加产业化，服务功能更加社会化和服务组织更加网络化，更好地配置各类创新服务资源或要素。2020年内蒙古工业大学获批国家技术转移人才培养基地。充分发挥高校教学科研和成果转化有利条件，已经成功举办5期技术经纪人培训班，指导自治区级培养基地举办9期培训班，截至2023年7月底，共培养各类初、中级技术经纪人2317名，实现了全区各盟市全覆盖①。

（3）加强人力资本投资，培育质量型人口红利，通过提升人力资本水平提高自主创新能力，为经济高质量发展提供人才保障。内蒙古以需求为导向，加大创新实践能力培养力度，强化科教协同和产教融合育人，加快培养急需紧缺人才，着重培养创新型、复合型、应用型人才。自治区和各盟市积极做好各类亟须的高层次人才引育工作，加大教育与科技投资，通过优化劳动力质量结构，提高创新效率以及提高资本形成率，以实现经济高质量发展。近年来，内蒙古积极落实"科技兴蒙"举措，加大高端人才引进力度，内蒙古自治区党委、自治区人民政府于2023年2月印发了《内蒙古自治区人才发展规划（2022—2025）》，于2023年5月出台了《加强和改进新时代人才工作实施意见》，紧紧围绕全区人才队伍建设过程中存在的难点、痛点、堵点问题，精准培养或引进创新型科技人才、领军人才、创新团队等。"刚柔相济"引才育才，

---

① 国家技术转移人才培养基地（内蒙古）首期高级技术经理人培训班开班［N/OL］．内蒙古科技厅官网．2023 – 10 – 18. https：//kjt. nmg. gov. cn/slb/kjdt/kjtgz/202310/t20231018_2395634. html.

不求所有、但求所用，将高端人才团队纳入专项资金支持范围，给予实验室建设、科研经费支持和团队建设经费支持。通过实施重大人才工程和重点人才引育项目为抓手，统筹推进能源、农牧、生态、教育、科技等各领域人才队伍建设，同时推动各地各部门做好配套工作，形成新时代"1＋N＋X"人才政策体系，对既有人才政策进行全面升级，为内蒙古吸引集聚人才提供了较好的政策基础，营造良好人才发展环境。"草原英才"工程、新时代专业技术人才选拔培养项目（原新世纪"321"人才工程）等已经成为内蒙古人才工作的知名品牌。2023 年，内蒙古培育团队中有 3 人入选两院院士有效候选人，2 人入选国家高层次青年人才，1 人获得国家自然科学基金杰出青年基金资助①。截至 2023 年，内蒙古累计支持培养"草原英才"2074 名，创新创业团队797 个，重点支持培养领军人才45 名②。他们在全区国民经济的关键部门、重点领域、重要行业，正在发挥不可替代的重要作用。

内蒙古产业结构调整与优化升级，不仅充分利用本地区的比较优势，还综合考虑各区域的人力资本对供给侧结构性改革的不同作用。综合考虑各盟市、旗县的人口结构现状、变化趋势，以及资本、劳动力、技术等要素禀赋基础，因地制宜地制定相关产业发展政策，提升人口结构和产业结构的匹配效率。聚焦世界科技前沿和国内薄弱、空白、紧缺学科专业，同一流高校开展高水平合作办学，主动"走出去"、积极"引进来"，有效拓展多元化的人才培养渠道，最大限度激发人才的创新活力与创新潜能，为经济高质量发展培育和输入新动能。截至 2023年底，通过聚焦自治区产业发展需求，持续优化学科专业结构布局，做大做强生物、草业、乳业、冶金、新能源等优势特色学科专业，已经初步建成 97 个自治区级产业学院，推进高校建设 11 个集成攻关大平台，为完善创新人才培养模式提供了重要机遇。2023 年，全区研究生招生

---

①　白莲. 牢牢抓住科技创新这个"牛鼻子"［N］. 内蒙古日报，2023 – 12 – 05（1）.

②　杭官福. 内蒙古形成"一心四园多点"人才发展布局建设区域人才创新高地［N］. 中国组织人事报，2023 – 09 – 11（3）.

规模达到 14199 人，较上一年增长 4.82%。国家级一流本科课程由 27 门增加到 81 门。新增本科专业 38 个，新能源、新材料等领域的 20 个本科专业首次布点①。加强国际交流合作，主动融入"一带一路"和中蒙俄经济走廊，成功举办中蒙高等教育展，与蒙古国教育科学部签署合作协议，高等教育支撑引领区域经济社会发展能力明显提升。积极发展职业教育，增强职业教育适应性，培养一大批能够为自治区经济社会发展服务的"大国工匠"。截至 2023 年底，聚焦内蒙古经济社会发展重大现实需求，建设 6 个自治区级市域产教联合体，打造 11 个自治区级行业产教融合共同体和 122 个产教融合实践中心。职业院校的理工农医类专业占比达到 63.1%，服务自治区重点产业链专业占比达到 77.6%，人才培养与产业发展的契合度匹配度显著提升。举办"订单班"和"冠名班"448 个，为本土企业输送各类技能型人才 4.15 万人。2023 年内蒙古首次承办全国职业院校技能大赛，获得一等奖 8 项，数量接近历年总和，二等奖 17 项，三等奖 53 项，实现历史最好成绩②。

3.2　内蒙古推动科技创新政策实践的显著成效

3.2.1　产业结构持续优化

2023 年 10 月，《国务院关于推动内蒙古高质量发展奋力书写中国式现代化新篇章的意见》发布，从内蒙古经济社会发展全局部署了 7 个方面的主要任务，其中重要任务之一就是推动产业结构战略性调整优化，构建多元发展、多极支撑的现代化产业体系，并将"增强创新发展能力"放在更加重要的位置。内蒙古是我国北方重要的煤炭、天然气、稀土等资

---

①② 李倩. 内蒙古：推动各级各类教育发展提质增效［N/OL］. 新华网. 2024 - 01 - 10. http：//www. nmg. xinhuanet. com/20240110/a0c0f52c98dc406b966c8fb41c11bad3/c. html.

源富集区，以优化供给结构、提升供给质量等为重要内容的供给侧结构性改革的任务较为繁重。近年来，内蒙古通过大力实施供给侧结构性改革，推动产业结构持续优化，三次产业协调稳步发展。如图 3.1 所示，从产业构成看，全区三次产业结构由 2012 年的 9.10∶56.50∶34.40 优化到 2023 年的 11.10∶47.50∶41.40，第三产业比重提升 7 个百分点，第二产业比重下降 9 个百分点，第一产业增加 2 个百分点，呈现出第二产业比重下降，第三产业和第一产业比重上升的发展趋势。在三次产业结构不断趋向优化合理的同时，农牧业、工业和服务业内部结构也向多元化、高端化方向持续发展，在演变过程中不断优化提质升级。

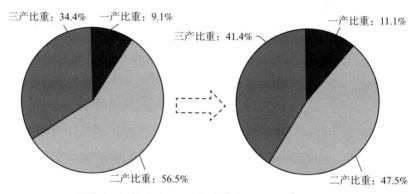

图 3.1   2012 年和 2023 年内蒙古三次产业结构比较

资料来源：2012 年和 2023 年内蒙古国民经济和社会发展统计公报。

"粮安天下 农稳社稷"。近年来，内蒙古不断加大农牧业科技创新投入力度，农牧业现代化进程推进加快，基础地位更加巩固，综合生产能力不断跃上新台阶。统计数据显示，2023 年，全区第一产业增加值达到 2737 亿元，比上年增长 5.5%。粮食产业关乎"国之大者"。2023 年内蒙古全年农作物总播种面积 880.9 万公顷，其中，粮食作物播种面积 698.5 万公顷，比上年增长 0.5%①。内蒙古积极采取建良田、育良

---

① 内蒙古自治区 2023 年国民经济和社会发展统计公报 ［R/OL］. 内蒙古统计局网站. 2024 – 03 – 21. https：//tj. nmg. gov. cn/tjyw/tjgb/202403/t20240321_2483646. html.

种、配良机、推良技、优良制"五良"集成做法，全方位支撑粮食丰收增产根基，为"中国碗"贡献了更多、更优质的"塞外粮"。2023年，全区粮食产量达到 3957.8 万吨，稳居全国第 6 位，同比增长 1.5%。在耕地总面积刚性约束愈加凸显的情况下，科技赋能粮食单产增加成效显著。这一年，全区粮食作物平均单产达每亩地 755.5 斤，较上年每亩地增加 7.4 斤。内蒙古还是我国北方重要的"肉库""奶罐"。2023年，内蒙古猪牛羊禽肉产量 285.4 万吨，禽蛋产量 67.2 万吨，牛奶产量 792.6 万吨，这些与百姓日常生活密切相关的主要农牧产品产量都实现了稳步提升①。

工业是内蒙古的主导产业。近年来，内蒙古不断大力推动现代工业体系建设，工业经济转型升级和高质量发展步伐加快推进。2023年，全区规模以上工业企业实现营业收入 28466.0 亿元，工业在国民经济体系中的整体优势地位更加巩固。受到市场波动等因素影响，2023 年全区规模以上工业企业每百元营业收入中的费用为 6.9 元，比上年增加 0.3 元；每百元营业收入中的成本为 79.5 元，比上年增加 2.9 元。工业品消费市场持续保持供需两旺势头。2023 年全区规模以上工业企业产品销售率达到 98.8%。电力行业发展是国民经济整体运行情况的"晴雨表"。截至 2023 年末，内蒙古 6000 千瓦及以上电厂发电设备装机容量 21432.1 万千瓦，比上年末增长 26.0%。其中，火电装机容量 11820.5 万千瓦，增长 10.5%；水电装机容量 238.1 万千瓦，与上年持平。近年来，紧紧围绕习近平总书记交给内蒙古的"五大任务"，内蒙古集中打造风光氢储产业集群和呼包鄂装备制造基地，努力在新能源领域再造一个"工业内蒙古"。2023 年，内蒙古风电装机容量 6954.0 万千瓦，增长 52.4%；太阳能发电装机容量 2190.3 万千瓦，增长 48.2%，全区新能源产业发展处于快速发展阶段②。当前和今后一段时

---

① 殷耀，于嘉，勿日汗．为"中国碗"添好"塞外粮"[N]．内蒙古日报，2022－04－01 (1)．

② 内蒙古自治区 2023 年国民经济和社会发展统计公报 [R/OL]．内蒙古统计局网站．https：//tj．nmg．gov．cn/tjyw/tjgb/202403/t20240321_2483646．html．

期，煤炭等传统能源在内蒙古能源结构体系中依然发挥重要作用。2023年，内蒙古煤炭产量12.2亿吨，占全国总产量的25.9%，完成9.45亿吨保供煤任务，电力总装机超过2亿千瓦。全年实现煤炭保供量及外送量、电力总装机及新增装机、新能源总装机及新增装机、总发电量及外送电量、新能源发电量、煤制气产能"10个全国第1"，以一区之力有力保障了全国29个省份能源需求①。

内蒙古持续推进现代服务业高质量发展，服务业总体保持着平稳较快发展，同时作为吸纳就业的"蓄水池"，全区服务业劳动就业规模呈不断扩大趋势，其劳动就业主渠道作用更加凸显。适应数字经济发展需要，内蒙古积极培育服务业发展的新业态和新模式，强化技术创新引领作用，支持和鼓励前沿科技在应用领域加快渗透，推动服务业多向跨界交互融合，促进服务业向新业态和新模式发展，实现服务业向产业链和价值链高端攀升。在推动传统服务业数字化转型的同时，积极推动平台经济发展、支持共享经济发展、促进体验经济发展等。从生产端和消费端，聚焦产业转型和居民消费升级需要，内蒙古还积极推动生产性服务业向专业化和价值链高端延伸，生活性服务业向高品质和多样化升级。统计数据显示，2023年，内蒙古消费市场更加繁荣，消费拉动经济增长的潜力进一步释放。具体来看，这一年全区实现批发和零售业增加值1647.6亿元，同比增长4.8%；交通运输、仓储和邮政业增加值1512.5亿元，增长10.0%；住宿和餐饮业增加值368.2亿元，增长20.8%；金融业增加值1081.0亿元，增长9.0%。全年规模以上服务业企业营业收入比上年增长7.7%。同时，全区经济活跃度明显提升，人流、物流频次、强度等持续提高。全年旅客运输总量达到8904.2万人次，增长117.0%。旅客运输周转量216.5亿人公里，增长143.3%。全年货物运输总量达到23.4亿吨，同比增长12.8%。全年货物运输周转量5535.9

---

① 王莉霞. 政府工作报告—2024年1月30日在内蒙古自治区第十四届人民代表大会第二次会议上［R/OL］. 内蒙古自治区人民政府网站. 2024 – 02 – 22. http：//xfj. nmg. gov. cn/xwzx/xwtt/202402/t20240222_2470298. html.

亿吨公里，同比增长 6.7%。[①]

3.2.2　经济效益明显改善

进入新时代，科技创新为内蒙古高质量发展注入了强大动能，也显著提高了经济社会发展整体效益。内蒙古通过实施一批重大科技项目，转化落地一批重大技术成果，综合科技创新水平不断攀升，区域创新发展基础更加牢固。内蒙古通过加大科技创新政策实施力度，着力推动供给侧结构性改革，全区经济发展质量和效益显著提高。创新驱动与供给侧结构性改革都是复杂的系统工程，两者相辅相成，互相促进，必须加强协调配合，统筹推进。内蒙古现代经济体系的构成主体是以能源、原材料生产等为主的产业群，煤炭能源相关产业在区域经济总量中长期占有约 60% 的比重。从资源开发利用和加工深度衡量，内蒙古对矿产资源、风能、太阳能、土地、水等自然资源开发利用，生产以煤炭、电、有色金属、粮食、肉类等初级产品为主的产业占多数，产业共性是加工链条较短，本地消纳能力有限，且距离终端消费市场有较远距离。内蒙古推动供给侧结构性改革突出以创新为引领，通过创新来打造新引擎、新支点。从实践需要看，当前内蒙古经济发展中存在的问题关键在于结构性问题，着力通过供给侧结构性改革，进一步减少无效和低端的供给，扩大有效和高端供给，逐步实现由低水平供需平衡向高水平供需平衡的跃升，促进调结构、转方式、提质量持续不断地取得进展。

随着加快推动供给侧结构性改革、深化"放管服"改革、优化营商环境、实施减税降费等一系列激发经济发展活力的政策举措不断取得实效，内蒙古"自上而下"与"自下而上"相互强化的支撑创新驱动、高质量发展的基础条件更加巩固，成效持续凸显。根据内蒙古自治区

① 王莉霞. 政府工作报告—2024 年 1 月 30 日在内蒙古自治区第十四届人民代表大会第二次会议上［R/OL］. 内蒙古自治区人民政府网站. 2024 – 02 – 22. http://xfj. nmg. gov. cn/xwzx/xwtt/202402/t20240222_2470298. html.

2023 年国民经济和社会发展统计公报数据显示，2023 年末规模以上工业企业资产负债率 56.6%，比 2020 年末下降 2.7 个百分点。根据 2024 年自治区政府工作报告披露的数据，2023 年全区制造业、高技术制造业、战略性新兴产业、科技研究和技术服务业、软件和信息服务业，均实现两位数增长。其中，工业投资增长 32.9%、位居全国第二，制造业投资增长 46.4%、新能源装备制造业投资增长 1.2 倍，一般公共预算收入突破 3000 亿元，地方口径税收占全口径税收达到 59.4%，位列全国首位。2023 年，内蒙古积极扩大投资、促进消费的一系列政策"组合拳"，有力支持了经济在高基数上实现较快增长。通过举办京津冀、长三角、粤港澳等一系列专场招商活动，大大提升了内蒙古的市场知名度、美誉度，2023 年全区引进到位资金 4778 亿元，同比增长 40.2%。截至 2023 年，共有 45 个世界 500 强和 22 个中国 500 强企业在内蒙古投资兴业。与此同时，项目建设势头强劲有力支撑了内蒙古经济发展持续稳定向好。2023 年，全区共实施各类重大项目 3155 个，完成总投资额达到 8259 亿元，新建续建 42 个投资超百亿元产业项目。[①]

3.3 内蒙古提升科技创新能力面临的突出挑战

3.3.1 科技创新物质保障能力相对薄弱

科技创新本质上属于十分典型的一个高强度投入产出过程。雄厚的财力、物力、人力等物质保障能力是推动科技创新不断向前发展的前提和基础。尽管近年来内蒙古对科技创新的支持力度总体呈现逐渐加大

---

① 王莉霞. 政府工作报告—2024 年 1 月 30 日在内蒙古自治区第十四届人民代表大会第二次会议上［R/OL］. 内蒙古自治区人民政府网站. 2024 – 02 – 22. http：//xfj. nmg. gov. cn/xwzx/xwtt/202402/t20240222_2470298. html.

之势，但不管与全区经济社会发展转型的实际需要相比，还是同全国多数省区市的科技创新投入状况相比仍然存在明显的差距。

一方面，内蒙古属于典型的煤炭、天然气等资源型产业富集区，也是畜牧业发展优势区，本身涉及的产业形态多处于产业链分工的中上游或上游。其中很多的具体产业形式自身技术含量相对较低，且市场本身对其推动科技创新的迫切性并不是十分强烈，导致企业层面对科技创新投入的积极性、主动性不够高。需要指出的是，由于作为资源型产业富集区，很多需要通过科技创新推动产业升级的活动，面临的多数属于对于典型行业普遍共性问题的改进或突破。比如，煤炭等传统能源的清洁生产与利用、新能源综合开发利用以及储能等，涉及的基础研究领域的技术突破难度大、周期长、投入高、风险因素多等，容易降低区域科技创新投入效率。

另一方面，政府对科技创新投入的力度仍需进一步提高。全区12个盟市中，财政科学技术支出规模超过5亿元的盟市仅鄂尔多斯市1家；2个盟市的财政科学技术支出不足亿元；财政科学技术支出占地方一般公共预算支出比重高于全区平均水平仅有乌海市、鄂尔多斯市、呼和浩特市、包头市4个盟市。民营企业等社会力量是支撑区域科技创新的重要力量。由于受资源禀赋、产业结构、区位特点等因素影响，内蒙古民营经济发展相对滞后，整体的科技创新活跃程度相对较低，这也导致了单位财政科学技术支出撬动优质社会资本投入能力不强，全社会重视科技创新、实践科技创新的热情有待进一步加强和提升。

3.3.2　高水平科技创新要素汇聚不足

推动科技创新是一项复杂的系统工程，需要政府、企业、高校、院所以及相关科技服务组织等多元主体协同配合，同时也是一个人才、技术、平台等各类高水平创新要素共同汇聚并且共同推进的实践过程。经济社会发展实践证明，人才不仅是第一资源，同时也是支撑经济社会发展优势持续生成并不断强化的最具能动性和创造力因素。当前，内蒙古各层次人才梯队结构不合理现象突出,驻区单位的两院院士、国家高层次青年人才、百千万人才工程等头部国家级人才少之又少。同时,支撑区域创新发展的能够熟练掌握先进生产资料的一大批基础知识牢、动手能力强、综合素质高的"大国工匠"亦存在供不应求。

高层次科技创新平台是推动科技创新实践的重要载体。当前,内蒙古从事研发活动与应用活动的国家重点实验室、国家级重点学科、重要的大科学装置等国家级高水平科研平台十分缺乏,降低了内蒙古原始创新能力产生的载体支撑力。全区重大科技创新创业孵化器、国家级大学科技园区、国家级产学合作平台等重要的科技成果转化平台不足,且已有的此类平台运营的综合质量效益还有较大提升空间。内蒙古高等教育资源总量较少,且空间分布不平衡。目前,根据内蒙古教育厅官网数据,全区现有全日制普通本科高等学校 19 所,其中只有内蒙古大学 1 所高校入选国家"双一流"高校(一流学科建设高校)建设序列,10 所全日制普通本科高校位于内蒙古自治区首府呼和浩特市,而多个盟市没有普通本科高校。

3.3.3 科技创新环境条件仍需优化

内蒙古地域广袤,区域内部盟市之间、城乡之间经济社会发展水平不平衡、不协调特征较为突出,一些地区后发优势较为显著,是我国经济最具发展潜力的区域之一。近年来,内蒙古通过深入实施简政放权、放管结合、优化服务等一系列改革,建设市场化、法治化、国际化营商环境取得显著成效。科技创新环境不断优化,为强化区域创新发展动能,深度高效融入全国统一大市场奠定了十分重要的基础。同时,还应当看到内蒙古地区人口密度和经济密度普遍较低,经济要素特别是科技创新要素集聚程度以及经济发展的活跃程度远低于东部发达地区。加快融入全国统一大市场面临的压力较大,持续优化市场化、法治化、国际化的营商环境,特别是持续改善科技创新环境的需求十分迫切。

科技创新制度体现了科技创新活动基本的规范要求,是用来指导科技创新活动一系列规则的总和。当前，内蒙古在落实"破五唯"政策环境下，持续改进考核评价机制探索与实践，特别是职称评审制度改革、选人用人机制建设、青年人才成长制度建设以及科技成果转化利益分成机制建设等方面，仍需深化制度层面的供给侧结构性改革。近年来，随着各地"抢人大战"的陆续展开，内蒙古很多盟市也出台了很多适合自身的人才政策。比如 2023 年 11 月 23 日，鄂尔多斯市在北京召开新闻发布会，正式发布《关于实施更加积极开放有效人才政策打造一流人才高地的若干措施》（简称鄂尔多斯"人才新政 2.0 版"），聚焦人才"引、育、用、留"完整链条，呈现出待遇标准高、覆盖范围广、体制机制活、服务保障细、政策落实快等特点。从全区整体看，不同盟市对招才、用才的支持条件差别较大，特别是很多高层次人才看重的不仅仅是经济方面的待遇条件，还十分关注自身的职业发展空间与地方经济发展的匹配程度等。这些都构成了区域科技创新环境持续改善的重要组成部分。

第 4 章　内蒙古 R&D 经费投入现状的
多尺度分析

从 R&D 经费投入的规模、强度以及结构等方面，对内蒙古 R&D 经费投入的变化情况进行系统性分析，同时对内蒙古各盟市之间以及内蒙古同全国其他省区市同期的投入状况进行多尺度比较研究。

4.1　内蒙古 R&D 经费投入现状分析

4.1.1　内蒙古 R&D 经费投入规模

持续强化创新驱动是保障高质量发展实现预期目标的重要条件。R&D 经费投入不仅是加速推动发展动能转换过程演变的"催化剂"和"发动机"，也是走出"知识悖论"、增进民生福祉的重要物质保障。随着科技创新投入力度的不断提高，将进一步夯实科技创新活动及其成果转化的资金保障。通过不断加大 R&D 经费投入等科技创新领域的支持，有助于科学研究、技术开发过程中形成的各类创新性科研成果进一步转化为现实的新材料、新产品、新工艺等，成为推动生产力不断向前发展的重要动力。作为我国北方典型的资源富集区，内蒙古经济发展动能产生的底层条件正处于由要素投入驱动为主导，向创新驱动为主导转型的关键时期。近年来，内蒙古不断增加财政拨款、优化财政补贴结构、设立企业创新政府基金、加大政府采购规模等，为加快推动供给侧结构性改革，推动经济高质量发展提供了重要保障。同时，还通过实施一系列针对科技创新领域的税收优惠、研发费用加计扣除等财税政策以及各类专门人才政策、创新环境政策等，有力保障了区域创新驱动生成机制的持续发力。

市场经济条件下对区域创新的支持需要政府、企业、高校院所以及社会组织等多元主体共同支持、共同参与。如图 4.1 所示，近年来，内蒙古整体研发投入规模呈现出在波动变化中逐渐扩大的趋势，全自治区 R&D 经费投入由 2010 年的 63.7 亿元提高到 2022 年的 209.5 亿元，但是这一投入规模在 2017 年和 2018 年连续两年出现降低，随后又步入稳定上升阶段。企业是市场经济的主体；企业的创新能力也是宏观经济创新发展的微观基础和底层源泉。从内蒙古全部研发经费投入的构成上看，各类企业投入占全区 R&D 经费投入规模在 2018 年以前呈现不断回落态势，2018 年以后呈现出稳步缓慢增长趋势，但整体上各类企业投入占全区 R&D 经费投入规模能够稳定维持在 80% 以上。同时还需要指出的是，图 4.1 清晰地反映出，随着全部 R&D 经费投入规模的逐渐变化，企业的 R&D 经费投入也呈现出同步变化，且企业占全部 R&D 经费投入的占比也呈现出相似的变化趋势。可能的原因是，一方面，政府投入在非企业 R&D 经费投入中占据重要组成部分。当政府调整 R&D 经费投入力度时，其在引起调整资金分配的同时，更可能会向社会释放一种"信号"。这种信号的释放能够引导社会整体 R&D 经费投入方向，并可能充分带动企业创新投入的积极性和主动性，调整自身的研发策略和方向，从而与政府的引导形成良性互动；另一方面，企业 R&D 经费投入在全部 R&D 经费投入中的比重也相对较高，超过八成。这意味着企业的 R&D 经费投入变化将在很大程度上对全部 R&D 经费投入趋势产生显著影响。

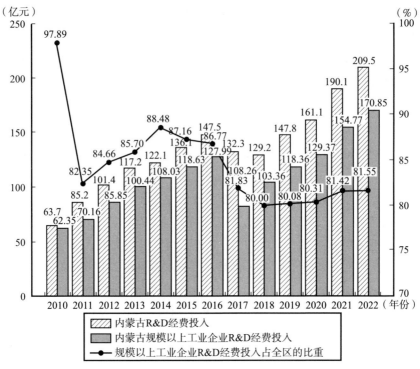

图 4.1　内蒙古 R&D 经费投入规模变化趋势

资料来源：2014～2022 年内蒙古科技经费投入统计公报. 内蒙古统计局官网. https：//tj. nmg. gov. cn/tjyw/tjgb/.

4.1.2　内蒙古 R&D 经费投入的结构比较

经济合作与发展组织早在《1996 年科学、技术和展望》的研究报告中指出，知识经济是"以知识为基础的经济"，可以为经济社会发展提供源源不断的动力支持。科学研究作为知识生产过程，之所以受到各界普遍关注和支持，很大程度上取决于其潜在的经济价值（Merton，1970）。R&D 经费投入作为启动知识生产活动的重要动力，在支持科学研究活动中扮演着重要的角色。它不仅为新知识的产生提供了必要的资金保障条件，而且为已有知识转换为现实的生产力提供了可能。一般而言，R&D 经费投入结构体现了 R&D 经费在不同领域的配置状况，在很大程度上决定了该区域创新动能持续生成与不断强化的微观动力结构。受资源要素禀赋特点、产业分工等因素影响，以制造业为主要内容的第二产业在内蒙古产业结构中居于重要地位。因此，如图 4.2 所示，全区三大行业门类 R&D 经费投入规模制造业的 R&D 经费投入在全区整体的 R&D 经费投入比重处于最高水平。

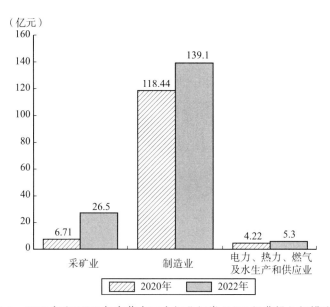

图 4.2　2020 年和 2022 年内蒙古三大行业门类 R&D 经费投入规模比较

资料来源：2020 年和 2022 年内蒙古科技经费投入统计公报．内蒙古统计局官网．https：//tj. nmg. gov. cn/tjyw/tjgb/．

　　横向比较来看，内蒙古制造业在 R&D 经费投入方面表现出强劲的增长势头和显著的占比优势。由图 4.2 计算可知，2022 年内蒙古制造业的 R&D 经费投入比重占全部三大行业门类的 81.4%，充分反映了制造业在内蒙古科技创新中的关键地位。纵向比较来看，2020～2022 年，制造业 R&D 经费投入的绝对增量为 20.66 亿元，均高于其他两大产业门类。另外，需要指出的是，采矿业在内蒙古地区经济中占据重要地位，为地方经济增长提供了强大动力。然而正是由于采矿业本身属于资源密集型产业，其技术创新的需求和空间相对有限，在一定程度上限制了该行业在 R&D 经费投入上的增长。尽管在 2020～2022 年实现了 R&D

经费投入相对较快的增加，但总体来看，创新支持规模仍然相对较小。此外，电力、热力、燃气及水生产和供应业作为国民经济和社会发展的基础性保障行业，其重要性不言而喻。然而，这一行业的 R&D 经费投入呈现出总体规模低、增量少的"双低"特征。

制造业作为国民经济体系的重要组成部分，其细分门类众多，组成结构复杂，是战略性、支柱性和先导性产业，担负着为经济社会平稳运行提供"硬件"支持的重任。当前，新一轮科技革命加速演变，深刻影响了全球产业变革的方向和进程。在这一背景下，许多国家通过制定并实施了经济援助计划、刺激法案等措施。其中加大 R&D 经费投入成为许多国家的关键举措之一，旨在通过科技创新提升制造业的竞争力，实现产业转型升级。为抢抓重大战略机遇，加快推动制造业发展动能转换，促进制造业转型升级，国家和地方层面出台了一系列针对性强、操作性强的政策措施，旨在从结构和功能上支持内蒙古制造业转型升级。如通过设立政府引导基金，以"拨改投""以奖代补"等方式，推动财政投入方式变革，更好地发挥有限财力的杠杆效应，实现"四两拨千斤"的效果，推动制造业走向又好又快的发展轨道。此外，还围绕着推动制造强国、强区建设，通过设立专项奖励、风险补偿等机制，进一步鼓励制造业企业积极开展示范推广，支持关键零部件、关键基础材料以及先进基础技术工艺的首批次或跨领域应用。

近年来，内蒙古制造业不断加强科技赋能，经过一系列转型升级已经取得了显著成效，建立了比较完整的具有较强市场竞争力的制造业产业体系，并且制造业在内蒙古国民经济体系的重要支柱地位更加凸显。在全区主要制造业细分门类中，R&D 经费投入规模处于前列的细分产业类型包括非金属矿物制品业、黑色金属冶炼和压延加工业。如图 4.3 所示，2022 年，非金属矿物制品业的 R&D 经费投入规模为 27.2 亿元，黑色金属冶炼和压延加工业的 R&D 经费投入规模为 26.7 亿元。需要指出的是，受制于部分制造业细分门类科技创新能力不强、R&D 经费投入总体不足等因素影响，尽管内蒙古依托资源禀赋优势形成了较好的工业发展基础，但是现有的工业产品门类中"内蒙古创造""内蒙古智造"仍然屈指可数。经过多年持续不断地发展，内蒙古已经形成了一批与地区资源要素禀赋特点和工业布局相配套的科研院所，科技创新水平和基础条件均有所提高，但是与发达地区相比，支持制造业发展的科技创新基础设施建设、科技创新队伍建设以及科技创新成果及其转化等领域仍有一定的差距。

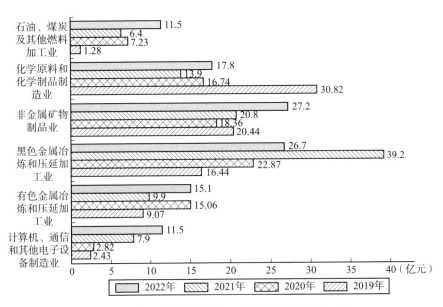

图 4.3 制造业细分门类 R&D 经费投入规模比较

资料来源：2019～2022 年内蒙古科技经费投入统计公报. 内蒙古统计局官网. https://tj. nmg. gov. cn/tjyw/tjgb/.

采矿业是国民经济和社会发展的基础性、战略性行业。这一行业属于以煤炭、原油、天然气以及其他自然领域的矿物资源为劳动对象，进而通过地下或地上采掘，破磨、选矿和处理等辅助性活动等获取自然资源的工业部门。从具体类型看，采矿业主要有煤炭工业、石油工业、盐业以及其他采矿业等。从行业门类细分看，采矿业主要有煤炭开采和洗选业、石油和天然气开采业、黑色金属矿采选业、有色金属矿采选业以及非金属矿采选业等。采矿业作为内蒙古工业体系的重要组成部分，细分门类 R&D 经费投入规模与资源型产业结构的特点呈现明显相关性。作为国家重要的能源资源基地，内蒙古充分发挥煤炭资源优势，持续加大面向全国的煤炭供应保障力度。根据内蒙古能源局披露数据，2023 年全区煤炭产量达到 12.1 亿吨，占全国煤炭总产量超 25%，其中销往区外煤炭产量超过 7.2 亿吨，占全区煤炭总产量的 59.5%。内蒙古持续优化煤炭产能结构，截至 2023 年底，全区 120 万吨/年以上产能煤矿占比达到 92%，井下机械化程度基本达到 100%。为了充分发挥能源保供"压舱石"作用，内蒙古积极落实国家下达的电煤保供任务，2023 年承担国家电煤中长期合同保供任务量 9.45 亿吨，占全国总任务量的 36%。煤炭开采和洗选业 R&D 经费投入是支持煤炭行业创新发展的重要财力保障。[①] 如图 4.4 所示，2020 年内蒙古的煤炭开采和洗选业 R&D 经费投入规模达到 4.87 亿元，远高于同属于采矿业的石油和天然气开采业、黑色金属矿采选业、有色金属矿采选业以及非金属矿采选业 R&D 经费投入规模的总和。

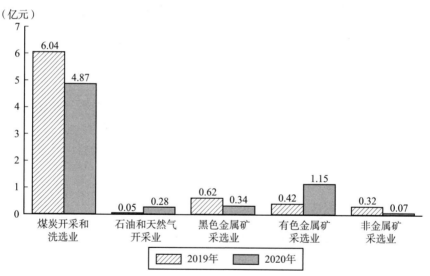

图 4.4 采矿业细分门类 R&D 经费投入规模比较

资料来源：2019 年和 2020 年内蒙古科技经费投入统计公报. 内蒙古统计局官网. https：//tj. nmg. gov. cn/tjyw/tjgb/.

---

① 内蒙古自治区能源经济实现"10 个全国第一"取得"三个突破"[R/OL]. 人民网内蒙古频道. 2024 - 01 - 31. http：//nyj. nmg. gov. cn/slh/gzdt/202401/t20240131_2462199. html.

4.2 内蒙古各盟市 R&D 经费投入现状分析

4.2.1 各盟市 R&D 经费投入的横向比较

内蒙古位于祖国北部边疆，由东北向西南斜伸，呈狭长形，东西长约 2400 公里，南北最大跨度 1700 多公里。总面积 118.3 万平方公里，位居全国第 3 位。横跨东北、华北、西北地区，内与黑龙江、吉林、辽宁、河北、山西、陕西、宁夏、甘肃 8 省区相邻，外与俄罗斯、蒙古国接壤，边境线总里程达 4200 多公里。全区地理空间跨度东西约为 2400 公里，南北跨度约为 1700 公里[①]。内蒙古不同盟市在自然禀赋、区位特点、产业结构等方面存在显著差别。这些差异在一定程度上造成了内蒙古经济社会发展的空间不平衡和创新发展水平的参差不齐，也增加了区域整体协同推进创新驱动发展的困难程度。如图 4.5 所示，从 2022 年内蒙古各盟市 R&D 经费投入来看，亦存在显著的空间差异。从投入规模看，全区 12 盟市中，R&D 经费投入超过 40 亿元的盟市有 3 个，分别是包头市（77.5 亿元）、呼和浩特市（44.5 亿元）和鄂尔多斯市（44.1 亿元），其余 9 个盟市的 R&D 经费投入均不足 10 亿元，最少的阿拉善盟仅为 1.5 亿元。从投入强度看，包头市 R&D 经费投入强度为 2.07，位居全区各盟市首位，但仍未达到同期全国平均水平（2.54）；R&D 经费投入强度低于 1 的盟市有 9 个，占总数的 75%，其中，鄂尔多斯市虽然 R&D 经费投入规模达到 44.1 亿元，但投入强度并不高，仅为 0.79；最低的盟市为呼伦贝尔市仅为 0.19，相当于全国平均水平的 7.48%。

[①] 区域概况 [R/OL]. 内蒙古自治区人民政府官网. 2024 – 04 – 23. https：//www. nmg. gov. cn/asnmg/yxnmg/qqgk/202003/t20200304_235646. html.

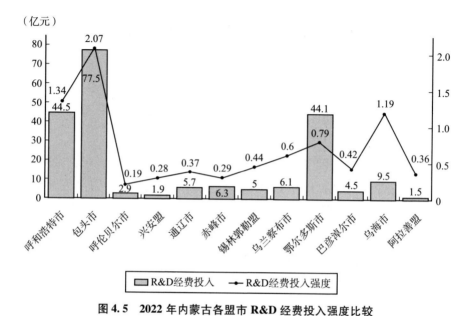

（亿元）

图 4.5　2022 年内蒙古各盟市 R&D 经费投入强度比较

资料来源：2022 年内蒙古科技经费投入统计公报［N］. 内蒙古统计局官网. https：//tj. nmg. gov. cn/tjyw/tjgb/.

不少学者指出，创新行为具有准公共产品属性。关于创新活动具备公共产品属性的研究可以溯源到 20 世纪 60 年代。阿罗（Arrow，1962）明确提出，创新具有一般性知识、信息所具有的公共产品特征。也就是说，当创新活动产生的收益无法被实施创新活动的主体企业单独占有时，创新的溢出效应就会出现。创新带来的超额收益不仅有益于创新主体本身，还会扩散到其他企业甚至整个行业。随着市场竞争激烈程度加剧，这种创新活动收益的外溢性表现就越发凸显。因为更多的竞争者能够模仿或利用创新活动的成果，将导致包括企业在内的各类市场主体主动创新的积极性降低。而财政科技投入等财税政策通过弥补社会边际收益与社会边际成本间的差额，将"外部性成本"纳入价格机制中，可以有效减轻负的外部性造成的消极影响（黄群慧等，2013）。为弥补因创新溢出效应导致的企业利润空间压缩，降低外溢效应对企业创新积极性损害，需要政府提供一系列鼓励研发等支持企业创新的政策，激发并保护企业的创新积极性。各国实践经验表明，财政科技投入等作为直接的激励性财税政策，可以充实企业的现金流，增加微观市场主体收入（李香菊等，2019），具有资金供给效应、认证效应。从政策的作用效果看，通过研发补贴、创新基金、科技奖励等政府补助形式，可以为企业创新活动提供直接的支持，有效缓解相关领域资金投入不足的问题（樊利等，2020；胡丽娜，2020；何宜庆等，2020），进一步夯实企业创新活动的财力基础。

内蒙古各盟市之间经济发展水平、所处发展阶段以及政府财力状况存在较大差异。这也进一步造成全区各盟市之间财政科技投入规模呈现显著差异，且财政科技支出占一般公共预算支出的比重亦呈现明显差异。如图 4.6 所示，乌海市工业化、城镇化水平较高，全市财政科技投入规模虽然体量不大，但财政科技投入占一般公共预算投入规模相比于其他各盟市最高，达到 1.47%。同时，经济发展水平相对较高且科教资源相对丰富的鄂尔多斯、包头和呼和浩特财政科技投入规模以及财政科技支出占一般公共预算支出的比重位居全区各盟市前列。位于内蒙古最西部的阿拉善盟和中部的锡林郭勒盟财政科技支出规模最小，均仅为 0.7 亿元，相当于财政科技支出规模最大的鄂尔多斯市的 5.7%。锡林郭勒盟不仅财政科技支出规模低，而且财政科技支出占一般公共预算支出比重亦为最低，仅为 0.21%，呈现"双低"特征，比最高的乌海市低 1.26 个百分点。这种盟市之间财政支持科技创新力度的显著差异，客观上不利于高水平推动区域创新协同发展，同时也加大了区域整体推进经济社会高质量发展的复杂程度。这种差异可能加剧创新资源的分配不均，还可能影响创新活动的效率和效果，甚至在一定程度上还会制约整个区域的创新能力和竞争力。

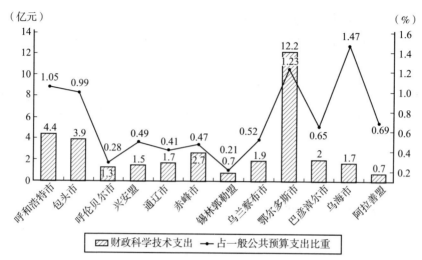

图 4.6　2022 年内蒙古各盟市财政科技支出状况比较

资料来源：2022 年内蒙古科技经费投入统计公报［N］. 内蒙古统计局官网 . https：//tj. nmg. gov. cn/tjgw/tjgb.

4.2.2　各盟市 R&D 经费投入的纵向比较

由于创新具有公共产品属性且研发活动成功与否存在较大的不确定性，作为一种理性选择，一些制造业企业为有效控制经营风险而减少研发投入（Hottenrot et al.，2014），导致企业创新积极性下降。另外，即使企业主观上有意愿承担研发不确定性，客观上也可能由于风险评估问题影响企业的外部融资（Colombo et al.，2013），从而导致企业降低研发投入，甚至损害企业的创新热情。因此，各类政府支持政策就成为增强企业创新积极性的重要选项。同时，这些政策还具有认证效应，为外部投资者提供信号和风向标（武龙，2019）。具有良好市场信誉、一定创新能力和较高创新潜力的企业更容易成为政府政策支持的对象，并成为政府制定认证标准的条件或参照样本。这种认证效应作为一种信号降低企业与其他外部投资者的信息不对称，帮助企业获得更多外部投资者信任，拓宽融资渠道，增强融资能力，有效缓解企业创新活动的融资约束，提高企业研发创新的积极性。

　　近年来，受到宏观经济运行不确定性因素增多等影响，内蒙古一些盟市、旗县区在经济发展转型过程中也面临着债务负担相对过重、外部市场需求不足、自身发展活力不够等瓶颈问题，进而可能加剧财政压力。在此情况下，从政府到企业对 R&D 经费投入力度客观上也会受到一定影响。如图 4.7 所示，2019～2022 年，全区各盟市的 R&D 经费投入均实现了不同程度的增加，呼和浩特、包头和鄂尔多斯三市处于显著领先地位。从绝对增量看，包头市增长最为显著，从 2019 年的 42.85 亿元增加到 2022 年的 77.5 亿元，绝对增量达到了 34.65 亿元。相较之下，虽然呼和浩特、包头和鄂尔多斯三市在 2019 年的 R&D 经费投入规模基本相当，但在 2022 年，包头市的投入规模已经明显领先其他所有盟市。从增长速度看，兴安盟的 R&D 经费投入规模在 2019～2022 年实现了高速增长，达到了 5.6 倍，虽然总体规模仍然偏低，2022 年仅为 1.9 亿元。

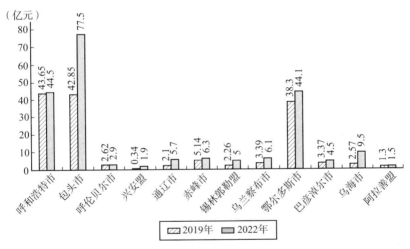

图 4.7　2019 年和 2022 年各盟市 R&D 经费投入规模比较

　　资料来源：2019 年和 2022 年内蒙古科技经费投入统计公报．内蒙古统计局官网．https：//tj. nmg. gov. cn/tjyw/tjgb/．

　　从 2019～2022 年内蒙古各盟市 R&D 经费投入强度变化情况看（见图 4.8），全区各盟市有升有降。其中，包头、兴安盟、通辽、锡林郭勒、乌兰察布、巴彦淖尔、乌海 7 个盟市的投入强度均呈现显著提升的趋势，其中包头由 1.58 提高到 2.07，稳居全区各盟市首位。兴安盟 R&D 经费投入强度增长的基数最低，增速也相对更快，由 2019 年的 0.05 提高到 2022 年的 0.28，总量翻了 5 倍多。与此同时，呼和浩特、呼伦贝尔、赤峰、鄂尔多斯、阿拉善，五个盟市的 R&D 经费投入强度呈现显著下降，其中呼和浩特和鄂尔多斯分别由 1.56 降低到 1.34，由 1.06 降低到 0.79。这说明，作为首府城市的呼和浩特和经济大市的鄂尔多斯 R&D 经费投入与经济社会发展需要仍不相称，持续加大 R&D 经费投入力度，提升 R&D 经费投入强度迫在眉睫。鄂尔多斯市是内蒙古自治区经济第一强市，地区生产总值和人均地区生产总值遥遥领先于其他盟市，其中人均地区生产总值处于全国地级市前列。不过，鄂尔多斯的 R&D 经费投入强度仅相当于全国平均水平的三成。根据 2022 年鄂尔多斯市科技经费投入统计公报发布数据，从市域内部看，鄂尔多斯下辖的 9 个旗区中，2022 年 R&D 经费投入强度最高的为鄂托克前旗（1.99），高于 1.5 的仅包括鄂托克前旗和杭锦旗两个；东胜区（0.74）、康巴什区（0.70）等 6 个旗区低于 1.0；准格尔旗最低仅为 0.46。

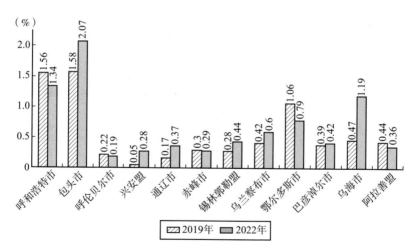

图 4.8 2019 年和 2022 年各盟市 R&D 经费投入强度比较

资料来源：2019 年和 2022 年内蒙古科技经费投入统计公报．内蒙古统计局官网．https://tj.nmg.gov.cn/tjyw/tjgb/．

4.3　内蒙古 R&D 经费投入与其他省区市的比较分析

4.3.1　R&D 经费投入规模方面

进入新时代，我国社会主要矛盾已经转化为人民日益增长的美好生活需要和不平衡不充分的发展之间的矛盾。这也意味着当前和今后一段时期，我国经济和社会发展领域亟待解决的重点问题是着力解决"不平衡、不协调、不可持续"等深层次问题。受制于不同地区经济社会发展所处发展阶段、发展基础条件等客观因素差别，从全国层面看，东部沿海发达省份、超特大城市知名高校院所、高新技术企业、先进科学技术装置等优质创新资源要素十分丰富，而西部地区此类资源要素相对匮乏，进一步加剧了不同省份的 R&D 经费投入差别化程度。如图 4.9 所示，同全国 31 个省、自治区、直辖市（由于统计口径等因素，不包括港澳台）相比，2022 年内蒙古 R&D 经费投入规模为 209.5 亿元，位居全国第 23 位，处于中游偏下水平。这一投入规模仅相当于 R&D 经费投入规模居全国首位的广东（4411.9 亿元）的 4.7%。就西部地区主要省份比较而言，内蒙古 R&D 经费投入规模远低于四川、陕西、重庆以及云南、广西等省份，其中仅相当于四川的 17.2%。这一总量与贵州（199.3 亿元）、黑龙江（217.8 亿元）两省份规模基本相当。

4.3.2　R&D 经费投入强度方面

如前所述，R&D 经费投入强度是支持各类科技创新活动开展的重要条件，为支撑区域创新驱动发展动能的生成与不断强化提供了重要物

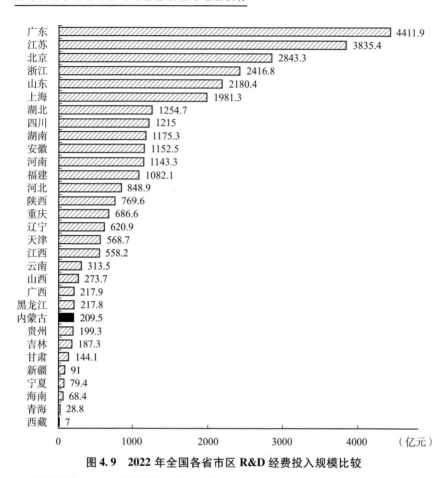

图4.9 2022年全国各省市区 R&D 经费投入规模比较

资料来源：2022年全国科技经费投入统计公报．国家统计局官网．https：//www．stats．gov．cn/．

质基础和保障条件。如图4.10所示，从全国层面比较看，东部沿海地区与中西部地区的经济社会发展水平和 R&D 经费投入强度方面存在显著差异。北京、上海、天津三大直辖市 R&D 经费投入强度稳居全国前三名，其中北京 R&D 经费投入强度达到6.83，是全国平均水平的2.7倍。就内蒙古而言，全区 R&D 经费投入强度与投入规模同样存在偏低的问题。同全国31个省、自治区、直辖市（不含港澳台）相比，2022年内蒙古 R&D 经费投入强度为0.9，位居全国第27，相较于 R&D 经费投入规模在全国的排名还要低四个位次。这一指标仅仅相当于全国 R&D 经费投入强度平均水平（2.54）的 35.43%，相当于位居全国首位的北京市（6.83）的 13.17%。与同为西部省区的陕西（2.35）、四川（2.14）、重庆（2.36）、宁夏（1.57）、甘肃（1.29）、云南（1.08）、贵州（0.99）等省份均存在明显差距。

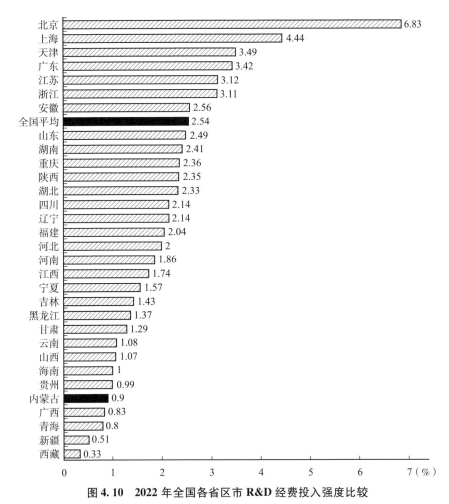

图 4.10　2022 年全国各省区市 R&D 经费投入强度比较

资料来源：2022 年全国科技经费投入统计公报. 国家统计局官网. https://www.stats. gov.cn/.

第5章 内蒙古科技创新政策实践的 "投入—产出—环境" 三维分析

从投入、产出以及环境三个维度，对内蒙古科技创新政策实践的现状及存在的主要问题进行系统深入的分析。

5.1 投入维度

5.1.1 财政科技投入方面

近年来，中国加大推进科技创新领域的财政支持体制机制改革，从中央到地方各级政府对科技创新活动的支持力度显著增加。如图 5.1 所示，2000～2022 年，中国各级政府的财政科技支出总规模从 575.6 亿元增加到 11128.4 亿元，增长了 19.33 倍，其中地方财政科技支出总额从 226 亿元增加到 7325.0 亿元；地方财政科技支出的比重亦由 39.26% 增加到 65.82%，增幅超过了 26 个百分点。这表明，各级地方财政科技支出正成为中国财政科技支出的主导力量。财政支持科技创新投入规模和投入强度的不断提高也促进了中国科技创新 "软" "硬" 基础环境更加优化，全社会支持创新、鼓励创新、实践创新的氛围更加浓郁，使中国对全球范围内各类高端人才、先进技术等优质创新要素、创新资源的吸引力、凝聚力不断提升。同时，这也深刻影响了中国经济社会发展各个领域，显著拉升了科技创新活动对经济发展的贡献度，中国经济发展动能正由依靠要素驱动、投资驱动向创新驱动悄然转变。

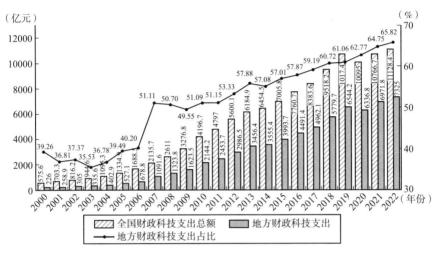

图 5.1　2000～2022 年中国财政科技支出结构及演变

资料来源：2000～2022 年全国科技经费投入统计公报. 国家统计局官网 . https：//www. stats. gov. cn/.

　　内蒙古是我国重要的煤炭、天然气等自然资源富集区，煤炭探明储量逾万亿吨，每年为全国提供了 1/4 的煤炭产能，是我国重要的煤炭工业基地和煤炭产销第一大省区。同时，内蒙古也是新能源产业发展最快的省区，光伏治沙、风能等新能源布局加快推进。煤炭等资源型产业和新能源产业在内蒙古国民经济体系中的重要地位呈现出并驾齐驱的局面。这不仅为区域经济社会发展注入了强劲的动力，而且也对保障国家能源安全发挥着十分重要的作用。同时需要指出的是，内蒙古煤炭产能在经历了煤炭"黄金十年"的快速提升之后，在供给侧结构性改革等政策推动下，全区煤炭产业发展进入深度调整时期。由于历史、区位以及观念等诸多因素的影响，内蒙古煤炭产业的发展还没有完全摆脱粗放型的增长方式，产业延伸还不够，煤炭产业的大部分产值来自煤炭采掘、传统煤化工等门类，具有高技术含量和高附加值的企业比例还相对较少。煤炭等资源型产业表面上如火如荼发展的同时，还伴随着煤炭等化石能源的过度开发、产业结构单一且"偏重"、生态环境破坏等深层次问题，迫切需要对内蒙古产业发展转型升级问题进行思考。各类矿产资源是不可再生资源，"挖一吨少一吨"，乌海等城市已经出现矿产资源枯竭的现象。这种粗放型的发展模式可持续功能非常差，严重违背了循环经济模式，制约了内蒙古经济社会可持续发展，所以必须加快推动全区经济产业转型升级，走出一条符合资源富集区特点，以创新驱动为核心动力的高质量发展之路。

根据经典财政分权理论的观点指出，相对于中央政府，基层政府具备了解和掌握当地居民偏好的先天条件优势，地方财政投入力度加大有助于推动地方公共物品供给结构优化，从而能够更有效地提高公共物品配置效率（Musgrave，1959；Oates，1972）。从长期看，创新性投入具有较为典型的生产性特征，地方财政投入力度加大客观上增强了地方支持科技创新的动力（周克清等，2017）。这种情况下，地方政府从培育当地长期增长动力的现实出发，能够自动转向支持科技创新政策的实施落地。地方财政投入通过直接和间接两种方式支持创新，一种是财政投入的直接效应可以强化地方政府对企业创新的财政补助，直接推动企业创新；另一种是财政投入的间接效应可以通过优化地区金融结构，发挥股权融资对企业创新的正向促进作用，间接推动企业创新（权飞过等，2020）。近年来，为了更好地适应新常态发展需要，进一步加快经济转型发展步伐，内蒙古积极培育新发展动能，淘汰或升级旧发展动能，使得创新驱动在国民经济发展的关键地位日益凸显出来。

如图 5.2 所示，2005～2022 年，内蒙古地方公共财政科技支出经历了前期持续较快增长、中期明显波动和后期持续稳步增长的过程。2005～2011 年内蒙古地方公共财政科技支出以及单位人口地方公共财政科技支出均呈现持续快速增长的态势。2005 年全区地方公共财政科技支出为 7.98 亿元，2011 年达到区间内的最高投入规模 113.67 亿元。2012～2018 年全区公共财政科技支出呈现显著波动，2018 年全区公共财政科技支出较前一年出现明显降低现象，与 2017 年相比，下降了约

30.36 亿元，但整体投入规模已数倍于研究期初阶段。尽管近几年呈现一定波动，但从 2018 年开始到 2022 年全区地方公共财政科技支出已经呈现出恢复式上升的态势。到 2022 年全区地方公共财政科技支出已经达到 177.99 亿元，约是 2005 年的 22.3 倍。

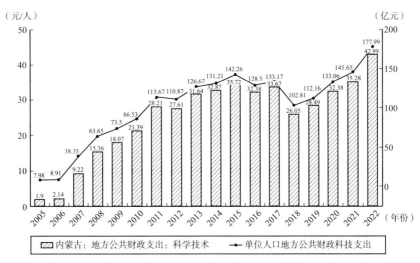

图 5.2　2005～2022 年内蒙古地方公共财政科技支出演变情况

资料来源：Wind 金融数据库。

与此同时，就同一时期的单位人口地方公共财政科技支出变化情况比较看，整体呈现与地方公共财政科技支出变化过程相类似的演变特征。这反映出近十多年来，内蒙古一直在加大对公共财政科技支出的投入力度，加快推动经济转型的步伐。也就是说，推动内蒙古经济转型发展关键驱动背后的重要保障条件是来自公共财政的有力支持。公共财政科技支出的增加不仅为科技创新提供了源源不断的动力，还有助于加快区域经济创新能力的提升。因此，从长远发展的实际需要考量，为了内蒙古经济社会发展行稳致远，始终保持在合理运行区间，必须继续加大对科技创新领域的公共财政科技支出投入力度，进一步激发科技创新驱动经济社会高质量发展的内生动力。

绿色发展是高质量发展的底色，也是实现创新驱动发展的必然选择和必经之路。近年来，内蒙古积极践行新发展理念，并按照"两山"理论的要求，走绿色、可持续发展之路，加快推动新旧动能发展实现根本性转变，着力构建我国北方重要的生态安全屏障。节能环保支出作为政府以保护自然生态环境、污染治理、节能减排等为目的的财政支出，能够有效提高区域的绿色发展水平。如图 5.3 所示，2005～2022 年内蒙古地方公共财政节能环保支出经历了先较快提高后又在波动中高位运行的演变过程。从变化趋势上看，内蒙古地方公共财政节能环保支出由 2005 年的 25.82 亿元上升至 2022 年的 141.56 亿元，同比增长 448.26%，年均增长率为 12.09%，表明内蒙古近年来节能环保支出投入较大、着力加快推动绿色发展的基础更加扎实。其中，2015 年全区地方公共财政节能环保支出达到峰值 175.25 亿元，是 2005 年 25.82 亿元的 6.8 倍。然而需要注意的是，2016～2022 年内蒙古地方公共财政节能环保支出规模表现出一定程度的波动下降态势，但总支出规模仍处于较高水平的运行状态。究其原因可能在于：一方面，2016～2022 年内蒙古地区受到经济发展深度调整、经济周期性变化等因素的影响，以致其地方财政也受到一定程度的影响，进而减少了地方公共财政的节能环保支出，另一方面，随着绿色发展水平的提高，特别是节能环保软硬基础设施日益完备，相应的刚性需求可能也会出现一定程度的下降。

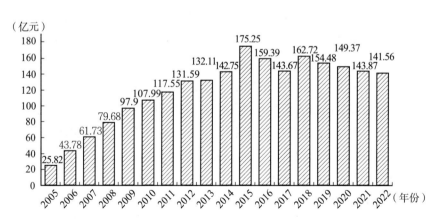

图 5.3　2005～2022 年内蒙古地方公共财政节能环保支出变化趋势

资料来源：Wind 金融数据库。

5.1.2　规模以上工业企业研发投入方面

如前所述，R&D 经费支出主要为全社会实际用于基础研究、应用研究和试验发展的经费支出。包括实际用于研究与试验发展活动的人员劳务费、原材料费、固定资产购建费、管理费及其他费用支出。其中，基础研究主要是为了获得关于现象和可观察事实的基本原理的新知识（揭示客观事物的本质特征、运动规律，获得新发展、新学说等）而进行的实验性或理论性研究。它不以任何专门或特定的应用或使用为目的。应用研究指为了确定基础研究成果可能的用途，或是为达到预定的目标探索应采取具有探索性的新方法或新途径而进行的创造性研究。试验发展指利用从基础研究、应用研究和实际经验所获得的现有知识，为产生新的产品、材料和装置，建立新的工艺、系统和服务，以及对已产生和建立的上述各项作实质性的改进而进行的系统性工作。由此可以清晰地看出，工业企业科技创新投入作为各类科技活动的重要保障，既是企业发展基业长青的根基所在，也是企业市场竞争优势持续巩固的关键。

基于以上讨论可以看出，地方公共财政科技投入作为一种有效杠杆，其投入力度的扩大也会较好地带动内蒙古规模以上工业企业 R&D 经费投入规模的扩大。如图 5.4 所示，内蒙古规模以上工业企业 R&D 经费投入规模在 2011～2022 年总体上呈现波动上涨的趋势。具体来看，内蒙古规模以上工业企业 R&D 经费投入规模由 2011 年的 70.16 亿元上升到 2022 年的 170.85 亿元，增幅高达 143.51%，年均增长率为 8.96%，这说明内蒙古规模以上工业企业 R&D 经费投入保持了较快增长，并且内蒙古地方公共财政针对工业企业研发创新的扶持力度也在不断加强。但是，需要关注的是在 2017～2018 年内蒙古规模以上工业企业 R&D 经费投入规模经历了连续两年的负增长。在 2019 年之后出现了显著的反弹，这种反弹并非简单的恢复性增长，而是创新力量不断积蓄的重要表现。

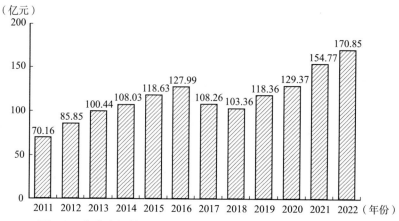

图 5.4 内蒙古规模以上工业企业 R&D 经费投入规模变化趋势

资料来源：Wind 金融数据库。

5.1.3 人员投入方面

科研人员一般包括具备一定的科学理论知识并从事科学研究工作的科技工作者，是从事科学研究的生力军和中坚力量，也是直接推动科技创新创造力和能动性最强的影响因素。从开展研究内容的差别情况看，科学可以分为自然科学和社会科学两大领域。调查研究或科学实验，工程技术开发、生命科学研究、历史文化问题研究等的人员都可以是科研人员。通常情况下，科研人员都要经历系统的科研训练过程，具备较高的专业知识和技能，对自己所研究的某一学科具有较高的学术造诣。因此，从高新技术产业的发展动力生成条件看，广大的科研人员为科技创新和产业升级提供了人才保障。如图 5.5 所示，2005～2021 年内蒙古高新技术企业科研活动人员数量实现了显著增长，由 2005 年的 14270 人起步，在历经十余年的积累与发展后，2021 年攀升至 64504 人，增幅高达 352.03%，年均增长率为 12.75%，这一增长趋势不仅反映了内蒙古高新技术企业对科研创新的重视和投入，更凸显了科研人员队伍在推动高新技术产业发展中的关键作用。值得注意的是，尽管在 2008～2009 年，由于经济形势的波动和政策调整等多重因素的影响，内蒙古高新技术企业的科研活动人员数量出现了短暂的下降，但这一暂时的波折并未改变随后持续扩大的发展趋势。

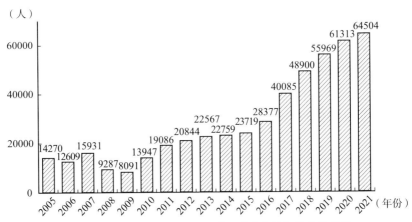

图 5.5 内蒙古高新技术企业科研活动人员规模变化趋势

资料来源：Wind 金融数据库。

R&D 人员全时当量是衡量一个国家或地区科技创新能力的重要指标之一。具体指实际参加研发项目活动人员折合的全时当量，用于比较科技人员投入的指标。这一指标不仅反映了国家对科技创新的重视程度，也体现了科技人员在推动社会进步和经济发展中发挥的关键作用。从全国层面看，2022 年我国在 R&D 人员投入上展现了强大实力，每万名就业人员 R&D 人员全时当量为 635.4 人年，这一数字相较于上一年增长了11.2%，稳居世界首位。如图 5.6 所示，从内蒙古层面看，近年来，2005 ~ 2022 年全区规模以上工业企业 R&D 人员全时当量经历了先上升后下降再上升的发展演变过程。其中，2005 ~ 2016 年全区规模以上工业企业 R&D 人员全时当量实现了显著的增长，由 2005 年的 10087人年稳步攀升至 2016 年的 30126 人年，总规模扩大了近三倍。这一阶段增长主要得益于内蒙古对科技创新的高度重视及一系列鼓励和支持科技研发政策措施的有效实施。2017 ~ 2019 年全区规模以上工业企业 R&D 人员全时当量经历了连续下降的变化过程，至 2019 年仅大致相当于 2010 年的水平。2020～2022 年，内蒙古规模以上工业企业 R&D 人员全时当量再次呈现上升趋势，经过短暂回落，至 2022 年，这一指标已达到 24931 人年，显现出内蒙古在推动科技创新方面的具备的潜力。

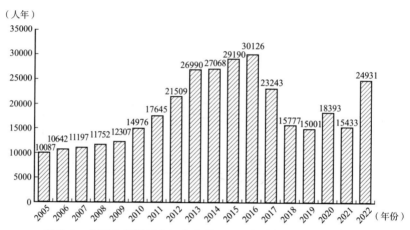

图 5.6　内蒙古规模以上工业企业 R&D 全时当量规模变化趋势

资料来源：Wind 金融数据库。

5.1.4　项目支持方面

R&D 项目数作为提升一个地区或企业科技创新活跃度和研发能力的重要载体，它反映了该地区或企业在科技创新方面的投入和产出状况。这一类项目不仅涵盖了当年新立项的研究工作，还包括了以前年份立项但仍在持续进行的研发项目，即使是当年完成或中途失败的研发项目，一般情况下也都被纳入统计范围。需要注意的是，委托其他单位进行的研发项目并不计算在内。对企业而言，研发项目实施过程中需解决大量问题，因而研发项目是企业日常活动中创新点密度最高的区域。一般而言，每一个研发项目都蕴含着大量的技术创新和知识产权，可以作为专利挖掘的重点对象。

具体而言，企业研发项目主要具有以下三个特点：（1）复杂性。一方面，研发项目的内涵复杂，尤其是大型研发项目，往往涉及多个学科领域的理论支持与技术支持，需要进行跨学科、跨领域通力合作；另一方面，研发项目的外延也十分复杂，除研发部门外，还涉及采购、生产、市场、知识产权等多部门、多主体，需要企业内部之间的共同协作。（2）系统性。从项目的概要设计、详细设计，到零部件首样制造、组装、测试、生产等，都属于研发项目的范畴。这些环节相互关联、相互影响，构成了一个完整的研发体系。因此要注重各个环节间的衔接，确保项目顺利进行。（3）不确定性。一是项目需求的不确定性，市场环境和客户需求的变化会使研发项目发生变化；二是技术实现的不确定性，由于技术的复杂性和创新性，项目设计在实现过程中可能会遇到方案之外的问题和挑战；三是进度计划的不确定性，受内外部因素波动影响，研发项目的进度计划可能会出现延误或提前的情况。如图 5.7 所示，2008～2021 年内蒙古规模以上工业企业 R&D 项目数经历了一个前期持续稳定上升，中期平稳运行，后期整体上升的阶段。特别是在 2021 年，内蒙古规模以上工业企业 R&D 项目数为 3750 项，是 2008 年 688 项的 5.45 倍。这一数字的显著增长，显示着内蒙古在科技创新领域的发展空间和发展潜力。

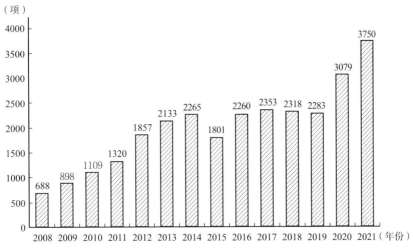

图 5.7　2008～2021 年内蒙古规模以上工业企业 R&D 项目数变化趋势

资料来源：Wind 金融数据库。

5.2 产 出 维 度

5.2.1 高新技术企业发展方面

为了更好地引导和鼓励创新驱动发展，各级政府制定并实施了一系列科技创新支持政策。旨在通过大力扶持科技创新活动来实现创新驱动发展的战略目标。这些政策不仅为科技创新提供了必要的资金和资源支持，还通过专利申请授权、技术交易市场、高技术产业布局等多个方面带动区域创新活动的开展，进而推动地区经济的持续健康发展。在这个过程中，经济的发展又反馈于区域创新活动，进一步为创新活动的有序开展提供了更为丰富的资源和条件。这种良性循环互动格局的形成，为科技创新的深入推进和地区经济的长远发展奠定了坚实基础。

高新技术企业一般主要在国家重点支持的高新技术领域范围内，持续进行研究开发与技术成果转化，形成企业核心自主知识产权，并以此为基础开展经营活动，且满足在我国境内（不包括港澳台地区）注册一年以上的居民企业，属于知识密集、技术密集的经济实体。对推动科技创新和经济发展具有重要意义。内蒙古地区的高新技术企业发展较快，近年来尤其在总收入方面取得了显著进步。从具体变化过程看（见图 5.8），2005 ～ 2022 年内蒙古高新技术企业总收入从 559.46 亿元增长到 8768.81 亿元。就提升速度而言，2015 年之前增速较为平缓，这一时期经历的 10 年间规模扩大约 1 倍；2015 年之后则呈现出快速提高的发展过程，这一时期仅经历了 5 年时间，规模却扩大近 7 倍。值得注意的是，这一时期内蒙古高新技术企业实现净利润的变化节奏却与总收入水平的变化过程呈现较大差异，前期较为平稳，但后期经历了明显波动。这说明内蒙古高新技术产业发展规模实现了较快发展，但其发展基础和内部结构仍需进一步夯实和优化，以实现规模和效益的同步提升。为此，内蒙古应继续加大科技创新支持力度，优化科技创新环境，提升高新技术企业的核心竞争力，从而更好地带动区域产业转型升级。

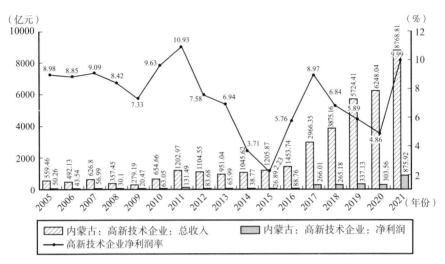

图 5.8　2005～2021 年内蒙古高新技术企业总收入及其净利润变化趋势

资料来源：Wind 金融数据库。

高新技术企业通过持续不断地进行研究开发与技术成果转化，形成企业核心自主知识产权，并以此为基础开展经营活动。从 2010～2023 年内蒙古高新技术企业数量的变化趋势看，2010 年以来高新技术企业数量亦呈现出持续稳定扩大的趋势。如图 5.9 所示，全区高新技术企业数量从 2010 年的 119 家，提高到 2023 年的 1887 家，增长了约 16 倍。可以看出，2011～2015 年全区高新技术企业数量的年均增长率为 14.5%，2016～2023 年进入快速增长期，年均增长率为 30.5%，其中 2017 年增长率为 50.7%，达到最高水平。这可能是由于内蒙古全区为推动高新技术企业规模和质量同步提升，通过推进"科技兴蒙"等政策实施，进一步规范了奖励补贴等支持性措施，更好地发挥了高新技术企业奖补资金对企业科技创新的激励和引导作用。同时还应当注意到，随着内蒙古高新技术企业数量的不断增加，各类高新技术企业覆盖的细分产业类型也呈现出日益多样化的变化趋势。一些大数据、物联网、生物科技等前沿高新技术企业类型开始出现。

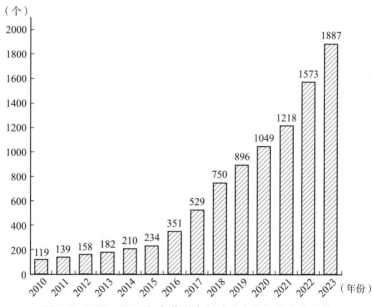

图 5.9　2010～2023 年内蒙古高新技术企业数量变化趋势

资料来源：Wind 金融数据库。

内蒙古多措并举，持续激活创新发展动力，推动了全区高新技术企业不断发展壮大。从发展过程看，2005～2021 年，内蒙古高新技术企业资产规模经历前期波动式发展和后期快速扩大的发展过程。具体而言，如图 5.10 所示，2005～2015 年全区高新技术企业资产规模经历了数次的波动起伏，且在 2009 年出现了最低点，仅为 364 亿元，不到 2005 年的一半，后逐渐回升；2010 年全区高新技术企业资产规模实现了跨越式增长，增长率高达 139.3%，达到历年增长率最高。2015～2021 年内蒙古高新技术企业资产规模变化一改过去的波动式变化，呈现出更加平稳的较快增长发展趋势，年均增长率为 31.9%，其中 2016 年增长率达到 68.9%。截至 2021 年，全区高新技术企业资产规模已达到 13752 亿元，约是 2015 年的 5 倍，是 2005 年的 16 倍。内蒙古高新技术企业资产规模的逐步扩大，体现了全区围绕加快支持企业技术创新和研发方面不断发力已初见成效，这有助于进一步提升内蒙古区域产业竞争力和经济发展质量。

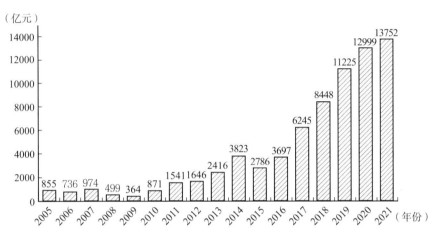

图 5.10　2005～2021 年内蒙古高新技术企业资产规模变化趋势

资料来源：Wind 金融数据库。

　　作为我国重要能源工业基地，工业在内蒙古国民经济体系占据重要地位。高新技术工业企业是高新技术企业的重要组成部分，处于"头雁"地位。如图 5.11 所示，2005～2013 年内蒙古高新技术企业工业总产值经历了周期性波动式变化。这一时期，全区高新技术企业工业总产值规模增速相对缓慢，且数次出现降低现象，其中 2009 年出现期间最低值，仅为 300 亿元，仅相当于 2005 年总产值的一半。2013～2021 年全区的高新技术企业工业总产值增长趋势明显趋于稳定，增长率逐年上升，2017 年实现了跨越式增长，增长率达到 72.6%；到 2021 年内蒙古高新技术企业工业总产值已经达到 7772 亿元，约是 2013 年的 7.7 倍。与此同时，内蒙古高新技术企业工业总产值占工业总产值的比重也经历了基本类似的变化趋势。2005～2013 年先经历了前后两次一定程度的上升与下降波动，其中 2009 年高新技术企业工业总产值仅占工业总产值的2.8%，为历年最低值。2013～2021年为稳定增长期，增长速度逐渐加快，2021年高新技术企业工业总产值占工业总产值已达到35.53%，与2009年相比，增长了约13倍。这反映出高新技术产业在内蒙古经济高质量发展进程中的重要性和影响力逐年增大。作为各类市场主体中最具创新优势的骨干力量，高新技术企业是经济发展方式转变的"领头羊"。因此，进一步推动高新技术企业聚集创新要素，创新平台载体建设，聚集高层次人才，有力增加科技投入，有助于全面提升内蒙古企业的创新创造活力。

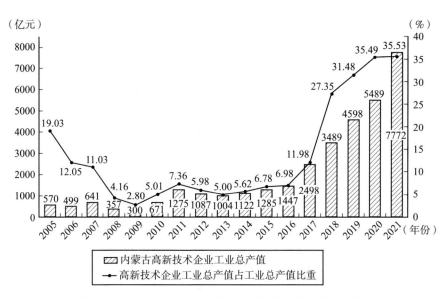

图5.11 2005～2021年内蒙古高新技术企业工业总产值

及其占工业总产值比重变化趋势

资料来源：Wind金融数据库。

5.2.2 专利申请与授权方面

专利是专利权的简称，即国家依法在一定时期内授予发明创造者或者其权利继受者独占使用其发明创造的权利。这种权利的授予旨在鼓励创新，保护发明人的利益，同时促进技术的传播和应用。专利的主要类型包括发明专利、实用新型专利以及外观设计专利等。其中，发明专利保护的是新的技术方案；实用新型专利保护的是产品的形状、结构或组合所提出的适于实用的新的技术方案；而外观设计专利则保护的是产品的外观设计。专利申请受理数是衡量区域创新积极性的重要指标，而且能够直观反映出该区域创新活动的活跃程度以及发明人对于专利保护的需求。一般而言，专利申请受理的数量增多，通常意味着该区域的创新氛围浓厚，科技创新活动频繁，同时也反映出企业和个人对于知识产权保护意识的增强。在全球化和知识经济时代，专利申请受理数量已成为评价一个国家或地区经济发展活力和科技创新能力的重要参考标准。如图 5.12 所示，近年来，内蒙古专利申请受理数呈现出了显著的增长态势。具体来看，2014 ~ 2022 年，内蒙古的专利申请受理数平均增长率达到了 46.4%，这一增长率比 2005 ~ 2013 年的 37.6% 提高了 8 个百分点。这一数据的增长不仅表明了内蒙古地区专利申请受理的数量在逐年上升，而且还反映出当地政府和社会各界对于专利申请和知识产权保护的重视程度在不断提高。

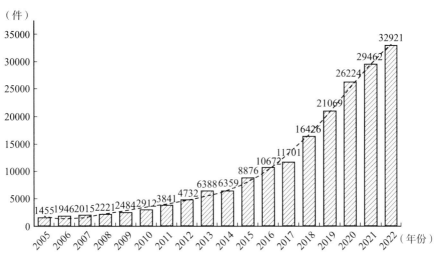

图 5.12　2005 ~ 2022 年内蒙古专利申请受理数变化趋势

资料来源：Wind 金融数据库。

从长期来看，2005～2022 年，内蒙古的专利申请受理数也保持了相对平稳且较快的增长趋势。特别值得一提的是，到了 2022 年，专利申请受理数达到了 32921 件，相较于 2005 年的 1455 件，增长了 22.63 倍。这一惊人的增长不仅彰显了内蒙古在科技创新方面取得的巨大进步，也预示着该地区未来在经济社会发展中拥有更为强大的动力和潜力。总的来说，内蒙古在专利申请和授权方面的显著增长，不仅反映了其创新体系的日益成熟和创新资源的不断集聚，也为推动地区经济的转型升级和可持续发展提供了强有力的支撑。

不少学者在进行定量研究的过程中，将专利授权数指标作为衡量区域创新能力的重要代理变量之一。这是因为专利授权数量能够反映出一个地区在一定时期内的创新成果产出水平，从而间接衡量该地区的创新活跃程度和科技进步速度。专利授权数的增加通常意味着该地区的研发投入增加，创新环境得到改善，企业和个人的创新激励机制得到加强。如图 5.13 所示，内蒙古在观测时间区间内专利授权数呈现出显著增长的变化趋势。具体来看，2005～2022 年的整体趋势来看，内蒙古专利授权数呈现出平稳而快速的增长态势。特别是到了 2022 年，专利授权数达到了 24640 件，相比于 2005 年的 845 件，增长了近 13.09 倍。其中，2005～2013 年内蒙古专利授权数由 845 件提高到 3836 件，平均增长率 39.3%。2014～2022 年，全区专利授权数由 4031 件提高到 24640 件，平均增长率达到了 56.8%，较之于前一阶段增长了约 17 个百分点。这一增长趋势表明，提高专利授权正逐渐受到更多创新主体的重视，并且成为衡量区域创新能力的一个重要指标。同时，这一显著增长不仅展示了内蒙古在创新方面取得的显著成就，也预示着在科技领域的竞争力正在不断增强。

5.2.3　技术市场发展方面

技术市场作为生产要素交易市场的重要组成部分，承载着推动科技创新与成果转化的双重使命。它不仅为科技创新提供了必要的资金、人

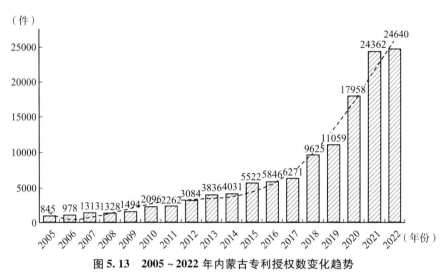

图 5.13　2005～2022 年内蒙古专利授权数变化趋势

资料来源：Wind 金融数据库。

才和信息支持，还是科技成果从实验室走向市场、从理论走向实践的桥梁和纽带。技术市场成交额是衡量科技成果转化效率和效果的重要参考依据，能够直观反映出一个地区科技创新活动的活跃度和市场对科技成果的认可度。促进技术市场交易是科技创新服务实体经济发展的重要内容之一。通过建立健全技术市场交易机制，完善相关法律法规和政策体系，可以有效激发科研人员的创新活力，提高技术转移和成果转化的效率。同时，技术市场的健康发展还能推动技术要素市场化优化配置的加速发力，使资源要素在更广阔的范围内得到更高水平的优化配置，进而提升全社会的创新能力和企业市场竞争力。

近年来，内蒙古在技术市场建设方面取得了显著成效。如图 5.14 所示，2005～2022 年内蒙古技术市场成交额总体上经历了"先抑后扬"的发展过程。尽管在 2012 年出现了短暂的峰值（106.10 亿元）后，成交额有所波动，但总体呈现出稳步增长的趋势。特别是 2017～2022 年，内蒙古技术市场成交额的平均增长率高达 26.9%，远高于 2014～2017 年的平均增长率的 10.17%，这也表明内蒙古在支持技术成交市场发展方面已经取得了显著进展。同时，与发达地区相比，内蒙古技术市场的发展潜力尚未得到充分释放。根据 Wind 金融数据库数据，2022 年，内蒙古技术市场成交额为 51.3 亿元，位于全国第 26位，仅相当于排名第一的北京市的 0.66%。这一规模要比同为西部地区的贵州（390.73 亿元）、甘肃（338.57 亿元）、广西（227.39 亿元）等省区还要低得多。这说明内蒙古在技术市场建设方面仍有较大的提升空间，需要继续加大投入力度，完善相关政策措施，营造更加良好的市场环境，以推动技术市场的持续健康发展。总体而言，内蒙古技术市场在科技创新和成果转化方面发挥着不可替代的作用。未来，随着创新环境的持续优化和科技成果需求量的不断增加，内蒙古的技术市场将迎来更加广阔的发展前景，为地区经济的转型升级和高质量发展注入强劲动力。

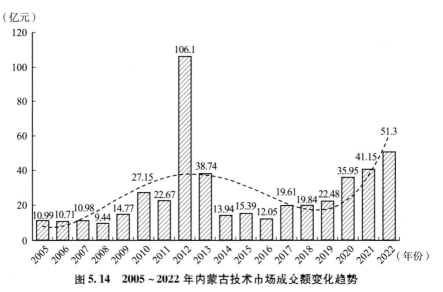

图 5.14　2005～2022 年内蒙古技术市场成交额变化趋势

资料来源：Wind 金融数据库。

5.2.4　产品质量等级方面

产品质量等级是体现制造业发展水平的重要标志。根据工业产品的实物质量按照产品标准水平的不同，可以将相应的合格工业产品质量划分为三个等级：优等品、一等品和合格品。产品质量等级品率在全国工业产品质量指标体系中属于主导性指标，能够反映出企业工业产品的质量水平及变化情况，在行业、地区和企业之间具有横向和纵向的可比性，有利于促进企业技术进步。通过采用先进国际标准，有利于国家宏观调控、综合治理和对创新资源要素进行优化配置。如图 5.15 所示，2005～2019 年内蒙古产品质量优等品率呈现波动式且周期性的变化过程，就其数值高低而言，最低值出现在 2005 年的 40.20%，最高值出现在 2009 年的 73.00%，多数年份处于 50%～70% 的变化区间。全区产品质量优等品率持续稳定提升的空间依然较大。

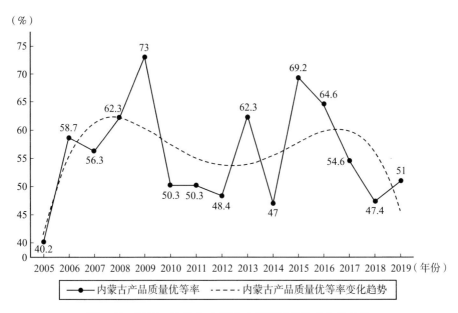

图 5.15　2005～2019 年内蒙古产品质量优等率变化趋势

资料来源：Wind 金融数据库。

就其变化趋势而言，研究时间区间内呈现出明显"M"型波浪式变化，内蒙古产品质量提升的基础仍需要持续巩固。具体而言，2005～

2006 年,内蒙古产品质量优等率呈现明显上升,增长率为 46.02%。表明该地区的产品制造和生产过程中的质量控制有了显著的提升。这种提升是多种因素综合作用的结果,也是内蒙古产品制造和生产行业不断努力和改进的体现。有助于提升内蒙古产品的市场美誉度和竞争力,推动经济发展。2006~2007 年呈现微小下降趋势后又转为上升,2009 年升至近年来最高点,2007~2009 年平均增长率为 13.92%。2009~2012 年由急速下降转为缓慢下降趋势,年平均增长率为 −17.44%。2013~2015 年呈现"上升—下降—上升"的较大波动,年平均增长率为 17.13%。2015~2018 年进入快速下降期,呈现逐年下降的变化趋势,可能是由于市场需求的多样性和个性化程度提高,消费者对产品性能和质量的要求也越来越高。如果产品没有及时适应市场需求的变化,就可能导致优等率下降。2019 年产品质量优等率又以 7.59% 的增长率呈现缓慢回升趋势。总体而言,虽然内蒙古在提升产品质量方面取得了一定的成绩,但仍然存在着较大的提升空间。为了持续稳定地提升全区产品质量优等品率,需要企业进一步加强技术创新和质量管理,提高产品的整体质量水平。同时,政府也需要继续加强监管和引导,推动内蒙古工业转型升级,特别是制造业向更高质量、更具国际竞争力的方向发展。

5.3 环境维度

5.3.1 经济发展方面

科技创新是实现经济高质量发展的重要动力,经济高质量发展又可以为区域创新能力的提高提供坚实的物质基础。创新活动,特别是原始创新需要大量的政府财力投入,以用于弥补创新活动的正向外溢效应。

内蒙古经济在经历了"煤炭黄金十年"的推动之下的较快发展之后，进入以创新驱动为重要动能的调整优化时期。统计数据如图 5.16 所示，2005～2019 年内蒙古 GDP 经历了快速上升（2005～2014 年）、平稳发展（2014～2016 年）、深度调整（2016～2019 年）、稳步上升（2019～2022 年）的不同发展阶段。在 2005～2014 年快速上升阶段，GDP 平均名义增速为 18.72%，呈现出快速上升的趋势。这主要得益于煤炭等资源优势，以及国家西部大开发等利好政策持续加力、外部需求旺盛等因素影响。内蒙古拥有丰富的煤炭、稀土等矿产资源，为工业发展提供了坚实的基础。

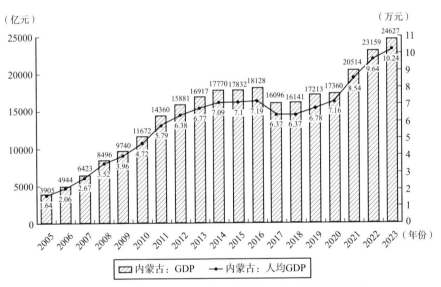

图 5.16　2005～2023 年内蒙古 GDP 及人均 GDP 变化趋势

资料来源：Wind 金融数据库。

同时，政府也积极推动产业结构升级，加大对高新技术产业的扶持力度，推动内蒙古经济快速发展；在 2014～2016 年平稳发展阶段，GDP 平均名义增速为 1.00%，增速逐年放缓，经济依然保持稳定增长；在 2016～2019 年深度调整阶段，GDP 平均名义增速为 -1.43%，在这一阶段，内蒙古加大了对新兴产业的培育力度，同时优化传统产业结构，提高经济发展的质量和效益；在 2019~2022 年的稳步上升阶段，GDP 平均名义增速为 9.56%，这主要得益于政府的一系列政策措施以及市场需求的逐步恢复。内蒙古继续深化产业结构调整，推动新旧动能转换，加强创新驱动和绿色发展，使经济保持稳定增长。受研究时间区间内人口总量变化幅度相对较小等因素影响，这一时期内蒙古人均 GDP 也经历了基本类似的发展演变过程。

服务业，特别是以现代服务业为主要内容的第三产业发展，为区域创新提供更加宽松的环境支持。如图 5.17 所示，2005~2022 年内蒙古第三产业经历了较快发展和平稳发展的阶段，其中前期的发展速度显著高于后期。在 2005~2019 年呈现较快发展趋势，2019 年全区第三产业规模达到峰值 8530.46 亿元，第三产业规模年平均增长率为 13.36%。2020 年受到新冠疫情等不确定性因素影响有所下降，为 8466.70 亿元。2020~2022 年又呈现稳步增长，规模达到 9263.1 亿元，第三产业规模年平均增长率为 4.5%。随着国内外疫情阴霾逐渐散去，内蒙古经济进一步加快了增长步伐。政府继续加大对新兴产业的培育力度，推动传统产业转型升级，同时加强基础设施建设，优化营商环境，为经济发展提供了有力支撑。从第三产业占 GDP 比重的变化看，2015 年这一比例首次超过 40%，2017 年达到峰值 49.99%，随后又呈现下降的趋势。这可能是由于多种因素的综合影响，包括全球经济形势的变化、国内政策的调整以及产业结构调整的压力等。但值得注意的是，尽管比重有所下降，但服务业仍然是内蒙古经济的重要组成部分，对经济增长的贡献不容忽视。总体来看，以服务业为主要内容的内蒙古第三产业的发展潜力和发展空间依然较大。在未来，随着内蒙古经济的持续发展和政策的不断优化，服务业还将继续发挥重要作用，推动经济向更高质量、更可持续的方向发展。

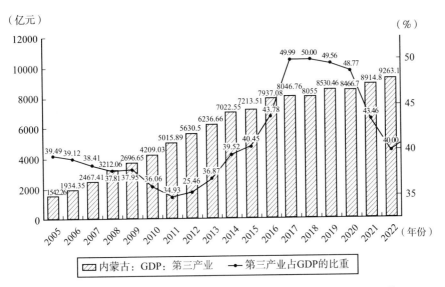

图 5.17　2005～2022 年内蒙古第三产业及其占 GDP 比重的变化趋势

资料来源：Wind 金融数据库。

5.3.2　教育保障方面

党的二十大报告明确指出："教育、科技、人才是全面建设社会主义现代化国家的基础性、战略性支撑。"人才构成支持创新发展的核心要素，高素质人才的培养将为创新发展提供源源不断的动力保障，而教育是高素质人才培养必经环节。如图 5.18 所示，2005～2022 年内蒙古教育经费合计投入规模实现了持续平稳扩大，2022 年该指标规模已达 925 亿元，是 2005 年 129 亿元的 7.17 倍。早在 1993 年，中国发布的《中国教育改革和发展纲要》提出，国家财政性教育经费支出占 GDP 比例要在 20 世纪末达到 4% 的目标。由于种种原因，这一目标迟迟没有实现。2012 年全国首次实现了教育经费占 GDP 比重超过 4% 的目标。而内蒙古这一目标的首次实现则是在 2016 年，具体比例为 4.21%，晚于全国 4 年。尽管早已实现了 4% 的目标，但这一水平并不高，且与发达国家相比还有较大差距。值得注意的是，2016～2020年内蒙古教育经费占GDP比例呈稳步增长态势，而在2020年之后其比例表现出一定程度的下降，且在2022年下降至3.99%。究其原因可能在于，2020～2022年内蒙古地区受到经济结构调整、教育改革等因素的影响，使得教育投入方式和支持措施发生调整，导致教育经费占GDP的比重下降。百年大计，教育为本。不断提升教育质量，需要政府以及社会各界共同努力，采取更加有效的政策举措，确保教育事业发展得到足够的物质保障。

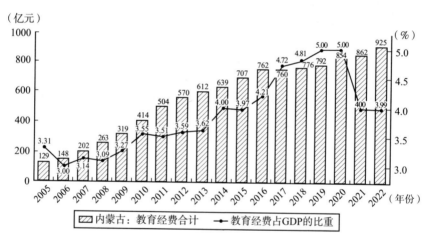

图5.18　2005～2022年内蒙古教育经费投入及其占GDP比重的变化趋势

资料来源：Wind金融数据库。

研究生是科学研究的重要有生力量，同时也是科技创新人才队伍的重要后备军。研究生培养为国家和区域创新驱动发展战略的深入实施提供了必要的人才支持，并构成创新型国家建设的重要组成部分之一。如图5.19所示，2000～2023年，内蒙古研究生在校生规模实现了持续稳定扩大，从2000年的1539人提高到2023年的40000人，总规模翻了26倍。值得注意的是，2020～2021年，内蒙古研究生在校人数呈现快速上升趋势，2021年的内蒙古研究生在校生规模高达34000人，较

2020 年增长了 36.0%。产生上述原因的既与教育部发布 2021 年开始扩大研究生招生规模有关，也与内蒙古本土高校院所培养研究生能力显著提升，培养条件明显改善密切联系。为进一步增强高等教育人才培养适应国家战略和地方经济社会发展需求，内蒙古统筹全区经济社会发展需求和高等教育人才供给，结合科技、人才、重点行业领域等发展规划，推动研究生培养规模和质量同步提升。这不仅有利于满足经济发展对高学历、高素质、高技能专业人才的需求，还可以促进教育公平和提高教育质量，对推动社会进步和提升国家和区域竞争力具有重大现实意义。

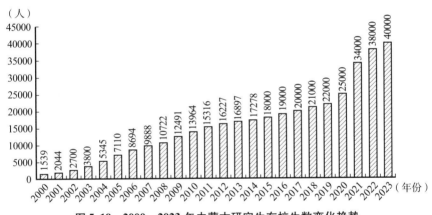

图 5.19　2000～2023 年内蒙古研究生在校生数变化趋势

资料来源：Wind 金融数据库。

高等教育是促进人力资本价值提升的"孵化器"。单位人口中的普通高校在校生数，能够较好地反映区域经济社会发展过程中的人力资本结构状况。如图 5.20 所示，2005～2021 年内蒙古每十万人口平均高校在校生数经历了平稳较快上升和在波动中上升两个连续的变化阶段。其中，2005～2014 年是平稳较快上升阶段，由 2005 年的 1303 人提高到 2014 年的 2156 人，平均增长率为 5.75%。原因可能为，2005～2014 年经济的发展、人民生活水平的提高、国家对普通高校教育投入的增加等都推动了普通高校在校人数不断增长。然而2014～2016年又出现了连续下降，2016年降低到1937人，平均增长率为－5.21%，原因可能为，一方面是人口结构的变化，特别是适龄人口减少，普通高校在校生数在这一阶段生源少了；另一方面对外开放水平的提升可能会使更多人选择出国深造，也会对普通高校在校生数量起到减少的作用。随后2016～2021年又进入到恢复式上升阶段，达到2351人，平均增长率为3.95%。原因可能为，随着内蒙古经济社会快速发展，为进一步优化教育资源配置，持续改善办学条件，内蒙古进一步加大了教育经费投入力度，教育事业发展得到有力支持，这为普通高校在校生人数的稳步增长提供了有力支撑。

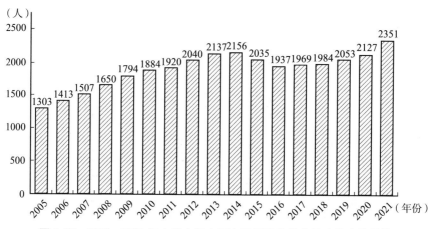

图5.20　2005～2021年内蒙古每十万人口平均高校在校生数变化趋势

资料来源：Wind金融数据库。

5.3.3　城镇化发展方面

城镇化是一个涉及"人""业""钱""地""房"五大要素的复杂过程，其中"人"是城镇化的核心，而"产业"和"城镇"的互动发展则是推动城镇化进程的重要动力。这一进程不仅会导致城乡人口空间分布的变化，还会对社会经济结构及其发展趋势产生深远影响。推动新型城镇化是中国式现代化的必然要求和必经之路。现阶段，改善城镇化质量作为推进新型城镇化建设的关键内容，致力于推动实现城镇化进程中农业转移人口的"空间转移""职业转换"和"角色转变"，三位一体、同步变化，并指明了我国新型城镇化发展的方向和前途。根据中华人民共和国 2023 年国民经济和社会发展统计公报的统计数据显示，截至 2023 年底，我国常住人口城镇化率已经达到 66.16%，接近纳瑟姆曲线所描绘的城镇化快速发展后期阶段，处于城镇化进程的"下半场"。然而，我国城镇化发展历程肇始于典型的城乡二元结构社会，目前尚有 2 亿多农业转移人口仅仅实现了向非农产业的转移和从业地点的空间变化，并没有完成融入城镇社会，享受与就业地城镇户籍人口同等的子女教育、社保医疗等基本公共服务，处于"半城镇化"状态。由此从经济、社会等多个方面，衍生出不少不平衡、不协调、不可持续等深层次问题，亟待从根本上解决。

近年来，内蒙古常住人口城镇化率均高于全国同期平均水平，但在城镇化进程中不少盟市、旗县同样存在明显的"半城镇化"，导致城镇化质量不够高。如图 5.21 所示，2005～2023 年内蒙古常住人口城镇化率实现了连续平稳较快的提高过程，由 2005 年的 47.2% 提高到 2023 年的 69.58%，其中内蒙古在 2007 年城镇化率首次超过 50%，达到 50.15%，标志着内蒙古社会结构由农村牧区为主体结构形态转变为以城镇为主体结构形态。目前，随着基础设施一体化和基本公共服务一体化持续推进，内蒙古城镇化进程已经进入到单纯注重"量"的增加向"量质齐升"，且更加注重"质"的改善阶段转变。

5.3.4　绿色发展方面

当前，绿色已经成为世界各国发展已经成为一个重要趋势。许多国家把传统产业绿色转型或发展绿色产业作为推动经济结构调整的重要举措，突出强调了绿色的理念和内涵。能源消耗是经济发展过程中的重要物质投入形式，其高效利用和清洁发展对于降低经济发展对能源投

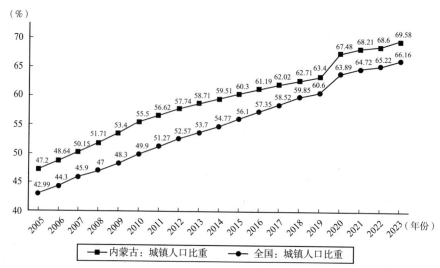

图 5.21 2005～2023 年内蒙古城镇化率与全国平均水平比较及变化趋势

资料来源：Wind 金融数据库。

入的过度依赖至关重要。科技创新是推动绿色发展的核心驱动力，通过技术创新，可以提高能源利用效率，开发可再生能源，推动能源结构的优化，从而降低对传统能源的依赖。内蒙古作为一个资源型地区，其产业结构相对偏重，经济发展过程中对能源的消耗一直处于较高水平。如图 5.22 所示：一方面，从能源消耗总量看，全区能源消耗总量经历了两轮波浪式上升的变化过程。其中，第一轮为 2000～2012 年，能源消耗总量由于 2000 年的 3938 万吨标准煤持续增长到 2012 年的 22103 万吨标准煤，总量增长了 5.6 倍。随着煤炭等资源型行业发展的深刻调整，2013 年较 2012 年内蒙古能源消费总量呈现明显下降，降幅为 20%。同时，2013～2020 年内蒙古能源消费总量进入第二轮的增长阶段，能源消耗总量由 2013 年的 17681 万吨标准煤增加到 2020 年的 27134 万吨标准煤，总量增长了 1.5 倍。2021 年，内蒙古能源消费总量又出现小幅度下降，降为 26900 万吨标准煤。

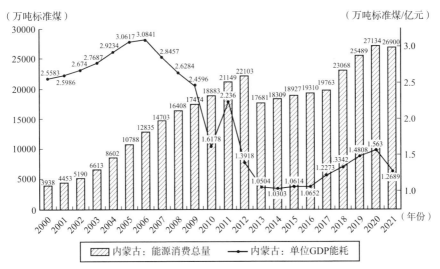

图 5.22　2000～2021 年内蒙古能源消耗总量及单位 GDP 能耗变化趋势

资料来源：中国经济社会大数据研究平台。

　　另一方面，从单位 GDP 的能源消耗水平变化看，2000～2020 年整体呈现出在波动中下降的趋势，但该指标在 2014 年达到最低值之后，又呈现出明显反弹的趋势，至 2020 年又持续上升至 1.563，而 2021 年再次出现小幅度下降。这一变化趋势说明内蒙古的经济发展长期以来与能源资源紧密相关，单位 GDP 能耗持续下降的压力已经较为突出。这种资源禀赋特征在一定程度上推动了内蒙古的经济增长，同时也带来了区域经济发展应对市场波动能力不强、区域生态压力居高不下等一系列深层次问题。

第三篇
内蒙古科技创新政策实施效果与效应研究

第6章　内蒙古科技创新政策实施效果测度及系统耦合协调分析

从科技创新投入、产出和环境三大维度，构建内蒙古科技创新政策实施效果测度指标体系，对 2005～2022 年内蒙古科技创新政策实施效果及其子系统间的耦合协调性进行测度与分析。

6.1　测度指标识别原则与方法

6.1.1　测度指标识别原则

区域科技创新政策实施效果具有较强综合性，内涵十分丰富。为了能够充分反映其内涵，在具体测度指标的选择上应坚持以下原则，用以指导构建科学合理的区域科技创新政策实施效果测度指标体系。

（1）科学性。

测度指标选择应当反映研究对象在某一方面的本质特征和内在规律，并在评价体系中合理发挥作用，确保测度结果真实可靠。

（2）代表性。

测度指标选取应突出代表性，用较少的指标反映较多的实质性内容，避免构建指标体系过于繁杂。

（3）目的性。

测度指标的选取要符合研究目标，客观体现研究对象的本质特征。

（4）层次性。

测度指标的选择应当结合研究对象特点，适当区分为若干层级，使建立的指标体系更加富有条理，逻辑更加严密。

（5）可操作性。

选取指标要能够收集和量化，尽可能与国家相关部门发布的统计指标相一致，便于相同口径下的分析或预测。

6.1.2　测度指标识别方法

区域科技创新政策实施效果测度指标的识别既要依据研究对象需要，同时还要结合已有相关文献研究成果。这样才能保证测度指标识别结果的全面性和准确性。经常用到的指标识别方法分为主观识别法与客观识别法。主观识别法主要为德尔菲法、主观评分法、幕景分析法以及头脑风暴法等；客观识别法主要有层次全息模型法、WBS 工作分解法、风险源检查表法以及因果分析图表法等。

本书研究区域科技创新政策实施效果，采用一种与 WBS 工作分解结构类似的目标分解法，即基于目标导向测度指标识别方法。该方法的运用是一个以研究对象的战略目标为导向，以现有文献研究基础，同时结合研究对象的实际特点，将战略目标分解成多个可量化的具体指标，再将具体指标转化为可辨识目标的过程。基于目标导向进行测度指标识别要确定区域科技创新政策实施效果战略目标，并根据所要实现的战略目标，辨识各种潜在的影响因素及指标。该方法不仅可以较好地描述区域科技创新政策实施效果影响因素间的关系，而且能够较好保证区域科技创新政策实施效果影响因素识别过程的规范性、有序性；同时，还可以依据逐层分解的目标实现迅速辨识，并完成自检验，而且能保证与评价控制活动或对象的一致性。

6.2　测度模型构建与测度方法

6.2.1　测度模型构建

进入新时代，中国经济发展的动力正从要素驱动、投资驱动转向创新驱动。特别是随着供给侧结构性改革、推动经济高质量发展等重大战略部署的实施，中国出台了一系列支持科技创新的政策以引导、支持、鼓励创新驱动发展。例如，增加财政拨款、优化财政补贴、设立企业创新政府基金及提供政策性金融支持等支持政策，以及一系列针对科技创新领域的减免税、税率优惠、研发费用加计扣除等优惠政策。科技创新政策实施效果体现了特定环境条件下，区域创新主体利用各类创新资源要素开展创新活动的积极性和主动性。不断提升科技创新政策实施效果正在成为推动创新驱动新旧发展动能转换，实现经济社会高质量发展的重要条件，这也决定了中国今后较长时间内发展的整体质量、效能、可持续性。区域科技创新政策实施效果一般通过科技创新活动来实现。它为创新活动提供所需的科技创新资源，鼓励创新供给增加，促进区域经济发展转型升级。

近年来，围绕支持科技创新政策相关领域国内外学者进行了广泛深入的研究。现有研究成果主要集中在以下两个领域。一是有关科技创新政策制定及实施的影响因素研究。柳光强（2016）分析税收优惠、财政补贴政策对企业多个目标的效应，通过实证分析得出税收优惠对研发投入目标具有激励作用，而财政补贴对研发投入目标有一定的抑制作用。罗文等（Luo Wen et al.，2019）构建了区域科技创新绩效评价指标体系，并进行了建模与实证分析。二是有关支持科技创新政策实施效果的路径研究。赵闯等（2018）系统研究了企业创新系统的概念渊源与发展，结合已有研究揭示了企业创新系统的结构、分类、功能等基本特征。陈红花等（2019）基于整合式创新、生态位等理论提出了"科技创新生态位"理论，构建了整合式创新理论的科技创新生态位研究基本框架。

面对当前我国增强创新驱动发展的重大现实需求、重大政策导向，参考学术界相关研究成果，如图 6.1 所示，本章构建了科技创新政策实施效果与经济社会发展关系框架模型。根据这一分析框架，科技创新活动的核心目标是推动经济社会发展，其中，科技创新投入是科技创新活动的推力，它通过提供资金和人力资源等供给影响地区经济发展；科技创新产出是科技创新活动的拉力，它通过提供专利、技术市场、企业项目和高技术产业等需求来影响地区经济发展；科技创新环境是科技创新活动的土壤，它通过政治、经济、法律和支撑服务体系等环境来影响地区经济社会发展。同时，经济社会的发展又可以为科技创新活动的开展提供必要的基础和保障条件。

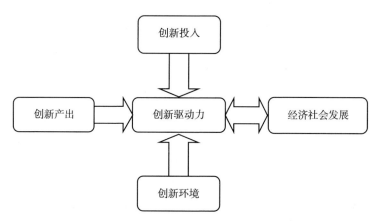

图6.1 科技创新政策实施效果与经济社会发展关系

通过设计科学有效的评价指标体系可以客观、全面、准确的度量科技创新政策实施的实施效果。参考王家明等（2020）、杜英和李晓玲（2021）等有关学者构建的创新能力测度指标体系，本书研究构建测度指标体系致力于揭示内蒙古创新驱动经济高质量发展的实际状况，采用创新活动指标和经济发展水平指标相结合的方式构成评价指标体系。一方面，直接采用科技创新活动的相关指标，另一方面，采用反映经济发展水平的相关指标。具体包括目标层，即内蒙古科技创新政策实施效果；准则层，即创新投入子系统、创新产出子系统、创新环境子系统；指标层，包括 15 个具体测量指标。具体测度指标体系，如表 6.1 所示。

表 6.1　　　　　内蒙古科技创新政策实施效果测度指标体系

目标层	准则层	指标层	单位	方向
内蒙古科技创新政策实施效果	创新投入子系统	高新技术企业科研活动人员数	人	+
		高新技术企业年末资产规模	亿元	+
		单位人口地方公共财政科技支出	亿元/万人	+
		规模以上工业企业 R&D 人员全时当量	人年	+
		单位人口地方公共财政节能环保支出	亿元/万人	+
	创新产出子系统	专利授权数	件	+
		技术市场成交金额	亿元	+
		高新技术企业工业总产值占工业总产值比重	%	+
		高新技术企业净利润率	%	+
		产品质量优等品率	%	+
	创新环境子系统	人均 GDP	元	+
		第三产业占 GDP 比重	%	+
		城镇人口比重	%	+
		教育经费占 GDP 比重	%	+
		每万人在校研究生数	人/万人	+

6.2.2　信息熵模型及其应用步骤

科学的研究方法有助于客观揭示研究对象的现状、问题以及其他重要规律性特征。区域科技创新政策实施效果演变是一个连续作用于经济社会发展并深受经济社会发展状况影响的过程。为了提升区域科技创新政策实施效果，从中央到地方各级政府出台了各类科技创新支持政策。不同政策的实施是否达到了预期的实施目标，有必要通过定量分析的方法对其进行测算分析，以更好地发挥财税等支持科技创新政策对科技创新产出的促进作用。通过客观评估，为政府决定这些政策是否继续执行、修改或终止提供科学依据。本书在研究过程查阅并选取 2006 ~ 2023 年的《中国统计年鉴》《中国科技统计年鉴》《中国城市统计年鉴》《内蒙古统计年鉴》以及相关年度内蒙古国民经济和社会发展统计公报等作为数据来源。根据内蒙古科技创新政策实施效果评价指标体系，构建原始评价矩阵 $X = (X_{ij})_{m \times n}$ 其中，X_{ij} 表示第 j 个被评价对象的第 i 项指标的值。

（1）建立原始数据矩阵。

根据内蒙古科技创新政策实施效果测度模型，构建原始评价矩阵 $X = (X_{ij})_{m \times n}$ 其中，X_{ij} 表示第 j 个被评价对象的第 i 项指标的值。

（2）量化指标隶属度。

鉴于该指标体系均为正向指标，为测评指标隶属于某个集合的程度，用式（6.1）计算各项实际指标的隶属度，构成单因素评价矩阵。

$$y_{ij} = \frac{x_{ij} - \min(x_{ij})}{\max(x_{ij}) - \min(x_{ij})} \tag{6.1}$$

（3）确定指标权重。

利用熵权法来确定指标权重。通过计算指标权重来表示不同影响因素对内蒙古科技创新政策实施效果提升的贡献度。具体操作方法如下：

①将原始指标同度量化，如式（6.2）所示。

$$p_{ij} = \frac{x_{ij}}{\sum_{j=1}^{n} x_{ij}} \tag{6.2}$$

②计算各评估指标的信息熵，如式（6.3）所示。

$$e_i = -k \sum_{j=1}^{n} p_{ij} \cdot \ln p_{ij}, \ k = -\frac{1}{\ln N} \tag{6.3}$$

③求各项指标的差异性系数，如式（6.4）所示。

$$g_i = 1 - e_i \tag{6.4}$$

④计算各指标的权重 W_{ij}，得到权重矩阵，式（6.5）所示。

$$w_{ij} = \frac{g_i}{\sum_{i=1}^{m} g_i} \tag{6.5}$$

⑤计算最终得分，如式（6.6）所示。

$$y = \sum w_{ij} \times p_{ij} \tag{6.6}$$

6.2.3　耦合协调分析模型及其应用步骤

耦合协调分析模型是来源于物理学中的概念，包括耦合度和耦合协调度两个关键子概念。其中，耦合度是用来描述系统或系统内部要素间相互作用、彼此影响的程度。耦合协调度是 2 个或 2 个以上系统或系统内部要素之间的一种良性互动，用来度量系统或系统内部要素间在发展过程中由无序走向有序的演变过程。由此看出，耦合度强调的是系统或系统内部要素间相互作用程度的强弱，不分利弊；而耦合协调度则是突出系统或系统内部要素相互作用中耦合程度的大小，体现了协调状况。借鉴物理学中容量耦合系数模型，可推广到三个系统相互作用的耦合度模型，表达式为式（6.7）：

$$C = \left[U_1 \times U_2 \times U_3 \bigg/ \left(\frac{U_1}{3} + \frac{U_2}{3} + \frac{U_3}{3} \right)^3 \right]^{1/3} \tag{6.7}$$

式（6.7）中，U_1、U_2、U_3 分别表示三大系统综合评价函数；C 为耦合度，其值介于 [0，1]。参照刘耀彬等的研究成果，将耦合度划分为六种类型：两者无关状态且无序发展（$C = 0$）；低水平耦合阶段（$C \subseteq (0，0.3]$）；拮抗阶段（$C \subseteq (0.3，0.5]$）；磨合阶段（$C \subseteq (0.5，0.8]$）；高水平耦合（$C \subseteq (0.8，1)$）；三大系统处于良性共振耦合且有序发展状态（C=1.0）。由于耦合度只能说明系统之间的相互影响及作用的大小，而不能反映三者协调发展水平的高低，如三个系统有可能处于高度耦合的状态，但是实际上三个系统是处于一种低水平的发展阶段，所以需要引入系统耦合协调度模型来更好地表征内蒙古科技创新政策实施效果"投入—产出—环境"三个子系统之间的耦合协调时空演化的耦合协调关系。系统耦合协调度模型见式（6.8）：

$$D = \sqrt{C \times T}$$
$$T = a \times U_1 + b \times U_2 + c \times U_3 \tag{6.8}$$

式（6.8）中：D为系统耦合协调度；C为耦合度；T为综合协调指数；a，b，c为待定参数，参照何仁伟等（2016）的研究，本书将 a=b=c=1/3，即各系统之间同等重要。T在实际运用中一般取值为 T⊆（0，1]，所以 D⊆（0，1]，将D分为4种类型，即低水平耦合协调（D⊆（0，0.4]）；中度耦合协调（D⊆（0.4，0.5]）；高水平耦合协调（D⊆（0.5，0.8]）；极度耦合协调（D⊆（0.8，1]）。按照上述方法，对 2005~2022 年内蒙古科技创新政策实施效果"投入—产出—环境"子系统之间的耦合协调时空演化过程进行测度分析与评价。

6.3 科技创新政策实施效果测度

6.3.1 科技创新政策实施效果测度结果与分析

从整体演变过程分析，从图6.2可知，2005~2022年内蒙古科技创新政策实施效果得分从0.1080上升至0.8035，呈现出两阶段"S"型阶梯式上升的演变过程，其中第一阶段为2005~2014年，第二阶段为2015~2022年。从投入、产出、环境三个子系统对内蒙古科技创新政策实施效果测度结果的贡献情况来看，存在明显差异。

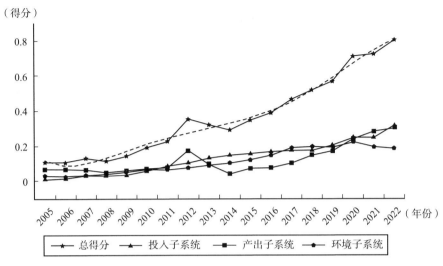

图 6.2　2005～2022 年内蒙古科技创新政策实施效果整体演变过程

　　其中，创新投入子系统在整个研究区间内呈现持续较快上升趋势，并且近两年增速更加显著。从整体演变过程看，创新产出子系统经历了研究区间内前期的平稳增长、中期较大起伏、后期较快增长的演变过程，特别是 2014 年以来这一增长趋势显著增强；创新环境子系统在整个研究区间内呈现持续改善的趋势，不过后期较前期而言进一步提升的压力显著增大。这表明，投入子系统通过加大财政科技支持力度，促进高新技术企业发展，加强科技创新人才队伍建设等为内蒙古科技创新政策实施效果提升提供了基础保障，并取得了显著成效。创新产出子系统受产业结构相对单一、抵御市场风险能力较差等因素的影响，使得内蒙古技术市场发展、专利授权质量、产品质量优等率、高新技术企业利润率等存在较大改善空间，在外部市场出现较大波动情况下创新产出子系统容易受到冲击。创新环境子系统受到内蒙古所处的经济转型阶段影响相对较大，特别是新旧发展动能转换过程中，在旧动能尚未完全退出，新动能尚未牢固占据主导地位的情况下，在一定程度上会导致全区科技创新环境条件出现较为明显的起伏。

6.3.2 创新投入子系统测度结果与分析

如图 6.3 所示，从总体趋势分析，2005～2022 年内蒙古科技创新政策实施效果创新投入子系统得分从 0.0116 增加到 0.3148，呈现出较快增长的趋势。从内部影响因素分析，影响投入的因素十分复杂，主要包括政府财政科技支持力度、大中型工业企业科研经费内部支出、大中型工业企业新产品开发经费支出情况以及科研项目经费内部支出情况等。这表明，一方面，内蒙古创新投入实施效果主要依赖于大中型企业科研经费投入等有较强科研实力的单位支撑，这类企业主要是一些大型煤炭、电力等能源企业。而内蒙古从事科研活动的单位数量较少且科研活动机构相对集中，主要分布在呼和浩特、包头等大城市，其他盟市科研资源和科研能力十分薄弱。另一方面，内蒙古研发经费投入强度偏低，且对投入实施效果的贡献偏低。据 2022 年全国科技经费投入统计公报数据显示，2022 年，内蒙古研发经费投入强度为 0.90%，而同期位于东部沿海发达地区的广东、山东、上海研发经费投入强度分别为 3.42%、2.49%、4.44%，远远高于内蒙古研发经费投入强度水平。

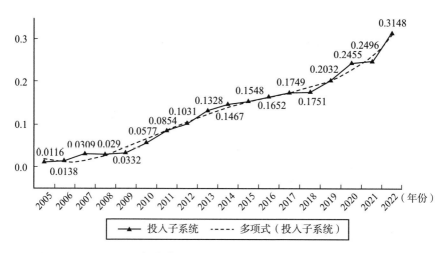

图 6.3　2005～2022 年内蒙古科技创新政策实施效果投入子系统演变过程

6.3.3　创新产出子系统测度结果与分析

如图 6.4 所示，从总体趋势分析，2005～2022 年内蒙古科技创新政策实施效果产出子系统得分从 0.0669 增加至 0.3046，整体经历了两轮"S"型上升的发展阶段。这一时期，高新技术产业工业总产值不断扩大，专利申请受理量以及专利授权量提升趋势明显，技术市场成交额在波动中呈现上升趋势。同时还应注意到，高新技术企业利润率、产品质量优等品率等存在较大起伏且持续提高的趋势并不显著。由于这些指标出现明显的波浪式上升趋势，在一定程度上加剧了创新产业子系统得分呈现出阶梯式的增长过程。这表明，尽管在 2014 年前后出现一定波动，但整体上在研究区间内，特别是 2014 年之后，内蒙古科技创新产出呈现出稳步提高的趋势，进一步带动了区域经济社会发展过程中来自科技创新领域的支撑力不断提升。需要指出的是，近年来，内蒙古通过深入实施创新驱动和供给侧结构性改革，大力推动产业转型升级，促进经济高质量发展的实践已经取得了显著成效。但是内蒙古科研基础能力薄弱，技术成果的产业化应用能力不足等短板依然存在。这与内蒙古科技创新要素汇聚能力相对较弱，经济结构中资源型产业占主导地位的局面尚未根本性转变等因素存在一定关系。

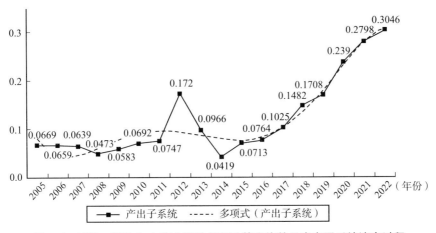

图 6.4　2005～2022 年内蒙古科技创新政策实施效果产出子系统演变过程

6.3.4 创新环境子系统测度结果与分析

如图 6.5 所示，从总体趋势分析，2005～2022 年内蒙古科技创新政策实施效果环境子系统得分从 0.0295 增加到 0.1841，其中在 2020 年达到峰值为 0.2229，呈现前期较快增长且后期增幅显著下降的趋势。对创新环境子系统得分影响的因素主要包括经济发展基础条件、产业服务化水平、城镇化水平、教育事业发展等。这类指标主要是从经济环境、后备人才支持等角度来描述科技创新的环境。从变化趋势来看，影响内蒙古创新环境子系统受到正向和负向两个方面因素的同时发挥影响作用，且个别年度负向因素的作用强度可能出现高于正向因素的情况。

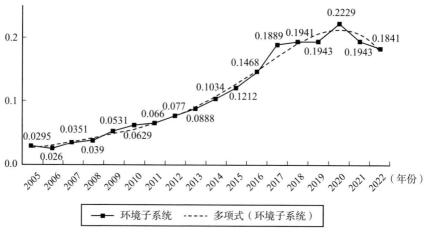

图 6.5　2005～2022 年内蒙古科技创新政策实施效果环境子系统演变过程

具体而言，一方面，在国家层面供给侧结构性改革政策稳步推进的过程中，由于受到产业转型发展过程中"路径依赖"、接续产业发展不够充分等客观因素的影响，在内蒙古国民经济体系中占据重要地位的煤炭、天然气、火电等资源型产业"去产能、去库存、去杠杆、补短板、降成本"的压力较大。另一方面，内蒙古通过推进供给侧结构性改革，化解无效低效供给，提高有效供给，持续优化产业结构，以服务业为主要内容的第三产业在国民经济体系中的比重日渐升高。同时，全区教育事业发展持续推进，特别是硕士、博士研究生培养数量和质量的"双提高"，为自治区经济高质量发展供应了一大批高素质科技创新人才，亦成为内蒙古科技创新政策实施效果环境子系统持续改善的重要推动因素。在优化科技创新环境的实践中，不仅要关注短期存在问题的改善，更要注重长期有利因素的积累和强化，坚持久久为功，确保推动内蒙古科技创新环境持续优化的基础更加巩固。

6.4　科技创新政策实施效果系统耦合协调测度

6.4.1　耦合协调测度结果

运用耦合协调测度工具及测度模型，得出内蒙古科技创新政策实施效果"投入—产出—环境"子系统三维耦合协调演化结果。其所经历的耦合协调发展阶段以及目前的协调性水平，具体如表6.2所示。实证结果显示，内蒙古科技创新政策实施效果"投入—产出—环境"三维耦合协调演化过程中，"投入—产出—环境"耦合度除了2005年较低，为0.7895以外，其余各个年度始终处于0.80以上，其中12个年度处于0.95以上，表明内蒙古科技创新政策实施效果各子系统之间关系十分密切。

表6.2 2005～2022年内蒙古科技创新政策实施效果"投入—产出—环境"三维耦合协调测度结果

年度	总得分	投入子系统	产出子系统	环境子系统	耦合度	耦合度阶段	综合协调指数	耦合协调度	耦合协调度阶段
2005	0.1080	0.0116	0.0669	0.0295	0.7896	磨合	0.0360	0.1686	
2006	0.1058	0.0138	0.0659	0.0260	0.8150		0.0353	0.1695	
2007	0.1299	0.0309	0.0639	0.0351	0.9488		0.0433	0.2027	
2008	0.1152	0.0290	0.0473	0.0390	0.9804		0.0384	0.1941	
2009	0.1446	0.0332	0.0583	0.0531	0.9718		0.0482	0.2164	
2010	0.1899	0.0577	0.0692	0.0629	0.9973		0.0633	0.2512	
2011	0.2261	0.0854	0.0747	0.0660	0.9945		0.0754	0.2738	低水平耦合协调
2012	0.3522	0.1031	0.1720	0.0770	0.9454		0.1174	0.3331	
2013	0.3182	0.1328	0.0966	0.0888	0.9847		0.1061	0.3232	
2014	0.2920	0.1467	0.0419	0.1034	0.8834	高水平耦合	0.0973	0.2932	
2015	0.3473	0.1548	0.0713	0.1212	0.9519		0.1158	0.3320	
2016	0.3884	0.1652	0.0764	0.1468	0.9486		0.1295	0.3504	
2017	0.4664	0.1749	0.1025	0.1889	0.9662		0.1555	0.3876	
2018	0.5174	0.1751	0.1482	0.1941	0.9939		0.1725	0.4140	中度耦合协调
2019	0.5684	0.2032	0.1708	0.1943	0.9973		0.1895	0.4347	
2020	0.7074	0.2455	0.2390	0.2229	0.9992		0.2358	0.3691	
2021	0.7237	0.2496	0.2798	0.1943	0.9887		0.2412	0.3465	低水平耦合协调
2022	0.8035	0.3148	0.3046	0.1841	0.9722		0.2678	0.3596	

从耦合协调性发展过程看，经历了"低水平耦合协调—中度耦合协调—低水平耦合协调"的起伏式发展阶段，其中，尽管同为低水平耦合协调，后一阶段要比前一阶段的耦合协调程度明显要高，整个研究区间内的耦合协调峰值为0.4347，为2019年。这表明内蒙古持续提高科技创新政策实施效果"投入—产出—环境"三维耦合协调水平仍面临不小压力，特别是在提升过程中可能出现的阻滞因素应当引起

足够重视。具体而言,从内蒙古科技创新政策实施效果"投入—产出—环境"子系统之间关系看,经济环境因素可以为科技创新奠定坚实的物质基础,是影响供给的关键因素,而供给又是产出水平的基本保障。内蒙古作为我国北方重要的工业基地,煤炭等多种资源型产品产销量连续多年居全国首位或前列,煤炭、钢铁等资源型产业在内蒙古国民经济体系中亦居于主导地位,因此,应不断强化上述主导产业的不断提质升级,特别是强化市场竞争力的提升对内蒙古科技创新政策实施效果"投入—产出—环境"三维耦合协调演化过程起到的重要促进作用。

6.4.2　耦合协调度测度时空演化分析

1. 耦合度分析

如图6.6所示,2005～2022年内蒙古科技创新政策实施效果"投入—产出—环境"三维耦合度值取值范围为 [0.7896,0.9992],其中峰值为2020年的0.9992,其间虽然多次出现小幅波动,总体稳定处于高水平耦合状态。表明内蒙古科技创新政策实施效果"投入—产出—环境"基本面相互关系密切程度较高。其波动原因,前期可能主要是由于受外部需求旺盛影响,内蒙古煤炭、钢铁等资源型产业优势开始显现,产能初步释放,曾连续八年经济增速居全国首位。由于科技创新环境的好转时滞较短,而相应的科技创新投入和产出时滞相对较长,导致各子系统之间的耦合度出现了短暂的下降。后期耦合度在较高水平的波动可能是一方面科技创新投入和产出时滞效应的逐渐克服,另一方面是受煤炭行业等资源型产业进入深度调整以及"三去一降一补"等政策的影响。这表明内蒙古科技创新政策实施效果"投入—产出—环境"基本面之间密切程度十分稳定,内蒙古科技创新政策激励效应的基础得到进一步夯实。

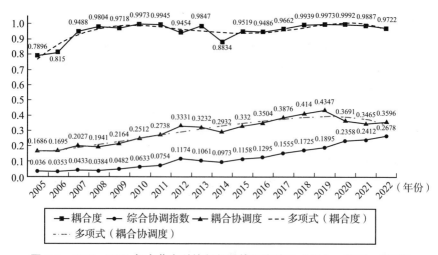

**图 6.6　2005～2022 年内蒙古科技创新政策实施效果"投入—产出—环境"
三维耦合协调的演化过程**

2. 耦合协调度分析

2005～2022 年内蒙古科技创新政策实施效果"投入—产出—环境"
三维耦合协调度的取值范围为 [0.1686，0.4347]，总体呈现出在波动
中不断上升的态势。这表明在研究时间区间内，在内蒙古科技创新政策
实施效果"投入—产出—环境"子系统之间密切程度的同时，各子系
统的协调性水平实现了逐步地在起伏中提高。其根本原因在于内蒙古通
过积极推进科技创新动能的不断生成与强化，显著加强了经济高质量发
展的科技创新支撑，同时，经济高质量发展又为区域创新能力提升创造
了良好的条件支持，有效拓宽了科技创新的研究与应用领域或边界。这
种变化特征与内蒙古科技创新政策实施效果"投入—产出—环境"基
本面持续优化改善有密切关系。

如图 6.6 所示，内蒙古科技创新基本面及耦合协调时空演化趋势
可分为低水平耦合协调、中度耦合协调、低水平耦合协调，三个阶
段。①低水平耦合协调阶段（2005～2017 年）：这一时期的耦合协调
度起点较低但增长较快，从 0.1686 提高到 0.3876。从三个系统的时
空演化趋势分析，创新投入和创新环境子系统得分增长呈现平稳较快

的演变过程，而创新产出子系统尽管实现了较快增长但波动幅度较大。②中度耦合协调阶段（2018～2019 年）：这一时期内蒙古创新基本面各维度的耦合协调度增长趋于平稳，耦合协调度由 0.4140 增加到 0.4347，在较短的时间内实现了由较高水平的提升。③低水平耦合协调阶段（2020～2022 年）：这一时期受到经济发展面临各种不确定性因素增加等因素影响，各子系统耦合协调水平出现了小幅波动并面临下降压力。究其原因，创新投入和创新产出子系统呈现同步较快提升的局面，尽管创新环境子系统持续改善存在一定压力，但是内蒙古科技创新政策实施效果"投入—产出—环境"基本面依然持续向好。进一步地，创新环境子系统得分提高压力加大，与内蒙古当前经济社会转型升级进入攻坚阶段，经济发展不确定性因素增加，难度逐渐增大等因素关系密切。总体而言，一方面由于受到创新驱动时滞效应的影响，在上阶段较好的经济环境和较高的供给增加在这一阶段对科技创新产出的效应开始全面发挥作用；特别是随着供给侧结构性改革加快推进，内蒙古作为资源型产业占主导地位的区域进入深度调整转型时期，全区科技创新政策实施效果提升的内在基础仍需进一步巩固和加强。

第7章 内蒙古科技创新政策实施对供给侧结构性改革的效应与机制检验

通过构建计量经济学模型，以 2007～2022 年内蒙古 12 个盟市为研究样本，定量探究内蒙古科技创新政策实施对供给侧结构性改革的激励效应与作用机制。

7.1 供给侧结构性改革的理论渊源

关于供给学派的理论渊源，学术界大部分学者一致认为可以追溯到"萨伊定律"，即供给创造需求。供给学派在继承这一核心内涵的基础上，从供给侧入手，致力于解决经济"滞胀"等难题。申建旗（2018）认为，供给学派的理论基础根植于古典经济学，是由萨伊所创立的以供给为核心的理论体系。乔治·吉尔德（1981）指出，萨伊定律的核心内涵是正确的，即供给创造需求。通过对相关文献的梳理与分析可以明确地看出，关于供给学派的理论渊源，理论界的基本观点比较一致，即普遍认同"萨伊定律"是供给学派的理论基石。中国著名学者林毅夫（2012）系统地阐述了新结构经济学的基本观点和思想体系，他认为，新结构经济学提出的按照要素禀赋结构所决定的比较优势来发展经济就是解决经济发展问题的关键所在。因为，按照新结构经济学的建议，经济发展成功有两个制度前提，一个是有效的市场，另一个是有为的政府。这一观点不仅为经济发展提供了新的理论视角，也为政策制定者提供了重要的参考依据。

在全球经济竞争日益激烈的背景下，科技创新已然成为引领区域经济社会发展的关键因素。供给侧结构性改革是当前推动经济高质量发展的核心任务，而科技创新政策作为推动供给侧结构性改革的重要手段，其有效实施对于激发经济活力、优化产业结构具有至关重要的作用。

总体而言，当前深入推动供给侧结构性改革的核心目标在于消除体制和制度对社会经济活动的非必要束缚。而如果用传统政治经济学概念来理解，即要消除生产关系对生产力的束缚，从而推动生产力的蓬勃发展。在这一概念框架下，提升现有生产力的"存量"产出能力和效益，与推动生产力"增量"的发展在理论层面呈现出高度的一致性。从实践层面来看，内蒙古作为我国重要的资源型产业集中区域，其供给侧结构性改革不仅关乎地区经济的持续健康发展，更对全国，特别是资源型产业集聚区的经济结构的优化升级具有示范和引领作用。因此，如何更好地以释放科技创新驱动的激励效应为导向，引领内蒙古供给侧结构性改革不断推向深入，已成为一个亟待解决且影响深远的重大实践问题。

7.2　研究设计

7.2.1　模型设定

为深入探讨内蒙古科技创新政策对供给侧结构性改革的激励效应，设定固定效应模型，旨在通过科学的计量方法和严谨的数据分析，探究科技创新政策对供给侧结构性改革的具体影响。如式（7.1）所示：

$$sss_{it} = \alpha_0 + \alpha_1 rd_{it} + \alpha_2 ind_{it} + \alpha_3 fge_{it} + \alpha_4 avgr_{it} + \alpha_5 iea_{it} + \mu_i + \varepsilon_{it}$$

$$(7.1)$$

其中，i 表示盟市，t 表示年份，α 为回归系数。sss 表示为供给侧结构性改革成效；rd 表示为科技创新政策实施；ind 表示为产业结构优化水平；fge 表示为绿色化水平；avgr 表示为工业化水平；iea 表示为对外开放水平；μ_i 表示为盟市固定效应，用来刻画不随时间变化的盟市特征；ε_{it} 为随机误差项。

为深入探究科技创新政策是否会通过影响人力资本进而对供给侧结构性改革产生作用效应，即检验科技创新政策激励效应的影响机制。借鉴李政和杨思莹（2018）的研究方法构建中介效应模型。这一模型能够揭示科技创新政策、人力资本与供给侧结构性改革之间的内在联系和互动关系。具体公式，如式（7.2）和式（7.3）所示。其中，式（7.2）展示了科技创新政策对人力资本的影响，式（7.3）则进一步探讨了人力资本对供给侧结构性改革的影响。

$$\text{hum}_{it} = \alpha_0 + \gamma_1 \text{rd}_{it} + \gamma_2 \text{ind}_{it} + \gamma_3 \text{fge}_{it} + \gamma_4 \text{avgr}_{it} + \gamma_5 \text{iea}_{it} + \mu_i + \varepsilon_{it}$$

$$\tag{7.2}$$

$$\text{sss}_{it} = \alpha_0 + \beta_1 \text{hum}_{it} + \beta_2 \text{ind}_{it} + \beta_3 \text{fge}_{it} + \beta_4 \text{avgr}_{it} + \beta_5 \text{iea}_{it} + \mu_i + \varepsilon_{it}$$

$$\tag{7.3}$$

在式（7.2）和式（7.3）的回归分析中，如果系数 γ_1 显著，则意味着科技创新政策对人力资本产生了显著的影响；如果系数 β_1 显著，则说明人力资本对供给侧结构性改革具有显著影响；如果 β_1 和 γ_1 均显著，则说明科技创新政策通过影响人力资本进而对供给侧结构性改革产生显著影响，即存在中介效应，中介效应为 $\beta_1 \times \gamma_1$。

为进一步探究人力资本在科技创新政策激励效应对供给侧结构性改革的作用效应中是否是完全的中介变量，在控制人力资本的间接效应后观察科技创新政策激励效应的影响，本章构建的模型如式（7.4）所示：

$$\text{sss}_{it} = \alpha_0 + \delta_1 \text{rd}_{it} + \delta_2 \text{hum}_{it} + \delta_3 \text{ind}_{it} + \delta_4 \text{fge}_{it} + \delta_5 \text{avgr}_{it} + \delta_6 \text{iea}_{it} + \mu_i + \varepsilon_{it}$$

$$\tag{7.4}$$

式（7.4）的回归分析结果中，若 δ_1 和 δ_2 均显著，则说明人力资本是部分中介变量。这说明科技创新政策激励效应不仅能够直接对供给侧结构性改革产生影响，同时还能通过影响人力资本这一中介变量，间接地作用于供给侧结构性改革；如果 δ_1 不显著，则说明人力资本是完全中介变量，并不直接对供给侧结构性改革产生作用，而是完全通过影响人力资本来产生其效应。

7.2.2 变量选取

推进供给侧结构性改革是我国发展进入新的阶段，针对经济运行过程中出现的供需结构性不合理、效率偏低、能耗偏高等现实问题进行的系统性改革。内蒙古作为我国重要的煤炭、天然气等资源富集区，以资源型产业为重要组成部分的第二产业在内蒙古全区国民经济体系中占据显著地位，这也造成全区经济发展过程中，面临通过供给侧结构性改革实现产业转型升级的任务十分迫切。

科技创新政策作为推进供给侧结构性改革的重要引擎，在内蒙古的经济转型发展过程中发挥着举足轻重的作用。然而也存在需要注意的不少问题。如付为政（2019）指出，从创新驱动的视域来看，内蒙古地区仍存在科研实力薄弱、人力资本存量偏低以及研发创新投入不足等现实挑战。与此同时，从结构变迁角度来看，内蒙古地区的经济增长动力主要来自第二产业，就业结构倾向于二产现象较为明显，劳动力要素的有效转移尚存在较大的提升空间。此外，内蒙古区域经济增长主要集中在蒙中、蒙西地区，尤以呼包鄂城市群为核心的增长极更是表现出强劲动力。于光军（2016）认为，经济新常态下的供给侧结构性改革，已深刻改变了内蒙古以资源开发为主要经济发展动力的经济运行模式。在"去产能"的政策压力下，促进新经济增长与发展是内蒙古实现经济增长的重要途径。

综合以上考虑，通过构建计量模型，深入探究内蒙古科技创新政策激励效应的影响程度及方式，以期为进一步优化相关政策措施提供更加有力的决策支持和参考借鉴。在此基础上，本部分对各变量的选取进行细致考量与梳理，确保所选指标能够全面、准确地反映相关变量，进而为后续实证分析奠定坚实基础。具体变量选取情况如下所述：

供给侧结构性改革（sss）是本章的被解释变量，其内涵丰富且多维度。为此，参照陈素梅等（2020）的研究成果从经济发展、民生改善以及社会进步三个维度选取 9 个指标构建其综合评价指标体系。与此同时，基于熵权法，并运用 Stata18.0 软件计算供给侧结构性改革的各项指标权重以及综合得分，如表 7.1 所示。

表7.1　　　　　　供给侧结构性改革的综合评价指标体系

一级指标	二级指标	三级指标	权重
供给侧结构性改革（sss）	经济发展	公路货物周转量	0.1025
		金融机构贷款余额	0.20449
		第三产业就业人员数	0.06957
	民生改善	职工平均工资	0.05208
		城镇居民人均可支配收入	0.06063
		社会消费品零售总额	0.12404
	社会进步	城镇化率	0.05117
		金融机构存款余额	0.1422
		邮政业务总量	0.19331

科技创新政策（rd）是本部分的核心解释变量，其度量方法对于揭示科技创新政策效应至关重要。然而，目前学术界关于科技创新政策的测量尚未形成统一标准，现有文献大都从创新投入或创新产出的角度进行衡量。因此，考虑到创新投入能够直接反映相关政策对科技创新活动的支持力度。本部分从创新投入的视角出发，选取科技经费筹集总额的对数作为衡量科技创新政策的代理变量。

人力资本（hum）是本部分的核心中介变量，针对其衡量对于揭示供给侧结构性改革的影响机制至关重要。为此，本部分选取普通高校学校在校生人数占年末常住人口比重作为衡量人力资本的关键指标。

在深入探究供给侧结构性改革的影响机制时，必须充分考虑到供给侧结构性改革会受多重因素的复杂影响。因此，本部分进一步选取产业结构优化水平（ind）、绿色发展水平（fge）、工业化水平（avgr）以及对外开放水平（iea）作为控制变量，以确保研究的准确性和可靠性。具体衡量方式如表7.2所示。

表7.2　　　　　　　　　　　　　各变量说明

变量属性	变量	变量衡量
被解释变量	供给侧结构性改革成效（sss）	从经济发展、民生改善以及社会进步三个维度构建综合指数
解释变量	科技创新政策（rd）	科技经费筹集总额取自然对数
中介变量	人力资本（hum）	普通高校学校在校生人数占年末常住人口比重
控制变量	产业结构优化水平（ind）	第三产业产值占 GDP 比重
	绿色发展水平（fge）	财政节能环保支出取自然对数
	工业化水平（avgr）	规模以上工业增加值增速
	对外开放水平（iea）	进出口总额取自然对数

7.2.3　数据来源

本部分以 2007～2022 年内蒙古地区 12 个盟市的面板数据为样本，相关数据主要来源于内蒙古及各盟市相关年度的统计年鉴、统计公报以及 Wind 金融数据库等。同时，针对个别缺失数据采用插值法、趋势外延法进行补充。具体样本数据的描述性统计如表7.3所示。

表7.3　　　　　　　　　　　　变量描述性统计

变量	均值	sd	p5	p50	p95	最小值	最大值	N
sss	0.223	0.157	0.052	0.182	0.546	0.021	0.799	192
rd	8.430	1.463	6.054	8.412	11.232	4.419	12.573	192
hum	0.013	0.020	0.001	0.007	0.075	0.000	0.078	192

变量	均值	sd	p5	p50	p95	最小值	最大值	N
ind	0.389	0.111	0.231	0.375	0.601	0.151	0.664	192
fge	11.179	0.661	9.859	11.269	12.034	7.945	12.234	192
avgr	0.133	0.949	-0.120	0.111	0.301	-0.660	0.385	192
iea	10.689	1.810	6.635	11.261	12.582	5.136	13.186	192

由表7.3可知，供给侧结构性改革（sss）的最小值为0.021，最大值为0.799，均值为0.223且标准差达到0.157，这表明在研究期内，内蒙古各盟市的供给侧结构性改革水平存在一定的差异。同时，从供给侧结构性改革的5%分位数和95%分位数可以看出，内蒙古地区大部分盟市的供给侧结构性改革水平处于0.052~0.546。科技创新政策（rd）的最小值为4.419，最大值为12.573，均值为8.430，标准差为1.463，这说明在内蒙古各盟市之间科技经费筹集总额存在较大的差异。人力资本（hum）的最小值为0.000，最大值为0.078，均值为0.013，标准差为0.020，这说明各盟市之间的人力资本水平存在不协调现象。产业结构优化水平（ind）的均值为0.389，最小值为0.151，最大值为0.664，说明内蒙古地区各盟市的产业结构优化水平有较大程度的提升。绿色发展水平（fge）的均值为11.179，标准差为0.661，这说明内蒙古地区各盟市的绿色发展水平相对处于同一水平。工业化水平（avgr）的均值为0.133，最小值为-0.120，最大值为0.385，标准差为0.949，这说明内蒙古地区在不同盟市之间的工业化水平存在显著差异。对外开放水平（iea）的均值为10.689，标准差为1.810，这说明内蒙古地区各盟市的对外开放程度相对均衡。

与此同时，考虑到经济社会当中各变量之间存在复杂且紧密的关联性。为此，本部分进一步利用相关性检验，以深入探究各变量之间的线性关系及其强度和方向，以期为后续进一步实证研究提供坚实基础。具体各变量的相关性分析结果，如表7.4所示。

表 7.4　　　　　　　　　各变量的相关性分析

变量	sss	rd	hum	ind	fge	avgr	iea
sss	1.000 ***						
rd	0.638 ***	1.000 ***					
hum	0.701 ***	0.650 ***	1.000 ***				
ind	0.715 ***	0.574 ***	0.701 ***	1.000 ***			
fge	0.401 ***	0.403 ***	0.115	0.280 ***	1.000 ***		
avgr	−0.401 ***	−0.397 ***	−0.178 **	−0.333 ***	−0.213 ***	1.000 ***	
iea	0.526 ***	0.580 ***	0.316 ***	0.37 ***	0.446 ***	−0.246 ***	1 ***

注：***、** 分别表示在 1%、5% 的显著性水平下显著，括号内为标准误。

由表 7.4 可以看出，供给侧结构性改革（sss）与科技创新政策（rd）之间存在显著的正相关关系，这表明科技创新政策是推动供给侧结构性改革的重要力量。与此同时，供给侧结构性改革（sss）、科技创新政策（rd）与人力资本（hum）之间的相关性系数也均显著为正，这进一步说明科技创新政策、供给侧结构性改革和人力资本之间存在相关性关系。此外，产业结构优化水平（ind）、绿色发展水平（fge）、工业化水平（avgr）和对外开放水平（iea）针对供给侧结构性改革（sss）之间亦呈现显著的相关性关系，这说明各变量要素是影响供给侧结构性改革过程中的有效因素。然而需要指出的是，相关性分析只能揭示各变量间的关联程度，而不能确定更为严格意义上的因果关系。因此，需要进一步通过回归分析来深入探究供给侧结构性改革（sss）、科技创新政策（rd）和人力资本（hum）等核心变量间的因果关系。

7.3　实 证 检 验

7.3.1　基 准 回 归

本部分运用 Stata18.0 软件对式（7.1）进行回归，以考察科技创新政策激励效应的影响。通过 Hausman 检验发现，模型适合固定效应模型。为检验估计结果的稳健性，本部分通过逐步加入控制变量的方式呈现，回归结果如表7.5所示。

表7.5　　科技创新政策对供给侧结构性改革激励效应的回归结果

变量	(1)	(2)	(3)	(4)	(5)
	sss	sss	sss	sss	sss
rd	0.0652 *** (0.00803)	0.0566 *** (0.00864)	0.0551 *** (0.00768)	0.0386 *** (0.00836)	0.0357 *** (0.00837)
ind		0.245 ** (0.0979)	0.225 ** (0.0869)	0.105 (0.0881)	0.0758 (0.0882)
fge			0.0919 *** (0.0132)	0.0741 *** (0.0133)	0.0692 *** (0.0134)
avgr				−0.304 *** (0.0734)	−0.254 *** (0.0760)
iea					0.0180 ** (0.00822)
Constant	−0.326 *** (0.0680)	−0.349 *** (0.0676)	−1.357 *** (0.156)	−0.931 *** (0.181)	−1.040 *** (0.186)
Observations	192	192	192	192	192
R-squared	0.269	0.294	0.446	0.496	0.509
Number of cities	12	12	12	12	12

注：***、** 分别表示在1%、5%的显著性水平下显著，括号内为标准误。

在表7.5第（1）~第（5）列中，科技创新政策激励效应的影响均显著，且在1%的显著性水平下为正，这说明创新驱动能够促进供给侧结构性改革。此外，在逐步加入控制变量后，模型的显著性水平均未发生改变，回归结果具有稳健性。从第（5）列加入控制变量后的回归结果来看，产业结构优化水平对供给侧结构性改革的影响为正，但不显著，产业结构优化水平越高、产业结构越优化越有利于推动供给侧结构性改革，但其积极效应尚未显现；绿色发展对供给侧结构性改革的影响在 1% 的显著性水平下为正，说明财政环保支出有利于推动供给侧结构性改革，财政环保支出可以引导社会资本进入环保产业，促进环保产业的发展，从而推动供给侧结构性改革；工业化水平对供给侧结构性改革的影响在 1% 的显著性水平下为负，说明工业化过程中带来的产能、库存问题不利于推进供给侧结构性改革；对外开放水平对供给侧结构性改革的影响在 5% 的显著性水平下为正，说明对外开放能够通过引进新技术、新设备、新工艺等方式加强对外交流与合作，从而有利于供给侧结构性改革。

7.3.2　稳健性检验

为保证计量回归模型的稳健性，本部分采用以下多种方法进行验证。

一是替换解释变量。即运用科技经费内部支出总额衡量。估计结果见表 7.6 中第（1）列所示，科技创新政策激励效应在 1% 的水平下显著为正，其回归系数为 0.0278，印证了基准回归结果是可靠的。

二是改变被解释变量的度量方式。用主成分分析法合成供给侧结构性改革指标后重新进行回归。估计结果见表 7.6 中第（2）列所示，在 1% 的显著性水平下，科技创新政策对供给侧结构性改革的影响仍然有正向的促进作用，其回归系数为 0.554。

三是解释变量滞后一期。为消除由变量间反向因果关系造成的内生性问题，对解释变量科技创新政策发展水平滞后一期进行回归。估计结果见表 7.6 中第（3）列所示，在 1% 的显著性水平下，科技创新政策对供给侧结构性改革的影响产生正向促进作用，其回归系数为 0.0377，基准回归结果是稳健可靠的。

四是缩尾处理。解释变量与被解释变量在各城市之间存在的差异均较大，为了消除部分极端值对回归结果的影响，对所有变量进行双边缩尾 1% 处理，重新进行回归分析。回归结果见表 7.6 第（4）列，科技创新政策对供给侧结构性改革的影响在 1% 水平下显著，其系数为 0.0356，回归结果的稳健性得到验证。

表 7.6　　　　　　　　　　稳健性检验与内生性检验

变量	（1） sss 替换解释变量	（2） sss 改变被解释变量的度量方式	（3） sss 解释变量滞后一期	（4） sss 缩尾处理	（5） sss 内生性检验
rd	0.0278 *** （0.00759）	0.554 *** （0.0973）		0.0356 *** （0.00834）	0.0277 *** （0.00808）
L. rd			0.0377 *** （0.00847）		
ind	0.0907 （0.0890）	1.406 （1.025）	0.0823 （0.0869）	0.0757 （0.0875）	0.706 *** （0.0791）
fge	0.0686 *** （0.0136）	0.796 *** （0.155）	0.0640 *** （0.0162）	0.0761 *** （0.0140）	0.00949 （0.0133）
avgr	− 0.274 *** （0.0767）	− 3.429 *** （0.884）	− 0.263 *** （0.0770）	− 0.255 *** （0.0757）	− 0.0538 （0.0893）
iea	0.0175 ** （0.00838）	0.344 *** （0.0955）	0.0187 ** （0.00839）	0.0176 ** （0.00819）	0.0147 *** （0.00508）
Constant	− 0.963 *** （0.185）	− 17.35 *** （2.166）	− 1.002 *** （0.215）	− 1.112 *** （0.192）	− 0.535 *** （0.134）
Observations	192	192	180	192	180
R-squared	0.497	0.622	0.467	0.517	0.642
Number of cities	12	12	12	12	12

注：***、** 分别表示在 1%、5% 的显著性水平下显著，括号内为标准误。

7.3.3　内生性检验

如前所述，可知科技创新政策可以推动供给侧结构性改革，同时供给侧结构性改革加大的过程会提高当地的经济社会发展水平，进而可能会反过来强化当地的科技创新政策力度。基于此，为消除由变量间反向因果关系造成的内生性问题，参照夏清华等（2020）的做法，选取滞后一期科技经费筹集总额为工具变量，采用两阶段最小二乘法对模型进行内生性检验。结果显示，科技创新政策对供给侧结构性改革的影响产生正向促进作用，其回归系数为0.0277，在1%的水平下显著，回归结果与上述基准模型一致，说明了科技创新政策对供给侧结构性改革的促进作用可信度较高。

7.3.4　区域异质性分析

内蒙古地域辽阔，不同盟市，甚至旗县之间的自然禀赋、资源分布、人口分布以及经济基础都存在着明显的地域差异。为了更好地了解不同区域科技创新政策的发展及其对供给侧结构性改革的影响，将内蒙古12个盟市划分为蒙东、蒙中和蒙西三个区域①，以探究不同区域科技创新政策对供给侧结构性改革影响的差异。区域异质性回归结果，如表7.7所示：

表7.7　　　　　　　　　　　　　　区域异质性

变量	(1)	(2)	(3)
	sss	sss	sss
	蒙东	蒙中	蒙西
rd	0.0238 *** (0.00643)	0.0512 ** (0.0195)	0.0143 ** (0.00560)

① 蒙东地区涵盖了锡林郭勒盟、赤峰市、通辽市、兴安盟和呼伦贝尔市五个盟市；蒙中地区包括鄂尔多斯市、包头市、呼和浩特市和乌兰察布市四个盟市；蒙西地区包括阿拉善盟、巴彦淖尔市和乌海市三个盟市。

变量	（1）	（2）	（3）
	sss	sss	sss
	蒙东	蒙中	蒙西
ind	0.396 *** （0.0675）	−0.391 （0.249）	0.160 *** （0.0473）
fge	0.0481 *** （0.0122）	0.157 *** （0.0349）	0.0153 ** （0.00648）
avgr	−0.128 ** （0.0528）	−0.470 ** （0.194）	−0.0361 （0.0516）
iea	0.0167 ** （0.00664）	0.0559 ** （0.0239）	0.0268 *** （0.00433）
Constant	−0.878 *** （0.158）	−2.306 *** （0.528）	−0.445 *** （0.0943）
Observations	80	64	48
R-squared	0.791	0.649	0.850
Number of cities	5	4	3

注：*** 、** 分别表示在1%、5%的显著性水平下显著，括号内为标准误。

根据表7.7可知，蒙中地区科技创新政策对供给侧结构性改革的回归系数最大，为0.0512且在5%的置信水平下显著。这表明蒙中地区科技创新政策的发展能够显著促进供给侧结构性改革的提升，且相对于其他地区促进程度最为突出。原因可能在于，一方面，这一地区通过设立科技创新专项资金、引导社会资本参与等方式，积极吸引和聚集创新资源，为科技创新提供了坚实的物质基础。如鄂尔多斯市为国家科技型中小企业、高新技术企业等253家创新主体，发放2023年首批市本级科技创新奖补资金1.29亿元。同时，通过推动产学研用一体化发展，引导企业加强科技创新和成果转化，促进科技创新与产业转型升级的良性互动。这种深度融合的发展模式不仅提高了科技创新的效率和效益，也为当地供给侧结构性改革注入了新的动力。另一方面，蒙中地区高校院所、高新技术企业等创新平台、创新要素集聚水平相对其他区域数量多、质量高，是全区科技创新要素的汇聚高地。随着科技创新投入力度加大、科技创新要素集聚效应增强等有利因素不断积累，科技创新政策对本区域供给侧结构性改革的边际效应同样表现出更为突出的作用效果。

蒙东地区科技创新政策对供给侧结构性改革的回归系数为 0.0238 且在 1% 的显著性水平下显著。这表明蒙东地区科技创新政策对供给侧结构性改革的影响具有促进作用，但促进强度不及蒙中地区。这一地区高校科研院所、高新技术企业等推动科技创新具体实践的中坚力量少于蒙中地区。因此，蒙东地区的科技创新政策需要更加注重与供给侧结构性改革的实际需要协同配合。在制定科技创新政策时，应充分考虑当地的经济社会发展需求和资源禀赋特点，将科技创新与产业升级、结构调整紧密结合起来，更加注重政策的撬动效应。例如，一方面，以有限的财政科技投入等政府支持，带动鼓励企业加大研发投入，支持关键技术的自主研发和创新，培育新的经济增长点。另一方面，更加强调"研以致用"，持续加强科技成果的转化和应用，推动产学研深度融合，提高科技对供给侧结构性改革的作用效应。

蒙西地区科技创新政策对供给侧结构性改革的回归系数最小，为 0.0143 且在 5% 的置信区间内显著。蒙西地区较为显著的特点是地域范围广、人口基数低且密度小，经济活跃度水平相对较低。各类科技创新要素呈现"大分散、小集中"的特点。尽管科技创新政策能够起到对供给侧结构性改革的正向激励效应，较蒙中、蒙东地区影响程度相对较小。不过，这也表明了科技创新政策在蒙西地区供给侧结构性改革中同样可以显著发挥积极作用。因此，蒙西地区在未来制定和执行科技创新政策时，应因地制宜、因时制宜、因事制宜，继续加大投入力度，不断优化投入结构，提高政策的精准性和实效性，进一步促进创新资源的高效利用和科技成果的快速转化。同时，还应加强政策间的结合，形成合力推动供给侧结构性改革向纵深发展。通过不断优化科技创新政策体系，推动蒙西地区实现更高质量的供给侧结构性改革。

7.3.5　中介效应检验

人力资本是推动供给侧结构性改革非常具有能动性和创造性的积极因素。通过创新驱动发展战略一系列政策措施的持续推进，有利于进一步增强人力资本高级化并为推动供给侧结构性改革提供不竭动力。为检验创新驱动、人力资本与供给侧结构性改革的关系，即人力资本是否会影响科技创新政策对供给侧结构性改革的促进效应，本部分运用 Stata18.0 软件对式（7.2）和式（7.3）进行回归，通过 Hausman 检验发现，模型适合固定效应模型，且回归结果如表 7.8 所示：

表 7.8　　科技创新政策、人力资本与供给侧结构性改革回归结果

变量	（1）	（2）	（3）
	hum	sss	sss
rd	0.00116 *** （0.000230）		0.0220 ** （0.00850）
hum		14.25 *** （2.483）	11.84 *** （2.615）
ind	0.000338 （0.00242）	0.101 （0.0842）	0.0717 （0.0836）
fge	0.000893 ** （0.000366）	0.0518 *** （0.0128）	0.0587 *** （0.0129）
avgr	- 0.00686 *** （0.00209）	- 0.227 *** （0.0725）	- 0.173 ** （0.0743）
iea	0.000801 *** （0.000225）	0.00958 （0.00820）	0.00856 （0.00807）

变量	（1）	（2）	（3）
	hum	sss	sss
Constant	− 0.0141 *** （0.00511）	− 0.658 *** （0.163）	− 0.874 *** （0.181）
Observations	192	192	192
R-squared	0.510	0.544	0.561
Number of cities	12	12	12

注：***、** 分别表示在 1%、5% 的显著性水平下显著，括号内为标准误。

表 7.8 中模型（1）为科技创新政策对人力资本影响的回归结果，显示：在控制了对外开放水平、工业化水平、绿色发展水平以及产业结构化水平变量后，科技创新政策对人力资本的影响在 1% 的水平下显著为正，说明科技创新政策对人力资本具有显著的促进作用，即增加科技经费能够通过人才培养、引进等方式提升人力资本水平。模型（2）为人力资本对供给侧结构性改革影响的回归结果，显示：在控制了相关变量后，人力资本对供给侧结构性改革的影响在 1% 的水平下显著为正，说明人力资本能够促进供给侧结构性改革，且回归系数为 14.25。综上所述，科技创新政策对人力资本具有显著的促进作用，人力资本对供给侧结构性改革具有显著的正向作用，科技创新政策通过影响人力资本进而影响供给侧结构性改革，即人力资本中介效应存在，中介效应为 0.01653（0.00116 × 14.25）。

从上面分析可知人力资本具有中介效应，为进一步检验人力资本是否是完全中介变量，在控制人力资本变量后，对式（7.4）进行回归，考察科技创新政策对供给侧结构性改革激励效应的影响。回归结果如表 7.8 中模型（3）所示，在控制了人力资本后，科技创新政策对供给侧结构性改革激励效应的影响在 1% 的水平下显著为正，回归系数为 0.0220；人力资本对供给侧结构性改革的影响也在 1% 的水平下显著为正，回归系数为 11.84。这说明创新驱动对于供给侧结构性改革不仅具有直接效应，而且通过影响人力资本具有间接效应。因此，对于内蒙古而言，在实践科技创新政策激励效应的过程中，应当高度重视人力资本在其中发挥的重要作用。一方面，要加大本土人才的培养力度，提升培养质量，并为他们能够做到"人尽其才、才尽其用"积极营造良好环境条件，减除他们的后顾之忧；另一方面，要注重外部高端人才的引进工作，特别是在刚性引进存在现实困难的条件下，进一步加大柔性引进的力度，做到"不为我有，但为我用"，不断夯实支持供给侧结构性改革的人才保障基础。

7.4　门槛效应检验

考虑到科技创新政策发展的不同阶段，其对于供给侧结构性改革的影响具有较大差异。且前文已经验证了在科技创新政策对供给侧结构性改革的影响过程中，人力资本发挥了中介效应。基于此，采用 Hansen 提出的门槛回归模型，以科技创新政策和人力资本作为门槛变量，对科技创新政策与供给侧结构性改革间的关系进行门槛效应检验。如果只存在一个门槛，那么使用单门槛模型式（7.5）。

$$sss_{it} = \gamma_0 + \gamma_1 rd_{it} I(Thv_{it} \leq q) + \gamma_2 rd_{it} I(Thv_{it} > q) + \Sigma \gamma_m X_{it} + \varepsilon_{it}$$

$$(7.5)$$

其中 $I(\cdot)$ 为指标函数，当满足括号内条件时取 1，否则取值为 0。Thv_{it} 为门槛变量，代表科技创新政策（rd）和人力资本（hum），q 表示待估算的门槛值，ΣX_{it} 为方程中所用到的控制变量。如果存在两个门槛，则将模型式（7.5）扩展为双门槛模型式（7.6）。

$$sss_{it} = \gamma_0 + \gamma_1 rd_{it} I(Thv_{it} \leq q_1) + \gamma_2 rd_{it} I(q_1 < Thv_{it} \leq q_2)$$
$$+ \gamma_3 lnrd_{it} I(Thv_{it} > q_2) + \Sigma \gamma_m X_{it} + \varepsilon_{it} \qquad (7.6)$$

在进行门槛效应检验之前，需对面板门槛的存在性进行分析。运用 Stata18.0 软件，在经过 Boorstrap 反复抽样 300 次后，检验是否存在门槛效应以及门槛个数，具体结果，如表 7.9 所示。当门槛变量为科技创新政策（rd）时，单门槛在1%的显著性水平下通过检验，但双门槛检验不显著，即存在单门槛效应。当门槛变量为人力资本（hum）时，双门槛检验不显著，单门槛在1%的水平下显著，即存在单门槛效应。

表7.9　　　　　　　　　　　　门槛效应检验

门槛变量	门槛个数	门槛值	F统计	P值	自抽样临界值		
					10%	5%	1%
科技创新政策	单一门槛	11.3028	168.98	0.000	17.7787	21.3236	31.8339
	双门槛	6.1591	7.88	0.6300	19.3452	24.2023	35.4462
人力资本	单一门槛	0.0309	92.52	0.000	35.5366	41.0003	55.8713
	双门槛	0.0763	38.56	0.2233	133.1251	177.7145	223.8928

根据 Hansen 提出的估计法，门槛值是计值在95%置信区间下的 LR 图。图7.1为科技创新政策的 LR 图，对应的门槛值为11.3028。图7.2为人力资本的 LR 图，对应的门槛值为0.0309。由于临界值都处于虚线下方，由此判断门槛值有效。

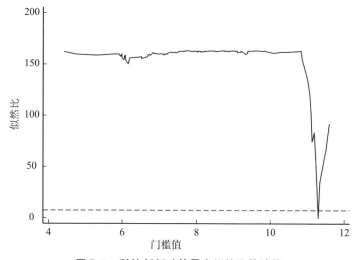

图7.1　科技创新政策最大似然比估计值

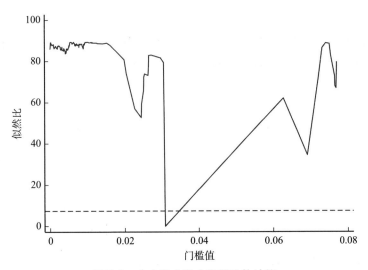

图 7.2　人力资本最大似然比估计值

根据式（7.5）和式（7.6）进行门槛回归，结果如表 7.10 所示。

表 7.10　　　　　　　　　　　　门槛回归结果

变量	（1）	（2）
	sss	sss
	科技创新政策	人力资本
rd I （thv≤q）	0.0252 *** （0.00605）	0.0232 *** （0.00692）
rd I （thv > q）	0.0528 *** （0.00614）	0.302 *** （0.0287）
ind	0.143 ** （0.0634）	0.115 （0.0717）
fge	0.0557 *** （0.00963）	0.0576 *** （0.0109）
avgr	－ 0.238 *** （0.0545）	－ 0.273 *** （0.0618）

续表

变量	(1)	(2)
	sss	sss
	科技创新政策	人力资本
iea	0.0183 *** (0.00589)	0.0180 *** (0.00667)
Constant	-0.846 *** (0.134)	-1.084 *** (0.151)
Observations	192	192
R-squared	0.750	0.678
Number of cities	12	12

注：***、**分别表示在1%、5%的显著性水平下显著，括号内为标准误。

1. 门槛变量为科技创新政策

当科技创新政策水平跨越门槛值后，科技创新政策对供给侧结构性改革发展影响的回归系数会变大，即科技创新政策对供给侧结构性改革发展推动作用不断增强。当科技创新政策水平低于门槛值 11.3028 时，科技创新政策对供给侧结构性改革发展的影响系数为 0.0252，通过了1% 显著性水平的检验；当科技创新政策水平高于门槛值 11.3028 时，科技创新政策对供给侧结构性改革发展的影响系数为 0.0528，且通过了1% 显著性水平的检验，科技创新政策的促进力度逐渐增大，产生的正向促进效应逐渐增强。这说明随着科技创新政策水平的不断提高，科技创新政策对供给侧结构性改革发展的影响呈现出显著的边际递增特征。产生这一结果的原因可能在于，通过引导和扶持战略性新兴产业的发展，科技创新政策水平的提高能够促进经济向高效、节能、环保的方向转型。这不仅有助于化解供需结构矛盾，满足人民日益增长的物质文化需求，还能够提升经济增长的质量和可持续性。同时，通过推动科技创新与制度创新的深度融合，科技创新政策水平的提高能够打破原有很多规则体系的束缚，释放生产要素活力，提升资源要素利用效率。与此同时，通过不断加大制度层面的供给侧结构性改革，能够为经济发展创造更加公平合理、更有效率的市场环境。

2. 门槛变量为人力资本

当人力资本水平跨越门槛值后，科技创新政策对供给侧结构性改革发展影响的回归系数会变大，即科技创新政策对供给侧结构性改革发展的推动作用不断增强。当人力资本水平低于门槛值 0.0309 时，科技创新政策对供给侧结构性改革发展的影响系数为 0.0232，通过了 1% 显著性水平的检验；当人力资本水平高于门槛值 0.0309 时，科技创新政策对供给侧结构性改革发展的影响系数为 0.302，且通过了 1% 显著性水平的检验。这一结果说明随着人力资本水平的不断提高，科技创新政策对供给侧结构性改革发展的影响呈现出显著的边际递增特征。产生这一结果的原因可能在于，人力资本的提升意味着劳动者技能、知识和创新能力进一步增强。这些高素质的劳动力能够更好地理解、吸收和应用科技创新政策带来的利好，进而在供给侧结构性改革中发挥更大作用。同时，科技创新政策本身也需要随着时代的发展而不断调整优化和持续完善。在人力资本水平提高的背景下，客观上要求政策制定者能够更准确地把握市场需求和技术发展趋势，制定出更加符合实际需要，且更加精准、高效的科技创新政策。这些政策能够更好地释放人力资本价值，引导资源配置效率更加优化，促进产业持续不断转型升级，进而推动供给侧结构性改革不断取得实效。

第8章 内蒙古科技创新政策实施对经济高质量发展的效应与机制检验

通过构建空间杜宾模型，以 2010～2022 年全区 12 个盟市数据为研究样本，对内蒙古科技创新政策实施对经济高质量发展的激励效应与作用机制进行检验。

8.1 研究设计

8.1.1 变量选取

科技创新政策实施对经济高质量发展的影响是深远且全方位的。一方面，科技创新能够直接推动科技创新活动的进行，加速新技术的研发和应用。这不仅可以提高生产效率，降低生产成本，还能够改善产品质量，提升市场竞争力。通过政策引导和支持，企业可以更加积极地投入到科技创新实践中去，从而形成从微观层面推动整个产业体系转型升级的内在动力。另一方面，科技创新有助于优化产业结构，促进产业向高端化、智能化、绿色化方向发展。政策支持不仅可以培育和发展更具市场竞争力的新兴产业，还能够推动传统产业的改造升级。这有助于增强科技创新对经济发展的贡献度，形成多元化、高附加值、高成长力的产业结构，提高经济的整体质量和效益。

按照罗斯托经济起飞模型，生产方式的根本性变革是促使经济体摆脱不发达状态的分水岭。随着我国经济发展进入新常态，主要发展动能从过去的依靠人口数量红利、投资及外需拉动等转变为主要依靠技术创新、提高劳动者素质及内需等拉动。发展经济学认为，伴随着传统经济增长动能的衰退和国内创新水平的快速进步（曹洪军等，2022），技术创新从根本上推动了生产方式的变革，并已成为实现高质量发展的关键支持因素。在数字经济时代，数字创新是经济高质量发展的重要力量（莫洪兰等，2024）。数字经济在与实体产业融合的过程中，以一种通用技术的形式，如大数据、云计算、人工智能等技术的运用，使实体经济在生产、流通、消费等环节实现了数字化、智能化升级，提高了生产效率和资源利用效率。这种融合不仅推动了实体经济的数字化转型，更通过引领数字技术应用，延伸了传统产业的发展领域，开拓了传统产业的发展空间，从而产生甚至强化规模效应与乘数效应。并且通过数字经济持续激发创新活力，提升区域整体的技术创新水平来引领资本密集型产业、劳动密集型产业等进一步向高端化、智慧化方向发展，从而有效促进高质量发展。同时，在科技创新政策实施不断强化技术创新实践的过程中，城乡协调发展、现代化产业链、经济结构、创新能力、生态文明建设等多个经济社会发展的具体领域得到提升，从而也可以为推进高质量发展提供坚实保障。

1. 被解释变量

内蒙古作为我国北方重要的煤炭等矿产资源富集区，其经济发展长期以来对资源型产业依赖程度较高。然而，在全球经济风云变幻、国内经济发展进入新的历史阶段的背景下，内蒙古也面临着前所未有的机遇与挑战。全球经济的波动、国内外市场需求的转变，以及科技发展的日新月异，使得传统的资源型产业逐渐暴露出结构单一、能耗高、环境污染事件易发频发等诸多问题。与此同时，国内经济发展也进入了一个新的阶段，从高速增长转向高质量发展，对经济结构优化、创新驱动、绿色发展等提出了更高的要求。因此，内蒙古迫切需要进行经济转型升级，实现经济的高质量发展。这不仅仅是一个简单的产业调整问题，更是一个涉及经济、社会、环境等多个方面转型升级的系统工程。在这一背景下，基于创新、协调、绿色、开放、共享的新发展理念，构建了内蒙古经济高质量发展综合评价指标体系，旨在从多个维度进行深入剖析，全面、客观地评估内蒙古经济发展的现状。这对科学评估内蒙古经济发展现状提供了有力支撑，为制定有针对性的政策措施提供了重要参考，进一步推动内蒙古经济实现高质量发展。

借鉴刘颜等（2023）的做法，选取 9 个指标构建经济高质量发展的综合评价指标体系。使用 SPSS PRO 软件对各个指标进行了熵权法的权重计算，计算综合得分作为衡量现阶段内蒙古经济高质量发展水平，以确保各项指标权重的客观性和科学性。熵权法具有显著的优点，它基于信息熵的原理，通过客观计算各个指标的信息量和差异性来确定权重，避免了主观判断受不确定性因素影响较大的弊端，较好地确保了权重分配的客观性。同时，熵权法的计算过程规范透明，逻辑清晰，易于理解和操作，使得其在实际应用中具有广泛的适用性。因此，选择熵权法进行指标权重的计算，表 8.1 即为内蒙古经济高质量发展综合评价指标体系与各指标权重计算结果。

表 8.1　　　　　　内蒙古经济高质量发展综合评价指标体系

目标层	分项层	指标层	单位	信息熵值	信息效用值	权重（%）
经济高质量	创新	绿色专利授权总量	个	0.839	0.161	19.700
		每万人中研究机构及科技信息与文献科技活动人员	人	0.893	0.107	13.008
	协调	第三产业增加值占第二产业增加值比重	%	0.904	0.096	11.674
		城镇化率	%	0.980	0.020	2.412
	绿色	建成区绿化覆盖面积占区域面积比重	%	0.955	0.045	5.466
		日均生活垃圾无害化处理量	吨	0.905	0.095	11.630
	开放	进出口总额占 GDP 比重	%	0.947	0.053	6.448
	共享	单位人均公路里程	万人/公里	0.960	0.040	4.927
		万人医院、卫生院床位数	张	0.797	0.203	24.735

2. 核心解释变量

科技创新政策实施效果是一定时期内推动国家或地区实现转型发展核心动能生成的关键影响因素，也是内蒙古实现经济高质量发展的重要保障。创新具有公共产品属性且研发活动成功与否存在较大不确定性，影响企业创新积极性。因此，为了弥补创新的外部性可能导致的投入不足问题，政府财政的支持，特别是财政对基础研发领域的支持十分必要。基于这一考量，检验科技创新政策实施对经济高质量发展的效应与机制，就以公共财政支出中的科学技术支出作为区域科技创新政策实施效果的代理变量。

3. 控制变量

经济高质量发展除了与科技创新政策实施效果息息相关，也受到产业结构、财政引导以及其他良好经济社会发展"软环境"等诸多其他因素的深刻影响。因此，结合以往学者的研究，有关控制变量的具体设定情况如下：产业结构用第三产业增加值占 GDP 增加值比重来衡量；社会保障用城镇登记失业率来衡量；文旅吸引力用日均入境旅游人次来衡量；政府干预程度用地方一般财政支出占 GDP 比重来衡量。

8.1.2　数 据 来 源

1. 描述性统计

本章运用空间杜宾模型进行实证检验，选取 2010～2022 年内蒙古 12 个盟市数据为研究样本。所需数据来源于 Wind 金融数据库、有关年度的《内蒙古统计年鉴》，以及相关年度各盟市的统计年鉴、国民经济和社会发展统计公报等。其中，个别缺失数据采用线性插补法进行补充，同时为保证数据平稳性，对个别指标进行了取对数处理。描述性统计结果如表 8.2 所示。

表8.2 变量的描述性统计

变量	变量名称	样本容量	均值	标准误	最小值	p5	p50	p95	最大值
ecohq	经济高质量发展	156	0.200	0.106	0.044	0.057	0.184	0.382	0.554
lninno	科技创新政策	156	9.596	0.761	7.938	8.620	9.525	10.896	11.712
isl	产业结构优化	156	0.396	0.111	0.151	0.231	0.385	0.594	0.664
sgiyelv	社会保障	156	3.694	0.485	2.210	2.740	3.860	4.330	5.290
lnlvyou	文旅吸引力	156	1.297	0.143	0.793	1.008	1.351	1.466	1.666
fin	政府干预程度	156	0.250	0.102	0.100	0.132	0.223	0.453	0.560

2. 内蒙古各盟市经济高质量发展水平分析

运用 SPSS PRO 软件，基于 2010～2022 年内蒙古 12 个盟市的面板数据，通过熵权法测算了内蒙古各盟市的经济高质量水平，结果见表8.3。结果显示，各盟市经济高质量发展水平总体上呈现逐年递增的态势。这表明在考察期内，内蒙古的经济发展整体向好，各盟市均在积极推动经济高质量发展。横向比较看，呼和浩特市一直处于第一梯队，其经济高质量发展水平在考察期内远高于其他各盟市，由 2010 年的 0.2846 增长至 2022 年的 0.5412，这一增长幅度不仅显著，而且保持了较为平稳的持续增长过程。此外，包头市和乌海市的经济高质量发展水平增长也较为快速。这可能与这些城市在产业发展、科技创新、人才引进等方面的积极举措有关。但仍需要注意的是，虽然各盟市的经济高质量发展水平提升趋势较好，但发展的不均衡、不协调、不可持续问题依然存在。比如，呼和浩特市作为首府城市与其他盟市相比的发展基础条件相对完善；通辽、兴安盟是经济高质量发展水平属于相对偏低的盟市，整体水平仅为第一梯队的 30% 左右。

表8.3　2010～2022年内蒙古经济高质量发展水平

盟市	2010年	2011年	2012年	2013年	2014年	2015年	2016年	2017年	2018年	2019年	2020年	2021年	2022年
呼和浩特	0.2846	0.3002	0.3141	0.3182	0.3418	0.3816	0.3776	0.4059	0.4059	0.4632	0.5230	0.5543	0.5412
包头	0.1848	0.1962	0.1844	0.1791	0.1888	0.1940	0.2024	0.2184	0.2184	0.2723	0.3000	0.3325	0.3054
乌海	0.2609	0.2669	0.2996	0.3040	0.3140	0.3178	0.3290	0.3308	0.3308	0.3359	0.3535	0.3878	0.3317
赤峰	0.0650	0.0865	0.0901	0.1001	0.0958	0.1039	0.1139	0.1207	0.1207	0.1606	0.1802	0.2024	0.2287
通辽	0.0456	0.0442	0.0572	0.0665	0.0724	0.0860	0.0894	0.0999	0.0999	0.1266	0.1454	0.1647	0.1708
鄂尔多斯	0.1056	0.1063	0.1094	0.1215	0.1261	0.1365	0.1585	0.1749	0.1749	0.2112	0.2406	0.2792	0.3016
呼伦贝尔	0.1562	0.1509	0.1557	0.1489	0.1532	0.1641	0.1705	0.1990	0.1990	0.1994	0.2199	0.2026	0.2029
巴彦淖尔	0.1043	0.1095	0.1260	0.1302	0.1556	0.1774	0.1738	0.2192	0.2192	0.2662	0.2633	0.2633	0.3062
乌兰察布	0.0503	0.0559	0.0564	0.0628	0.0709	0.0746	0.0781	0.0859	0.0859	0.1380	0.1642	0.1716	0.1837
兴安盟	0.0607	0.0491	0.0562	0.0612	0.0682	0.0714	0.0742	0.0944	0.0944	0.1087	0.1236	0.1256	0.1223
锡林郭勒	0.1322	0.1504	0.1564	0.1507	0.2067	0.2180	0.2213	0.2757	0.2757	0.3057	0.3139	0.3131	0.3025
阿拉善	0.2052	0.1821	0.2086	0.1988	0.2093	0.2125	0.2251	0.2733	0.2733	0.2901	0.2701	0.2656	0.2864

3. 相关性检验

变量相关性检验是实证分析的重要步骤之一，在进行分析之前进行变量相关性检验可以初步了解变量之间是否存在线性关系，以及这种关系的强度和方向。通过考虑变量之间的相关性，可以构建更加稳健的理论模型，并为后续回归分析或其他统计方法提供基础，提高模型的准确性和稳健性。因此，利用软件 SPSS PRO 对各变量之间的相关性进行了检验，表 8.4 即为各变量之间相关性检验结果。实证显示，经济高质量发展与科技创新政策的相关系数为正，即两者之间存在显著的正向相关性，初步认为增强科学技术支出可以进一步提升经济高质量发展水平，那么可以进一步通过空间杜宾模型来验证这种关系的具体形式和强度。分析其他控制变量，可以发现，产业结构优化与经济高质量的相关系数为 0.460，呈显著正相关关系，即第三产业规模越大，经济高质量发展水平相对更高；社会保障和文旅吸引力与经济高质量呈负相关，但不显著；政府干预程度与经济高质量在 1% 水平下显著负相关。

表 8.4　　　　　　　　　　各变量的相关性检验

变量	ecohq	lninno	isl	sgiyelv	lnlvyou	fin
ecohq	1					
lninno	0.299 ***	1				
isl	0.46 ***	0.5140 ***	1			
sgiyelv	−0.085	−0.131	0.043	1		
lnlvyou	−0.078	−0.133 *	0.055	0.994 ***	1	
fin	−0.345 ***	−0.519 ***	−0.018	0.213 ***	0.214 ***	1

注：*** 、* 分别代表 1% 、10% 的显著性水平下显著。

8.2　模 型 设 定

考虑到传统的计量回归方法无法揭示空间上的协同性与异质性，因此，进一步构建了内蒙古科技创新政策实施对经济高质量发展溢出效应检验的空间杜宾模型，来考察二者的空间效应状况。

8.2.1 空间相关性检验

在使用空间计量方法前，首先应该确定数据是否存在空间依赖性，如不存在，则无法使用空间杜宾模型。在空间自相关检验中，目前普遍使用的是莫兰指数。全局莫兰指数和局部莫兰指数是用于衡量空间自相关性的统计指标，它们广泛应用于空间自相关分析。全局莫兰指数用于分析整体上是否存在空间相关关系。当全局莫兰指数大于 0 时，表示所有地区的属性值在空间上有正相关性，即属性值越大（小）越容易聚集在一起；当全局莫兰指数小于 0 时，表示所有地区的属性值在空间上有负相关性，即属性值越大（小）越不容易聚集在一起；局部莫兰指数是全局莫兰指数的分解，能够揭示特定地区及其周边地区之间的空间溢出形式。全局莫兰指数与局部莫兰指数结合起来使用可以更全面地理解和分析空间数据中的自相关现象，具体公式如式（8.1）和式（8.2）所示：

$$I = \frac{\sum\limits_{i=1}^{n} \sum\limits_{j=1}^{n} w_{ij}(x_i - \bar{x})(x_j - \bar{x})}{S^2 \sum\limits_{i=1}^{n} \sum\limits_{j=1}^{n} w_{ij}} \qquad (8.1)$$

$$I_i = \frac{(x_i - \bar{x})}{S^2} \sum\limits_{j=1}^{n} w_{ij}(x_j - \bar{x}) \qquad (8.2)$$

其中 I 为全局莫兰指数，I_i 为局部莫兰指数，S^2 为样本方差，w_{ij} 为空间权重矩阵的（i，j）元素（用来度量区域 i 与区域 j 之间的距离），$\sum\limits_{i=1}^{n} \sum\limits_{j=1}^{n} w_{ij}$ 为所有权重之和。莫兰指数 I 一般介于 $-1 \sim 1$，大于 0 表示存在正的空间相关性；小于 0 则存在负的空间相关性；如果莫兰指数 I 接近于 0，则说明不存在空间相关性。

8.2.2　空间面板模型构建

在市场无形之手的推动下，实际经济运行中任何一个地区的经济发展都不可能完全独立运作，而是会与其他经济体之间存在着紧密而复杂的联系。这种联系是经济活动空间特性的具体体现。它使得各地区，特别是空间距离相对较近的地区之间的经济发展呈现出相互影响、相互依赖的现象。考虑到科技创新政策对区域经济高质量发展的影响不仅仅存在内部，还可能是跨区域的，因此本部分采用空间计量模型实证研究科技创新政策与区域经济高质量发展之间可能存在的空间相关关系。

空间计量模型主要包括空间滞后模型（SLM）、空间误差模型（SEM）以及空间杜宾模型（SDM），空间面板一般模型表达式如式（8.3）和式（8.4）所示：

$$y_{it} = \tau y_{i,t-1} + \rho w' y_t + x'_{it} \beta + d'_i X_t \delta + u_i + \gamma_t \tag{8.3}$$

$$\epsilon_{ij} = \lambda m'_i \varepsilon_t + v_{it} \tag{8.4}$$

其中，$y_{i,t-1}$ 表示被解释变量 y_{it} 的一阶滞后；$d'_i X_t \delta$ 表示解释变量的空间滞后，d'_i 表示相应的空间矩阵 D 的第 i 行；γ_t 表示时间效应；m'_i 表示扰动干扰项空间矩阵 M 的第 i 行。如果 $\lambda = 0$，则为空间杜宾模型（SDM 模型）；如果 $\lambda = 0$ 且 $\delta = 0$，则为空间自回归模型（SAR 模型）；如果 $\tau = 0$ 且 $\delta = 0$，则为空间自相关模型（SAC 模型）；如果 $\tau = \rho = 0$ 且 $\delta = 0$，则为空间误差模型（SEM）。

8.3　空间相关性分析

8.3.1　全局空间自相关分析

利用 Stata18.0 软件，测算了 2010~2022 年内蒙古 12 盟市经济高质量发展的全局莫兰指数，结果如表 8.5 所示。可以看出，2010～2022 年内蒙古经济高质量发展全局莫兰指数均为正值，且相对应的 P 值均通过了 10% 的显著性水平检验，表明内蒙古 12 盟市经济高质量发展在空间上是相互关联的，具有显著的空间依赖集聚特征，初步可以判断 2010～2022 年内蒙古 12 盟市经济高质量发展存在正的空间依赖性。全局莫兰指数在 0.095～0.194 波动，表现出较强的空间稳定性，综合考虑需要使用空间杜宾模型进行分析。因此，基于空间视角对区域经济高质量发展进行分析是合理的。

表 8.5　2010～2022 年内蒙古经济高质量发展全局空间相关分析结果

年份	全局莫兰指数	Z 值	p 值
2010	0.111*	1.954	0.051
2011	0.105*	1.922	0.055
2012	0.110**	1.986	0.047
2013	0.120**	2.122	0.034
2014	0.105*	1.945	0.052
2015	0.095*	1.893	0.058
2016	0.110**	2.015	0.044
2017	0.101*	1.889	0.059
2018	0.134**	2.333	0.020
2019	0.163**	2.579	0.010
2020	0.129**	2.406	0.016
2021	0.153***	2.660	0.008
2022	0.194***	3.232	0.001

注：***、**、* 分别代表 1%、5%、10% 的显著性水平不显著。

8.3.2　局部空间自相关分析

为了进一步分析内蒙古 12 盟市经济高质量发展的空间异质性问题，选取了 2010 年、2012 年、2017 年和 2022 年的数据，绘制了内蒙古 12 个盟市的局部莫兰散点图（见图 8.1）。莫兰散点图是利用 local Moran's I 将观测值与其空间滞后项绘制成可视化的二维散点图，其水平轴基于观测值，垂直轴基于水平轴上相应观测的加权平均或空间滞后。莫兰散点图提供了周围的空间关联在每个观察对象周围的可视化表示，有助于可视化变量数据在空间上的聚类或自相关方式。具体来说，莫兰散点图的第一象限代表高观测值区域单元被高观测值区域包围的空间联系形式，第二象限代表低观测值区域被高观测值区域包围，第三象限代表低观测区域被低观测区域包围，第四象限代表高观测值区域单元被低观测值区域包围。

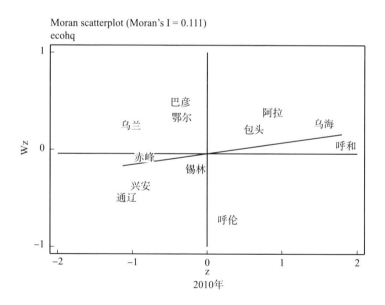

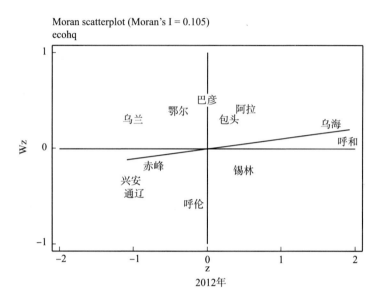

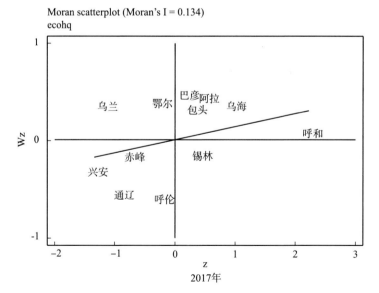

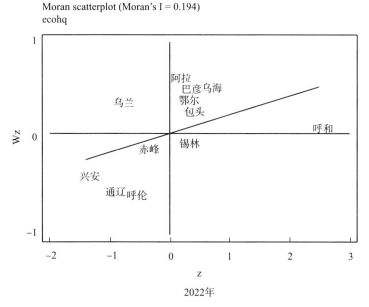

图 8.1　内蒙古 12 盟市的局部莫兰散点图

　　由图 8.1 可知，内蒙古这四个年度的莫兰指数分别为 0.111、0.105、0.134 和 0.194。上述四个观测年度内，内蒙古 12 盟市在各象限的分布情况基本没有变化，只是各象限内部的相对位置存在一定差别。具体而言，第一象限主要为呼和浩特市、包头市、乌海市和阿拉善盟；第二象限主要为乌兰察布市和鄂尔多斯市；第三象限主要为赤峰市、兴安盟、通辽市和呼伦贝尔市；第四象限为锡林郭勒盟。第一象限中，呼和浩特市、包头市作为呼包鄂榆城市群的重要组成部分，区域空间集聚特征明显，产生极化和扩散两种效应。第三象限为赤峰市、兴安盟、通辽市和呼伦贝尔市四个盟市，区域空间集聚特征并不明显，极化和扩散两种效应亦表现为不显著。

8.4 空间模型的选择和结果估计

8.4.1 LM 检验和 Hausman 检验

空间相关性检验初步判断内蒙古 12 盟市经济高质量存在显著的空间相关性，因此需要考虑使用空间模型进行分析。首先需要进行 LM 检验（Lagrange multiplier test）和 Hausman 检验。在空间杜宾模型中，LM 检验扮演着重要的角色。它主要用于检验空间滞后和空间误差是否存在。如果通过了空间滞后的 LM 检验，那么可以选择空间滞后模型；如果通过了空间误差的 LM 检验，那么可以选择空间误差模型。当两个 LM 检验都通过时，初步认定使用空间杜宾模型（SDM）最合适，此时可以进一步通过后续检验来最终确定。而 Hausman 检验常用于比较固定效应模型和随机效应模型。固定效应模型假设每个个体或时间段的截距项是固定的，而随机效应模型则假设截距项是随机的。

表 8.6 为 LM 检验结果，可以发现 LM - err 检验、R - LM - err 检验、LM - lag 检验、R - LM - lag 检验的值均通过显著性水平，拒绝原假设，说明空间误差项和空间滞后项均适用。但当 Robust LM - err 检验、Robust LM - lag 检验的值均显著，需考虑使用应用更为广泛的空间杜宾模型。在 Hausman 检验中可知，P 值不显著，拒绝原假设，即随机效应模型比固定效应模型更具有统计优势，选择随机效应模型更为合适。但由于本章选用的数据类型为面板数据，可能存在包括无法观测到的遗漏变量，如个体的先天特征或某些固定不变的因素，这些因素在时间上保持不变，但在个体间可能存在差异。使用固定效应模型能够控制特定个体或群体的固定特性，消除这些遗漏变量的影响，从而更准确地估计自变量与因变量之间的关系，同时较好地解决面板数据中可能存在的内生性问题、异方差问题和序列相关问题等，使估计结果更加稳健。

因此，本部分选取固定效应模型进行空间实证分析。

表 8.6　　　　　　　　　　　　　　　**LM 检验**

	Test	Statistic	df	p-value
Spatial error	Moran's I	10. 111	1	0. 000
	Lagrange multiplier	76. 270	1	0. 000
	Robust Lagrange multiplier	6. 056	1	0. 014
Spatial lag	Lagrange multiplier	72. 960	1	0. 000
	Robust Lagrange multiplier	2. 746	1	0. 098

8.4.2　LR 检验和 Wald 检验

LM 检验和 Hausman 检验能够确定 SDM 模型是否适用，但还需要 LR 检验和 WALD 检验来进行稳健性检验，以检测 SDM 模型是否可简化为空间误差模型或者空间滞后模型。在空间杜宾模型（spatial durbin model，SDM）中，LR 检验（似然比检验）和 WALD 检验都是常用的统计检验方法，用于验证模型的假设和选择。在空间杜宾模型的背景下，LR 检验可以用来比较包含不同空间效应（如空间滞后和空间误差）的模型。通过计算两个模型的似然函数值之比，LR 检验能够评估增加空间效应是否显著提高了模型的拟合效果。如果 LR 检验的结果显著，则意味着增加空间效应是有意义的，从而支持使用空间杜宾模型。WALD 检验则是一种基于参数估计值的检验方法。在空间杜宾模型中，WALD 检验通常用于检验模型的约束条件是否成立。具体而言，它先对无约束模型（即空间杜宾模型）进行估计，得到参数的估计值，然后代入约束条件（如某些参数应该为零或相等）进行检查。如果 WALD 检验的结果显著，则意味着约束条件不成立，从而支持无约束模型（即空间杜宾模型）的有效性。

表 8.7 为 LR 检验和 WALD 检验结果。可以看出，在 LR 检验中，

通过 SAR 模型与 SDM 模型以及 SEM 模型与 SDM 模型的比较，发现其 LR 值均通过了 1% 的显著性水平检验；在 Wald 检验中，其值也通过了 1% 的显著性水平，说明不能退化为空间误差模型或者空间滞后模型，因此判断 SDM 模型更为适合内蒙古科技创新政策实施对经济高质量发展激励效应的空间计量分析。

表 8.7   **LR 检验和 WALD 检验**

LR 检验	检验结果
Likelihood-ratio test	LR chi2（5）= 28.37
（Assumption：sar_a nested in sdm_a）	Prob > chi2 = 0.0000
Likelihood-ratio test	LR chi2（5）= 37.40
（Assumption：sem_a nested in sdm_a）	Prob > chi2 = 0.0000
WALD 检验	chi2（5）= 24.34
	Prob > chi2 = 0.0002

8.5 SDM 个体固定模型下的效应及其分解

表 8.8 展示了内蒙古 12 盟市科技创新政策实施对经济高质量发展水平的空间溢出效应，以及产业结构升级、社会保障、文旅吸引力和政府干预程度对经济高质量发展的影响。空间溢出效应表明：（1）在个体固定模型中，空间溢出系数 rho 值在 1% 的显著性水平下为正值，说明本盟市的经济高质量发展水平每提高 1%，则临近盟市的经济高质量发展水平就会增加 0.484%。这表明内蒙古 12 盟市的经济高质量发展水平存在明显的空间扩散效应，即一个盟市的经济高质量发展水平的提升会带动其邻近盟市的相应提升。这种效应可能源于地区间的经济合作、资源共享以及知识与技术传播。与此同时，这种空间扩散效应的强度超过了盟市间的辐射带动效应，这也意味着内蒙古各盟市之间的经济联系紧密程度较高。（2）科技创新政策实施对经济高质量的基准回归系数

在1%的显著性水平下为0.019，空间杜宾的回归系数在5%的显著性水平下为0.030。这表明不仅本盟市的科技创新政策能推动其经济高质量发展，还能通过空间溢出效应促进邻近盟市的经济高质量发展。产生该结果可能的原因是科技创新政策实施能够促进技术进步、提升生产效率、推动研究样本周边地区产业链上下游联动，并对经济高质量发展产生显著的正向外溢效应。

表 8.8　　　　　　　　　　　个体固定下 SDM 模型

变量	ecohq	Std.	z	P > |t|
lninno	0.019 ***	0.005	3.370	0.001
isl	0.185 ***	0.045	4.020	0.000
sgiyelv	0.002	0.007	0.260	0.792
lnlvyou	− 0.007	0.004	− 1.640	0.101
fin	− 0.169 **	0.063	− 2.520	0.012
WxLninno	0.030 **	0.012	2.380	0.017
Wxisl	0.262 **	0.127	2.060	0.039
Wxsgiyelv	0.075 ***	0.017	4.240	0.000
WxLnlvyou	0.013	0.008	1.480	0.139
Wxfin	0.053	0.149	0.350	0.723
rho	0.484 ***	0.084	5.770	0.000
sigma2_e	0.0004 ***	0.000	8.710	0.000

注：*** 、** 分别表示在1%、5%的显著性水平下显著。

控制变量回归结果表明：（1）在其他影响因素中，产业结构升级在5%的显著性水平下为0.262，说明产业结构升级对经济高质量发展具有显著的正向空间溢出效应。产生该结果可能的原因是，产业结构升级意味着从低附加值、高污染、高能耗的产业向高附加值、低污染、低能耗的产业转变，这是实现经济高质量发展的关键途径之一。（2）社会保障以失业率衡量，对经济高质量发展的系数在 1% 的显著性水平下为 0.075，该结果表明失业率增加与经济高质量发展提升之间看似存在某种关联，但这并不符合一般经济理论和常规认知。通常，高失业率被视为经济不景气的标志，而非推动经济高质量发展的因素。因此，产生该结果可能的原因是，在某些情况下，经济结构的转型和升级可能导致传统行业的失业，同时新兴行业和领域则快速发展。这种转型期间，失业率上升可能伴随着新兴产业的崛起和经济增长点的转移，从而推动经济向更高质量发展。但这种情况通常需要一段时间才能显现，且在很大程度上依赖于新兴产业的成熟度和市场接受度。（3）文旅吸引力对经济高质量的系数不显著，这可能意味着内蒙古的旅游产业发展还存在尚待着重完善之处，如旅游资源开发不足、旅游服务质量不高、旅游市场营销举措不够有力等。这些问题可能限制了旅游产业对全区经济高质量发展的推动作用。（4）政府干预程度对经济高质量的系数在 1% 的显著性水平下为 −0.169，说明政府干预程度对经济高质量发展具有显著的负向空间溢出效应。这一结果表明政府干预程度对经济高质量发展具有显著的负向空间溢出效应，意味着在某些情况下，过度或不适当的政府干预可能会抑制经济的健康发展。但这并不意味着政府不应该进行任何形式的干预，而是需要在适当的范围内进行引导，以促进经济的可持续发展。一般而言，政府干预经济的初衷主要是为了纠正市场失灵和提供公共品，而不是为了取代市场机制。因此，政府在干预经济时需要遵循因势利导的原则，避免过度干预和扭曲市场机制。

根据空间经济学理论，一个地区的经济活动与相邻地区相联系，通常表现为显著的空间相关性和依赖性。科技创新政策实施效果在促进本地区经济高质量发展的同时，通过推动知识溢出和创新扩散对临近盟市产生"扩散效应"，带动临近盟市创新水平的提升，从而促进邻近地区经济高质量发展。为了进一步分析内蒙古科技创新政策实施效果对经济高质量发展的空间影响，本部分研究进一步利用偏微分方程将空间效应分解为直接效应、间接效应和总效应。

直接效应是科技创新政策实施效果最直观的体现。当某一盟市积极推行科技创新政策时，这些政策会直接作用于该盟市的创新体系，激发创新活力，优化资源配置，从而推动该盟市的经济结构升级和产业转型。这种直接效应不仅表现在新技术的应用和新产品的开发上，更体现在对传统产业的改造和升级上，使得该盟市的经济发展更具可持续性和竞争力。间接效应，即空间溢出效应，是科技创新政策实施效果的另一重要方面。在区域经济发展的过程中，各盟市之间的经济联系日益紧密，创新活动也不再局限于某一特定区域。当某一盟市的科技创新政策取得显著成效时，其创新成果、技术经验和先进理念往往会通过知识溢出和创新扩散等方式传播到邻近盟市。这种空间溢出效应不仅有助于邻近盟市提升创新能力和经济发展水平，还能够促进整个区域的经济一体化、协调化。总效应则是直接效应和间接效应的综合体现，它全面反映了科技创新政策实施效果对经济高质量发展的整体影响。内蒙古作为资源禀赋优势的地区，科技创新政策的总效应尤为显著。这些政策不仅直接推动了本盟市的经济高质量发展，还通过空间溢出效应带动了邻近盟市的经济发展，从而实现了区域经济的协同发展和整体提升。

表 8.9 表明，核心解释变量科技创新政策实施效果对于经济高质量发展的总效应在 1% 的显著性水平下为正值，说明科技创新政策实施效果有利于经济高质量发展。直接效应和间接效应均通过了 5% 的显著性水平检验，间接效应占总效应比重为 75%，说明科技创新政策实施效果具有较强的空间溢出效应，在促进本盟市经济高质量发展的同时，对邻近盟市亦有很强的扩散效应。其可能的原因是，内蒙古正处于新旧动能转换的重要发展阶段，创新驱动成为推动经济转型和高质量发展的重要动力。在这一背景下，各盟市都积极寻求创新突破，以科技创新引领经济发展。这种创新氛围的形成为知识溢出和创新扩散提供了有利条件。具体表现为，一方面，创新驱动的内生动力是对传统经济增长模式的创新，通过对人才、劳动、资本等要素的重新分配，打破原有传统要素驱动的经济增长方式，提高产业发展的质量，倒逼区域产业结构转型升级，从而促进经济高质量发展；另一方面，创新驱动可以提高全要素生产率，促使生产方式和生产技术朝着更有效率的方向提升，在消耗更

少资源的同时创造更多的附加值，从而导致劳动生产率和效率不断提升，进而实现经济高质量发展。

表 8.9 　　　　　　　　　直接效应、间接效应和总效用

变量	直接效应	间接效应	总效应
	ecohq	ecohq	ecohq
lninno	0.024 *** (0.006)	0.072 ** (0.029)	0.096 *** (0.032)
isl	0.220 *** (0.065)	0.633 ** (0.255)	0.853 *** (0.276)
sgiyelv	0.012 (0.010)	0.139 *** (0.043)	0.151 *** (0.048)
lnlvyou	−0.006 (0.006)	0.020 (0.014)	0.014 (0.015)
fin	−0.158 (0.126)	−0.040 (0.191)	−0.198 (0.215)
Ind	Yes	Yes	Yes
Observations	156	156	156
R-squared	0.387	0.387	0.387
Number of cities	12	12	12

注：*** 、** 分别表示在1%、5%的显著性水平下显著，括号内为标准误。

8.6 稳健性检验

稳健性检验是确保研究结论可靠性和有效性的重要环节，本部分选择的稳健性检验方法为缩尾处理数据。缩尾处理是一种常用的数据处理方法，用于处理数据中的离群值或极端值，以减少它们对整体数据分析的影响。缩尾处理的具体操作是，将数据中超过某个阈值的极端值进行

剪裁，使其回归到一定的范围内。这样可以使数据的分布更加合理，提高数据分析的稳定性和准确性。本部分在通过对数据进行上下 1% 的缩尾处理后，进一步检验了科技创新政策实施对经济高质量发展影响的稳健性，如表 8.10 所示。

表 8.10　　　　　　　　　　　稳健性检验

变量	SDM 模型	直接效应	间接效应	总效应
	ecohq	ecohq	ecohq	ecohq
lninno	0.019 *** (0.005)	0.024 *** (0.005)	0.074 *** (0.028)	0.098 *** (0.031)
isl	0.185 *** (0.045)	0.217 *** (0.068)	0.580 ** (0.236)	0.797 *** (0.253)
sgiyelv	0.008 (0.007)	0.018 * (0.010)	0.148 *** (0.051)	0.166 *** (0.057)
lnlvyou	- 0.007 * (0.004)	- 0.005 (0.006)	0.029 * (0.017)	0.024 (0.020)
fin	- 0.149 ** (0.064)	- 0.144 (0.127)	0.020 (0.197)	- 0.125 (0.203)
WxLninno	0.031 ** (0.012)			
Wxisl	0.235 * (0.124)			
Wxsgiyelv	0.077 *** (0.019)			
WxLnlvyou	0.018 ** (0.009)			
Wxfin	0.079 (0.148)			

续表

变量	SDM 模型	直接效应	间接效应	总效应
	ecohq	ecohq	ecohq	ecohq
rho	0. 483 ** (0. 084)			
sigma2_e	0. 001 *** (0. 000)			
R-squared	0. 328	0. 328	0. 328	0. 328
N	156	156	156	156
Ind	Yes	Yes	Yes	Yes

注: *** 、 ** 、 * 分别表示在1% 、5% 、10% 的显著性水平下显著, 括号内为标准误。

表 8.10 表明, 在缩尾处理后的数据中, 科技创新政策实施对经济高质量的系数仍在 1% 显著性水平下为正, 说明在排除极端值的影响后, 科技创新政策对经济高质量发展的促进作用依然存在。这一结果进一步支持了之前的结论, 即科技创新政策实施能够提升经济高质量发展水平, 且内蒙古科技创新政策对经济高质量发展有着显著的正向空间效应。此外, 经过效应分解后, 直接效应、间接效应和总效应均显著为正, 这进一步验证了科技创新政策实施对经济高质量发展的多维度影响。其中, 直接效应表明科技创新政策在本地盟市内的直接影响显著, 而间接效应则体现了政策对邻近盟市的溢出效应。回归结果表明, 科技创新政策的实施不仅有利于本盟市的经济高质量发展, 还能通过知识溢出和创新扩散等方式带动邻近盟市的发展。综上所述, 科技创新政策实施能提升经济高质量发展水平的结论是可靠的。这一结论不仅为政策制定者提供有力支持, 也为未来的研究提供更多参考和有益借鉴。

第四篇
内蒙古全要素生产率评价
与效应研究

第9章　内蒙古全要素生产率的测度与分析

本章采用 DEA – Malmquist 指数方法，从横向和纵向两个尺度，对内蒙古全区及各盟市的全要素生产率水平进行测算，并对实证结果进行系统分析。

9.1　研究设计

9.1.1　研究工具

全要素生产率对于评估经济增长的质量和可持续性具有重要意义。它是一个综合反映生产效率提高、技术进步和生产创新等因素对经济增长贡献的重要指标。一方面，全要素生产率的提升可以促进经济增长，也就是说，全要素生产率的提升意味着单位投入可以带来更多的产出，从而提高经济增长；另一方面，全要素生产率是衡量经济高质量发展的重要指标之一，它反映的是在既定生产要素投入水平下，所达到的额外生产效率，这包括了技术进步、规模效应、组织管理改善等无形要素发挥作用产生的增长。

在内蒙古这样的资源丰富地区，全要素生产率的测度与分析尤为重要，因为它有助于揭示经济增长的动力、评估资源利用的效率以及识别可持续发展的障碍。全要素生产率的测算方法有很多种，包括索洛生产函数法、拉索生产函数法、代数指数法、数据包络分析法（DEA）和随机前沿生产函数法（SFA）等。其中，数据包络分析（DEA）方法在全要素生产率测算方面具有比较成熟的运用。尹朝静等（2022）基于2000～2017年中国大陆1173个县域的面板数据，采用序列DEA方法对县域农业TFP增长进行测度，并使用Dagum基尼系数和核密度估计系统考察县域农业TFP增长的地区差异及其动态演进。张子申和金明伟（2022）运用序列DEA－Malmquist生产率指数法测算了中国中部六省2000～2020年的全要素生产率增长率及其分解指标。综上所述，考虑到资源环境和绿色发展的需求，本章选择数据包络分析法（DEA）对内蒙古全要素生产率进行测度分析的测算方法。

DEA模型最早是由查恩斯等（Charnes et al.）在1978年提出用来评价效率的方法。它主要包括三个基本的模型：CCR模型，BCC模型和DEA－Malmquist指数模型，现将这一模型基本原理简要介绍如下：

（1）CCR模型和BCC模型。CCR模型是在规模报酬可变的条件下实现的，只能用来测算技术效率。但现实中技术创新的规模报酬是变化的，不确定因素的改变可能会使得某些决策单元无法以最佳规模效率运行。因此，班克等（Banker et al.）在1984年提出了BCC模型。当一些决策单元没有以最佳规模运行时，规模效率会影响技术效益的度量，因此，BCC模型是假设规模报酬可变的前提下，用来测算综合效率，纯技术效率和规模效率。在构建BCC模型时，在假定规模报酬可变的条件下，改变CCR模型的约束条件，便可得到BBC模型，如式（9.1）所示：

$$
\begin{cases}
\min \left(\theta - \varepsilon(\hat{e}^T S^- + e^T S^+) \right) \\
\text{s. t.} \sum_{j=1}^{n} X_j \lambda_j + S^- = \theta X_0 \\
\sum_{j=1}^{n} X_j \lambda_j - S^+ = Y_0 \\
\sum_{j=1}^{n} \lambda_j = 1 \\
\lambda_j \geq 0,\ S^- \geq 0,\ S^+ \geq 0
\end{cases}
\tag{9.1}
$$

式（9.1）中 X 表示投入变量，Y 表示产出变量，S^- 为投入冗余，S^+ 为产出冗余，ε 表示非阿基米德无穷小量，λ_j 为权重变量。θ 表示技术创新效率，θ 介于 $0 \sim 1$，若 θ 值等于 1，且投入冗余和产出冗余都为 0，则说明 DEA 值是有效的，投入产出达到最优。

（2）DEA - Malmquist 指数模型。传统的 CCR 和 BBC 模型主要用来测量固定时间的效率，而 DEA - Malmquist 指数模型是用来测算决策单元的效率在某时间段内的动态变化情况。DEA - Malmquist 指数模型一般选用面板数据，使用距离函数来进行计算。其数学模型可表述为式（9.2）和式（9.3）：

$$m_0^t(x_t, y_t, x_{t+1}, y_{t+1}) = D_0^t(x_{t+1}, y_{t+1})/D_0^t(x_t, y_t) \qquad (9.2)$$

$$m_0^{t+1}(x_t, y_t, x_{t+1}, y_{t+1}) = D_0^{t+1}(x_{t+1}, y_{t+1})/D_0^{t+1}(x_t, y_t) \qquad (9.3)$$

其中（x_t，y_t）和（x_{t+1}，y_{t+1}）分别表示 t 时期和 t + 1 时期的投入，D_0^t（x_t，y_t）和 D_0^{t+1}（x_{t+1}，y_{t+1}）分别表示 t 和 t + 1 时期的距离函数。从 t 时期到 t + 1 时期的 Malmquist 指数可以表示为式（9.4）：

$$M_0(x_t, y_t, x_{t+1}, y_{t+1}) = \frac{D_0^t(x_{t+1}, y_{t+1})}{D_0^t(x_t, y_t)} \times \frac{D_0^{t+1}(x_{t+1}, y_{t+1})}{D_0^{t+1}(x_t, y_t)}$$

$$(9.4)$$

该生产率指数又可以分解为面向输入的技术效率（EFFCH）和技术进步（TECHCH），其过程如式（9.5）~式（9.7）所示：

$$M_0(x_t, y_t, x_{t+1}, y_{t+1}) = \frac{D_0^{t+1}(x_{t+1}, y_{t+1})}{D_0^t(x_t, y_t)} \times \sqrt[2]{\frac{D_0^t(x_{t+1}, y_{t+1})}{D_0^{t+1}(x_{t+1}, y_{t+1})} \times \frac{D_0^t(x_{t+1}, y_{t+1})}{D_0^{t+1}(x_t, y_t)}}$$

$$(9.5)$$

$$\text{EFFCH} = D_0^{t+1}(x_{t+1}, y_{t+1})/D_0^t(x_t, y_t) \qquad (9.6)$$

$$\text{TECHCH} = \sqrt[2]{\frac{D_0^t(x_{t+1}, y_{t+1})}{D_0^{t+1}(x_{t+1}, y_{t+1})} \times \frac{D_0^t(x_{t+1}, y_{t+1})}{D_0^{t+1}(x_t, y_t)}} \qquad (9.7)$$

技术效率又可以分解为规模效率（SECH）和纯技术效率（PECH）两部分，如式（9.8）和式（9.9）所示：

$$\text{SECH} = \frac{D_0^{t+1}(x_{t+1}, y_{t+1} \mid \text{CRS})}{D_0^t(x_t, y_t \mid \text{CRS})} \times \frac{D_0^t(x_t, y_t \mid \text{VRS})}{D_0^t(x_t, y_t \mid \text{CRS})} \qquad (9.8)$$

$$\text{PECH} = D_0^{t+1}(x_{t+1}, y_{t+1} \mid \text{VRS})/D_0^t(x_t, y_t \mid \text{VRS}) \qquad (9.9)$$

当 Malmquist 指数大于 1 时，表明效率是随时间变化提高的；当 Malmquist 指数等于 1 时，表明效率是不会随时间变化而变动；当 Malmquist 指数小于 1 时，表明效率随时间变化而下降。由于该效率可分解成技术效率和技术进步，因此，若 Malmquist 指数大于 1 时，技术效率小于 1，技术进步大于 1，则可判断技术进步是促进 Malmquist 指数增长的主要因素，反之亦然。

9.1.2 指标选择

当前，我国经济发展正在经历转型升级的关键时期，产业结构优化和经济发展动能都在经历广泛而深刻的变化过程。在这一持续深入演变过程中，依靠人口数量红利、全社会投资规模及外需拉动等支持经济发展的传统主导动能，正在被以科技创新为主要内容的新主导动能逐步替代。数字经济作为"技术+经济"衍生出的具有网络示范效应的新经济形态，通过协同推动产业结构合理化，产业水平高级化、提升资源要素集中应对能力、助推智能制造产业发展行稳致远等，可以进一步增强科学技术进步对经济增长的贡献率，从而高标准实现经济高质量发展。全要素生产率主要体现为经济增长中产出与投入之间一定的比例关系，不仅反映生产技术水平对经济增长贡献的重要性，也反映生产效率的高低。全要素生产率的提升不仅可以通过技术进步带动，也可以通过降低市场分割度、优化生产要素资源配置状况（方建春等，2020），引导生产要素实现从生产效率较低的领域向生产效率较高的领域的过渡来实现。

具体来看，全要素生产率通过推动经济结构优化与转型升级、引导资源和要素向高效率部门流动来为技术创新创造良好的外部条件，从而为高质量发展提供强有力支撑。同时，由于在生产函数中全要素生产率以残差形式出现，而这个残差中部分是由技术创新所贡献的，因此在技术创新促进高质量发展的路径中全要素生产率的作用可能存在不确定性。参考薛阳等（2022）对产业集聚效率、全要素生产率等相关研究以及内蒙古全要素生产率研究的实际需要，从投入指标和产出指标两方面构建内蒙古全要素生产率测度指标体系。具体代理变量选择情况，如表 9.1 所示：

表 9.1 内蒙古 12 盟市全要素生产率测度指标体系

一级指标	二级指标	三级指标
投入指标	劳动力投入	就业人员总和
	资本投入	资本存量
产出指标	期望产出	实际地区生产总值

1. 投入指标

劳动力投入，是一个重要的经济指标，可以反映一个国家或地区在生产中所投入的人力资源状况。劳动力投入的数量和质量，直接决定了生产效率以及整体的经济表现。一方面，劳动力投入的增加可以通过提供更多的劳动力和提高技能来推动产出的增长；另一方面，劳动力素质的提升也是提高全要素生产率的关键因素。当劳动力具备更高的教育水平、技能水平和创新能力时，他们能够更好地适应新技术和新工艺，提高生产效率，进而推动全要素生产率的提升。综上所述，本章采用 2013~2022 年内蒙古 12 盟市全社会就业人员数来衡量劳动力投入。

资本投入，它是指在生产过程中所使用的物资和货币的总和，涵盖了固定资本和流动资本等各个方面。资本投入的增加可以提高生产规模，有助于改进生产工艺，从而可能带来更高的产出和效益。一方面，资本投入的增加往往伴随着技术进步和设备更新，这有助于提高生产效率，进而提升全要素生产率；另一方面，资本投入的优化和合理配置可以改善生产过程中的资源配置效率，减少浪费，从而提高全要素生产率。综上所述，本部分基于 2013~2022 年内蒙古 12 盟市的资本存量数据，运用张军等（2004）估算资本存量的方法，利用永续盘存法对资本投入进行估算，其计算式如式（9.10）所示：

$$K_{it} = K_{i(t-1)}(1 - \delta_{it}) + I_{it}/P_{it} \tag{9.10}$$

其中，K_{it} 表示第 i 个盟市第 t 年的固定资本存量，I_{it} 表示第 i 个盟市第 t 年的固定资本形成额，Pit 表示第 i 个盟市第 t 年的固定资产投资价格指数。由于缺乏内蒙古 12 盟市历年资本形成总额和固定资产价格指数的相关数据，因此各盟市当期资本采用全社会固定资产投资总额替代，各盟市固定资产投资价格指数采用内蒙古固定资产投资价格指数替代。δ 为折旧率，取值为 9.6%。对于基期（2013 年）的资本存量，采用 2012 年固定资产总额除 10% 作为初始值。

2. 产出指标

期望产出，简单来说就是好的或期待的产出，也是对总体目标有益、符合预期的产出。例如，在制造车间，期望产出可能主要表示为货物的生产量、货物的盈利额等；在农业生产中，期望产出通常指主产品的产值，如奶牛养殖的期望产出为主要产品牛奶的产量和经济收益。当期望产出增加时，这通常意味着生产过程的效率得到了提升，可能来源于技术进步、管理改善或资源配置的优化，这些正是全要素生产率所关注的内容。因此，期望产出的增加往往伴随着全要素生产率的提升。反过来，全要素生产率的提升也有助于增加期望产出，通过技术进步和资源配置优化，企业可以在相同的要素投入下获得更高的产出，这直接促进了期望产出的增加。综上所述，本部分研究利用 2013 ~ 2022 年内蒙古 12 盟市的地区生产总值和生产总值指数，将名义 GDP 转化为以 2013 年为基期的实际 GDP，以此衡量期望产出。

9.1.3　数据来源

本部分所需数据主要来源于有关年度《内蒙古统计年鉴》，以及相关年度各盟市的统计年鉴、内蒙古自治区国民经济和社会发展统计公报、各级政府政府工作报告、各盟市国民经济和社会发展统计公报、Wind 金融数据库等。其中，个别缺失数据采用线性插补法进行补充。

9.2　实证结果与分析

9.2.1　全要素生产率测度结果

运用 Deap2.1 软件，基于 2013～2022 年内蒙古 12 盟市的面板数据，计算得到各盟市全要素生产率值，见表 9.2。

表 9.2　　　　　2013～2022 年内蒙古 12 盟市全要素生产率值

盟市	2013年	2014年	2015年	2016年	2017年	2018年	2019年	2020年	2021年	2022年
呼和浩特市	1.073	1.017	1.069	1.016	1.072	1.083	1.080	1.034	1.123	1.056
包头市	1.029	1.001	1.033	1.043	1.076	1.107	1.088	1.099	1.200	1.091
乌海市	1.033	0.983	0.907	1.066	1.082	0.852	1.167	1.088	1.297	1.131
赤峰市	1.030	1.058	1.033	1.011	0.712	1.039	1.074	0.987	1.067	1.033
通辽市	1.000	0.946	1.019	1.008	0.612	1.025	0.928	1.087	1.127	1.101
鄂尔多斯市	1.063	0.977	1.038	1.023	0.792	1.052	0.959	0.995	1.333	1.195
呼伦贝尔市	1.029	1.061	1.027	0.993	0.742	1.127	1.012	1.040	1.225	1.194
巴彦淖尔市	0.997	0.960	1.024	1.024	0.816	1.124	1.089	1.013	1.137	1.104
乌兰察布市	0.997	1.033	1.013	1.000	0.770	1.084	1.073	1.028	1.086	1.102
兴安盟	1.020	1.107	1.064	0.997	0.769	1.116	1.073	1.019	1.063	1.081
锡林郭勒盟	1.052	0.983	1.050	1.017	0.666	1.092	1.061	1.048	1.218	1.127
阿拉善盟	0.984	0.681	0.971	0.985	0.829	1.034	0.913	1.071	1.203	1.128

注：对原始数据整理后运用 Deap2.1 软件计算得到。

9.2.2　全要素生产率分析

内蒙古地域辽阔，东西跨度较大，为了更加精确地揭示全要素生产率在不同区域间的分布特征，本章将内蒙古的 12 盟市按照地理位置划分成三大区域：蒙东、蒙中和蒙西（参考 7.3.4 节具体划分结果）。本章选取了各区域内全部盟市的平均全要素生产率作为衡量指标，并绘制了 2013 ~ 2022 年内蒙古全区及其三大区域全要素生产率的时序图，见图 9.1。

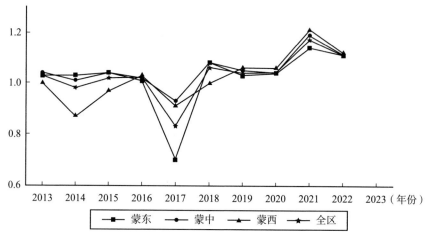

图 9.1 内蒙古和蒙东、蒙中、蒙西地区全要素生产率的时序变化

注：对原始数据整理后运用 Deap2.1 软件计算得到。

通过图 9.1 可以清晰地看到内蒙古全区及各区域全要素生产率的动态变化。从整体趋势上来看，内蒙古全区以及蒙东、蒙中两大区域的全要素生产率在研究期间呈现出波动上升的态势。尽管在某些年份会出现波动，但总体上看，全要素生产率是在逐步提升的。特别是蒙东地区，虽然在 2017 年遭遇了全要素生产率的低谷，可能的原因主要是技术进步效率未能得到充分有效地发挥。然而，尽管内蒙古 12 盟市的平均全要素生产率总体上呈现出波动上升的趋势，但并非所有区域的全要素生产率在整个研究期间都保持在 1 以上。这表明，尽管内蒙古各区域的全要素生产率提高速度在逐渐放缓，但整体上仍然在不断向前发展，这种增长后发动能的可能不足，提醒我们需要进一步加强科技创新和产业升级，以推动全要素生产率的持续提升。

从波动变化的视角来看，内蒙古全区的全要素生产率呈现出三个阶段的变化特征：2013～2016 年处于相对平稳的波动状态，2016～2017 年则出现了下降趋势，而 2017～2022 年又重回逐步上升通道。蒙东地区的全要素生产率也经历了类似的三个阶段变化，与全区的趋势大体一致。蒙中地区的全要素生产率则更为复杂，呈现出四个阶段的变化特征：2013～2016 年保持相对平稳；2016～2017 年经历了显著下降；2017～2020 年开始回升；2020～2022 年虽然有所起伏，但全要素生产率基本稳定在 1.1 左右。蒙西地区的全要素生产率则呈现出两个上升阶段和两个下降阶段的特征。

与内蒙古全区相比，蒙东地区在 2013～2015 年以及 2018～2022 年的全要素生产率超过了全区平均水平，而在其他年份则低于平均水平。蒙中地区的全要素生产率在整个研究期间均高于或等于全区平均水平，显示出较强的增长势头。蒙西地区在 2013～2016 年全要素生产率低于全区平均水平，但在其他年份则高于平均水平。进一步地，根据全要素生产率的高低，我们可以将各盟市划分为强有效地区、弱有效地区和无效率地区（见表9.3）。强有效地区指的是全要素生产率在研究期间有10 年或以上保持在 1 以上的地区，弱有效地区则是全要素生产率在 1 以下的年份数介于 0 到 10 的地区，无效地区则是全要素生产率在整个研究期间均未达到 1 的地区。根据这一标准，可以将内蒙古 12 盟市分为强有效地区和弱有效地区两类，其中仅有呼和浩特市和包头市属于强有效地区，其他盟市均属于弱有效地区。弱有效盟市的数量则明显多于强有效盟市，且强有效盟市主要集中在蒙中地区，弱有效盟市则主要分布在蒙东和蒙西地区。这一研究结果揭示了内蒙古各区域全要素生产率的分布特征及其变化趋势，为制定针对性、精准性的区域创新发展举措提供了有力依据。通过将各盟市划分为强有效地区和弱有效地区，可以更加准确地识别各地区在全要素生产率提升方面存在的问题和短板，为今后各盟市的政策制定和实施提供更加精准的目标和方向。

表9.3 各盟市的有效程度分类

有效程度	地区
强有效地区	呼和浩特市、包头市
弱有效地区	乌海市、赤峰市、通辽市、鄂尔多斯市、呼伦贝尔市、巴彦淖尔市、乌兰察布市、兴安盟、锡林郭勒盟、阿拉善盟
无效率地区	无

9.2.3 全要素生产率分解项均值分析

根据表9.4所示，2013~2022年，内蒙古全要素生产率的平均值为1.023，区域的生产效率整体呈上升趋势，年均增长率为2.3%。这一增长态势反映出内蒙古在经济发展过程中的资源配置效率和产出效益在不断提升。

表9.4 2013~2022年内蒙古全要素生产率及其分解值

年份	技术效率	技术进步	纯技术效率	规模效率	全要素生产率
2013	1.031	0.994	1.000	1.031	1.025
2014	1.099	0.889	1.035	1.062	0.987
2015	1.038	0.982	1.030	1.008	1.020
2016	1.007	1.008	0.996	1.011	1.015
2017	0.796	1.023	0.833	0.955	0.815
2018	1.048	1.010	1.057	0.991	1.059
2019	0.990	1.051	0.970	1.021	1.040
2020	1.014	1.027	0.997	1.017	1.042
2021	0.919	1.273	0.957	0.960	1.170
2022	0.977	1.137	0.999	0.978	1.111
均值	0.989	1.035	0.986	1.003	1.023

注：对原始数据整理后运用Deap2.1软件计算得到。

在全要素生产率增长的驱动力方面，通过对各项因素的分解分析可以发现，技术效率的平均增长率为 -1.1%，这意味着技术效率并未实现增长，反而出现了轻微的退步。技术进步是推动全要素生产率增长的主要动力，其平均增长率为 3.5%。规模效率的平均增长率为 0.3%，虽然增长幅度不大，但它是技术效率提升的一个重要因素，表明规模的扩张和优化在一定程度上促进了效率的提高。然而，内蒙古现有的技术潜力并未得到充分利用，技术效率的下降表明技术的实际使用效率并未达到预期水平，这在一定程度上抑制了全要素生产率的增长。

具体来看，全要素生产率在 2014 年和 2017 年出现了低于 1 的情况，这表明在这些年份内蒙古生产效率实际上存在下降压力。但从 2018 年开始，随着科技创新在区域经济社会发展中扮演的角色日渐重要，全要素生产率开始呈现出逐年上升的态势。尤其是在 2021 年，全要素生产率达到了 1.170 的高峰，成为 2013~2022 年的最高值。这一变化与内蒙古实施的一系列创新驱动政策密切相关，展现了其在提升科技实力和经济发展方面的决心和行动。通过实施"人才新政 30 条"等人才鼓励政策，吸引和留住不同层次的优秀人才，特别是高层次人才。发布"支持产业集群发展 12 条"等产业促进政策，旨在通过优化营商环境，不断激发企业的创新活力与创造能力。此外，内蒙古自治区人民政府办公厅于 2023 年 10 月还发布了《内蒙古自治区推动数字经济高质量发展工作方案（2023-2025 年)》，明确提出通过提升创新能力，促进创新链、产业链、政策链、资金链以及人才链的深度融合，加快数字技术在经济社会发展各领域的广泛应用和深入渗透。

根据全要素生产率增长源泉的不同，可以将研究样本年份分为两个阶段（见表 9.4)。第一阶段是 2013~2016 年，这一时期内全要素生产率的增长主要是由技术效率和技术进步共同推动的。第二阶段从 2017~2022 年，这一时期内全要素生产率的增长则主要依靠技术进步来拉动。这表明，尽管技术效率在短期内对生产率提升有所贡献，但从长远来看，技术进步才是决定性的动力，而技术效率的提升需要依赖于规模效率的改善和优化。因此，内蒙古在未来的发展中应当继续加强技术创新和应用，同时优化资源要素配置结构，提升技术使用效率，以实现全要素生产率的持续增长。

从表 9.5 中我们可以清晰地看到，2013～2022 年，内蒙古 12 盟市在全要素生产率（TFP）及其分解方面展现出了各自的特点和发展趋势。在这十年间，无论是哪个盟市，其全要素生产率都呈现出了较为稳健的增长态势，平均增长率达到了 2.3%，这也充分证明了内蒙古各盟市对于提高全要素生产率一系列政策举措正在发挥积极作用。

表 9.5 2013～2022 年各盟市全要素生产率变动情况

盟市	技术效率	技术进步	纯技术效率	规模效率	全要素生产率
呼和浩特市	1.023	1.038	1.014	1.009	1.062
包头市	1.043	1.031	1.031	1.012	1.075
乌海市	1.016	1.037	1.009	1.007	1.053
赤峰市	0.964	1.036	0.953	1.011	0.998
通辽市	0.932	1.045	0.920	1.013	0.973
鄂尔多斯市	1.000	1.034	1.000	1.000	1.034
呼伦贝尔市	1.001	1.036	0.988	1.013	1.037
巴彦淖尔市	0.991	1.034	0.980	1.011	1.025
乌兰察布市	0.979	1.036	0.968	1.011	1.014
兴安盟	0.990	1.036	0.997	0.994	1.026
锡林郭勒盟	0.984	1.037	0.974	1.010	1.021
阿拉善盟	0.946	1.024	1.000	0.946	0.969
均值	0.989	1.035	0.986	1.003	1.023

注：对原始数据整理后运用 Deap2.1 软件计算得到。

在对内蒙古 12 盟市的全要素生产率（TFP）进行比较分析后，可以发现包头市的全要素生产率均值达到了 1.075，居于所有盟市之首，这一结果进一步反映了包头市在提升效率和经济增长质量方面的突出表现。近年来，包头市始终坚持引导企业进行质量变革、效率变革和动力变革，以此提升全要素生产率，将解决制约企业发展的"卡脖子"技术和关键核心技术攻关作为工作的重中之重，为企业的创新发展提供了坚实后盾。相比之下，阿拉善盟的全要素生产率均值最低，为0.969。其中的原因可能在于阿拉善盟在技术效率方面存在明显的短板。技术效率作为衡量技术运用效果的重要指标，对于全要素生产率的提升具有举足轻重的作用，阿拉善盟在这方面的不足，制约了其全要素生产率的进一步增长。

从分解指数的角度分析，技术进步指数以3.5%的增长率领跑，显著推动了内蒙古各盟市全要素生产率的提升，凸显了技术进步在经济发展中的核心地位。然而，技术进步指数的快速增长与纯技术效率-1.4%的负增长形成鲜明对比，这一现象提示各盟市需着重关注技术效率的提升。各地规模效率的变化平均增长率为0.3%，虽增幅有限，但对全要素生产率的增长仍有积极贡献。呼和浩特市、乌海市、呼伦贝尔市、兴安盟等地区的全要素生产率和技术进步指数增长率均超过了全区平均水平，展现了这些地区在全要素生产率提升方面的成效显著。

为了深入剖析各盟市全要素生产率增长的动力来源，可将研究样本盟市划分为两类。第一类包括呼和浩特市、包头市、乌海市、鄂尔多斯市和呼伦贝尔市5个盟市，这些地区的全要素生产率增长既得益于技术进步，又离不开技术效率的提升，形成了技术进步与技术效率双轮驱动的发展模式。第二类涵盖赤峰市、通辽市、巴彦淖尔市、乌兰察布市、兴安盟、锡林郭勒盟和阿拉善盟7个盟市，这些地区在全要素生产率提升过程中，虽然技术效率有待提高，但凭借技术进步的强劲动力，仍实现了全要素生产率的稳定增长。然而，受到客观条件等因素影响，当前内蒙古各盟市在实施创新驱动发展战略过程中，普遍存在重视技术进步而忽视技术效率的问题。这种失衡现象可能导致已有技术未能充分发挥其创新效能，进而产生创新资源要素浪费。因此，内蒙古各盟市在未来发展中，在持续推进技术创新的同时，应更加注重提升技术效率，确保技术的更加充分有效利用，为经济社会的持续健康发展奠定坚实的技术基础。

9.2.4　全要素生产率投入产出冗余分析

通过运用 DEAP2.1 软件对 2022 年内蒙古非有效盟市的全要素生产率进行深入的投入产出分析，如表 9.6 所示，各盟市中，非有效盟市普遍表现出投入冗余和产出不足的特征，这在一定程度上反映了内蒙古在经济结构和产业发展过程中面临的突出挑战。从投入指标的角度来看，赤峰市、呼伦贝尔市、巴彦淖尔市、乌兰察布市和兴安盟在就业人员总和上存在显著的投入冗余。其中，呼伦贝尔市的投入冗余量尤为突出，高达 23.417 万人，这种投入冗余可能源于多种因素，其中最为显著的是产业结构不够优化和劳动力资源配置不合理。具体而言，这些盟市可能过度集中于劳动密集型产业，而这类产业往往附加值较低，无法充分吸纳和利用大量劳动力，从而导致了人力资源的浪费。此外，这些盟市在高新技术产业和现代服务业的投资不足，缺乏产业升级和经济转型的动力，这也是造成投入冗余的重要原因之一。

表9.6　　　内蒙古各盟市全要素生产率投入产出指标调整结果

盟市	项目	原始值	径向调整量	松弛调整量	DEA有效目标值
赤峰市	实际GDP（亿元）	2148.400	0.000	0.000	2148.400
	就业人员总和（万人）	202.700	-99.931	-6.279	96.490
	资本存量（亿元）	15859.440	-7818.673	0.000	8040.767
呼伦贝尔市	实际GDP（亿元）	1536.000	0.000	0.000	1536.000
	就业人员总和（万人）	103.600	-15.285	-23.417	64.898
	资本存量（亿元）	6560.590	-967.947	0.000	5592.643

盟市	项目	原始值	径向调整量	松弛调整量	DEA 有效目标值
巴彦淖尔市	实际 GDP（亿元）	1084.600	0.000	0.000	1084.600
	就业人员总和（万人）	85.700	−36.450	−7.639	41.611
	资本存量（亿元）	6591.730	−2803.598	0.000	3788.132
乌兰察布市	实际 GDP（亿元）	41017.900	0.000	0.000	1017.900
	就业人员总和（万人）	75.700	−26.874	−10.656	38.170
	资本存量（亿元）	5459.760	−1938.267	0.000	3521.493
兴安盟	实际 GDP（亿元）	681.500	0.000	121.820	803.320
	就业人员总和（万人）	70.300	−30.586	−12.614	27.100
	资本存量（亿元）	4715.170	−2051.480	0.000	2663.690

注：对原始数据整理后运用 Deap2.1 软件计算得到。

在产出指标方面，可以发现兴安盟的实际 GDP 产出不足，额度达到 121.82 亿元。这一结果表明，兴安盟在经济发展中面临着较为严重的产出短缺问题，这可能与该地区产业发展滞后、创新能力不强有关。具体而言，兴安盟可能过分依赖传统产业，而未能及时培育新兴产业作为经济增长的新引擎，这种产业结构的单一性使得兴安盟在面对外部经济环境变化时缺乏足够的抵御能力。同时由于创新投入不足和科技成果转化率低，兴安盟在提升产业链条水平和增加产品附加值方面存在困难。此外，兴安盟在市场开拓和对外部经济环境变化的适应能力上可能也存在不足，这些因素共同作用导致了产出的不足。

综上所述，内蒙古非有效盟市在经济发展中面临着投入冗余和产出不足的双重困境。为了解决这些问题，非有效盟市需要积极采取措施去达到优化产业结构、提升劳动力配置效率、加大科技创新和产业升级投资以及强化市场拓展能力。通过政府"有形之手"的力量,为市场"无形之手"更好地发挥作用创造必要条件,推动全要素生产率的提升,为产业转型升级加力赋能。同时,自治区政府和相关厅局也应加强对这些盟市的支持和指导,为其提供必要的政策扶持和资源保障,共同推动内蒙古经济社会持续健康发展。

第 10 章　内蒙古 R&D 经费内部支出对全要素生产率的效应与机制检验

通过构建计量模型，实证检验内蒙古 R&D 经费内部支出对全要素生产率的影响以及可能存在的门槛效应，揭示了内蒙古 R&D 经费内部支出对全要素生产率改善的作用机制。

10.1　研究设计

10.1.1　计量模型设定

内生增长理论强调，技术进步是经济增长的源泉。R&D 经费内部支出是企业内部在报告年度用于研发活动的实际支出。作为技术进步的重要驱动力，R&D 经费内部支出在推动企业技术创新和知识积累方面发挥着至关重要的作用。通过不断增加 R&D 经费内部支出，企业能够加快推动技术创新的步伐，实现技术更新和升级，进而在激烈的市场竞争中保持领先地位。具体而言，一方面，R&D 经费内部支出可以为企业进行技术创新的重要物质基础。技术创新需要投入大量的研发资金、人才和设备等物质条件，而 R&D 经费内部支出正是这些资源要素来源的直接保障。通过 R&D 经费内部支出，企业可以开展新产品、新工艺和新技术的研发活动，提升产品的技术含量和附加值，增强企业的核心竞争力。

另一方面，R&D 经费内部支出有助于强化企业积累知识和经验的商业化，甚至产业化。在研发过程中，企业会不断积累关于市场需求、技术趋势、产品设计等方面的知识和经验。这些知识和经验是企业宝贵的财富，能够帮助企业更好地把握市场机遇，应对技术挑战，实现可持续发展。此外，R&D 经费内部支出还能够推动技术更新和升级。随着科技不断发展，新的技术不断涌现，旧的技术逐渐被淘汰。企业要想在市场中立于不败之地，就必须不断进行技术迭代和升级。通过 R&D 经费内部支出，企业可以跟踪和掌握最新的技术动态，将新技术应用于产品或服务中，提升企业的技术水平和市场竞争力。

如前所述，创新作为典型的准公共产品，具有显著的溢出效应。这意味着创新活动不仅能为创新者带来收益，还能推动整个社会的科技进步和经济发展。因此，技术创新对于区域全要素生产率的提升具有举足轻重的作用。为了提高区域全要素生产率，各级政府会通过制定各项政策来降低企业技术创新投资风险，并以有限的财力投入引导企业加大研发投入。随着研发投入的规模逐渐加大和结构不断优化，不仅能够激发各类企业的科技创新热情，还对创新发展战略深入落实以及助推产业创新绩效提升发挥积极作用。

在这一背景下，探究内蒙古 R&D 经费内部支出对全要素生产率影响的程度大小、方向如何，研发投入在上述过程中起到何种作用，是否存在门槛等。这些问题的回答对于更好地发挥 R&D 经费内部支出对提升全要素生产率的促进作用，强化创新驱动发展的激励效应，提升创新绩效，具有十分重要的现实意义。

为了检验内蒙古 R&D 经费内部支出对全要素生产率的影响，构建以下计量模型，揭示两者内在联系，如式（10.1）所示：

$$\text{TFP}_{it} = \alpha_0 + \alpha_1 \text{rdi}_{it} + \alpha_2 \text{gov}_{it} + \alpha_3 \inf_{it} + \alpha_4 \text{ind}_{it} + \alpha_5 \text{fin}_{it} + \alpha_6 \text{env}_{it} + \mu_i + \varepsilon_{it}$$

$$(10.1)$$

其中，i、t 分别表示盟市和年份；TFP 表示全要素生产率；rdi 表示 R&D 经费内部支出；gov 代表政府干预程度；inf 为基础设施建设；ind

为产业结构升级；fin 为金融发展；env 为环境规制；μ_i 表示为盟市固定效应，ε_{it} 为随机误差项。

为深入探究 R&D 经费内部支出是否会通过影响经济发展水平进而对全要素生产率产生作用效应，即检验经济发展水平激励效应的影响机制。借鉴温忠麟和叶宝娟（2014）的研究成果构建如下模型。并选取人均 GDP 代表经济发展水平作为机制变量，如式（10.2）和式（10.3）所示：

$$\text{pgdp}_{it} = \beta_0 + \beta_1 \text{rdi}_{it} + \beta_2 \text{gov}_{it} + \beta_3 \text{inf}_{it} + \beta_4 \text{ind}_{it} + \beta_5 \text{fin}_{it} + \beta_6 \text{env}_{it} + \mu_i + \varepsilon_{it}$$

$$(10.2)$$

$$\text{TFP}_{it} = \gamma_0 + \gamma_1 \text{pgdp}_{it} + \gamma_2 \text{rd}_{it} + \gamma_3 \text{gov}_{it} + \gamma_4 \text{inf}_{it} + \gamma_5 \text{ind}_{it} + \gamma \beta_6 \text{fin}_{it}$$
$$+ \gamma_7 \text{env}_{it} + \mu_i + \varepsilon_{it}$$

$$(10.3)$$

其中，pgdp 为中介变量经济发展水平，其他变量含义同上。

10.1.2　变量选取

1. 被解释变量

被解释变量为全要素生产率（TFP）。全要素生产率以生产单位作为系统中的各个要素的综合生产率，区别于仅考虑单一要素的生产率。全要素生产率考虑了包括劳动力、资本以及其他生产要素在内的综合使用效果，是衡量生产效率提高情况的重要指标。从技术进步的角度来看，全要素生产率可以被视为生产过程中技术和方法改进的度量。当经济体能够更有效地使用劳动力、资本和其他资源来生产产品和服务时，全要素生产率就会提高。例如，引入自动化技术和机器人的工厂可以在不增加劳动力和资本投入的情况下提高产出量，从而提高全要素生产率。此外，全要素生产率还可以从资源配置的角度来解释。通过优化资源配置将有限的生产要素分配到最优的生产活动中，以满足最大的产出需求。当资源得到合理配置时，生产要素的效率将得到最大化，从而提高全要素生产率。例如，将符合要求的劳动力和资本分配到效率较高的部门和行业，将有助于提高全要素生产率。沿用第 9 章计算出的 2013 ～

2022 年全要素生产率作为被解释变量。

2. 核心解释变量

选取 R&D 经费内部支出（rdi）作为核心解释变量。R&D 经费内部支出在推动科技创新和经济发展方面具有重要作用。它有助于促进科技进步，通过资助基础研究和应用研究，可以创造新知识并不断增加知识总量。且 R&D 经费内部支出为企业提供了进行创新活动所需的资金和资源等物力保障，从而提高企业提高创新能力和竞争力。此外，它还有助于推动产业升级和转型，提高经济增长的质量和效益。R&D 经费内部支出在支持科技研究的同时，也为培养和吸引高水平科技人才提供了条件，有助于提升整体科技水平。在国际合作交流过程中，R&D 经费内部支出有助于提升本国企业在国际科技领域的地位和影响力，增强国际市场竞争力。

R&D 经费内部支出集中反映了作为市场主体的企业在技术创新实践中研发投入的规模、结构以及科技资源布局状况。近年来，内蒙古深入实施科技"突围""科技兴蒙"等行动，大力推进研发投入攻坚，R&D 经费内部支出总体保持较快增长，财政科技支出亦稳步增加。需要注意的是，R&D 经费内部支出在增强企业创新能力过程中所发挥的作用并非一蹴而就的，而是需要企业长期坚持，久久为功。同时，企业还需要根据自身的实际情况和市场需求，合理规划 R&D 经费内部支出的方向和重点，确保投入的有效性和可持续性。

3. 控制变量

为了减小估计偏误，更准确地测度 R&D 经费内部支出对全要素生产率的影响，选取合适的控制变量至关重要。这些控制变量能够帮助我们更全面地考虑影响全要素生产率的各种因素，从而更精确地估计 R&D 经费内部支出的作用。选取以下控制变量：

（1）政府干预程度。以地方财政支出占 GDP 的比重来衡量，记为 gov。政府干预程度反映了政府在经济发展中的角色和影响力。政府通过增加科技研发投入、设立科研基金、提供税收优惠等方式，直接支持企业的研发活动。较高的政府支出比重可能意味着更多的资源被用于支持科技创新和研发活动。同时，政府通过制定科技政策、创新战略等，引导企业加大研发投入，推动技术创新和产业升级。政府的政策导向可以影响企业的研发决策和资源配置。这都对 R&D 经费内部支出和全要素生产率产生直接或间接的影响。

（2）基础设施建设。以交通路线总长与地区总面积的比值来衡量，记为 inf。基础设施建设是经济发展的重要支撑，良好的基础设施能够降低物流成本，提高资源配置效率，对全要素生产率有积极影响。交通路线的长度与地区面积的比值能够反映一个地区基础设施建设的水平。

（3）产业结构升级。以服务业增加值和工业增加值之比来衡量，记为 ind。产业结构升级是经济发展的重要趋势，表现为服务业在国民经济中的比重逐渐上升。随着产业结构由低附加值、低技术含量的产业向高附加值、高技术含量的产业转变，资源会自发地向更高效益、更具创新性的领域流动。这种资源的优化配置过程能够提高资源的利用效率，减少浪费，从而对全要素生产率产生影响。产业结构升级往往伴随着技术创新的不断涌现和应用。新兴产业的发展和高技术产业的壮大，需要更多的技术创新成果进行支撑。这些技术创新不仅能够提升产业的技术水平，还能够通过技术溢出效应带动整个经济体系的技术进步，进而影响全要素生产率。

（4）金融发展。以金融机构贷款余额占 GDP 的比重来衡量，记为 fin。金融发展是支持实体经济发展和科技创新的重要力量。金融机构贷款余额占 GDP 的比重能够反映一个地区金融市场的规模和活跃度，对 R&D 经费内部支出和全要素生产率具有重要影响。金融机构贷款余额增加意味着金融系统对经济发展的资金支持力度加大。对于研发活动来说，这种支持十分重要。R&D 经费内部支出往往需要大量资金，而金融机构贷款能够为企业和研发机构提供必要的融资保障，促进企业科技创新和技术进步。因此，金融机构贷款余额占 GDP 的比重较高，往往意味着 R&D 经费内部支出有更多资金来源，从而有助于推动科技创新。与此同时，一个活跃的金融市场能够为创新活动提供多样化融资渠道和灵活融资方式，降低创新活动的资金成本。并且，活跃的金融市场还能够通过风险分散和资源配置机制，促进创新项目的筛选和优秀项目的脱颖而出。这些都对 R&D 经费内部支出的效率和全要素生产率产生影响。

（5）环境规制。运用政府环境保护支出与地方财政支出的比值进行衡量，记为 env。环境规制对企业的技术创新和生产方式选择具有重要影响。随着环境问题的日益突出，政府对环境保护的投入也在不断增加。环境保护支出占地方财政支出的比重能够反映一个地区环境规制的严格程度，进而影响企业的创新行为和全要素生产率。

4. 机制变量

选取经济发展水平作为机制变量，用人均 GDP 衡量。人均 GDP 作为一个衡量国家经济实力和人民生活水平的关键指标，能够深刻反映一个国家的经济整体发展状况。当人均 GDP 水平上升时，通常意味着该国经济正在经历不断发展的过程，社会生产生活的水平也会稳步提升，这为 R&D 经费扩容提供了重要的物质基础。经济发展水平较高时，国家通常拥有更为充裕的资源用于科技创新和研发活动。这些资源的投入，包括资金、人才和技术等，是推动全要素生产率提升的关键因素。此外，人均 GDP 的提升还可能通过其他途径间接影响全要素生产率。例如，随着人民生活水平的提高，消费需求规模和消费结构也会发生变化，这将对产业结构和技术创新产生引导作用，进一步影响全要素生产率。因此，将人均 GDP 作为机制变量，分析其在 R&D 经费内部支出促进全要素生产率发展中的作用，这有助于更深入地理解经济发展、科技创新和全要素生产率提升之间的内在联系，为制定科学合理的科技创新政策提供有力支持。同时，也有助于我们更好地评估 R&D 经费内部支出的效果，优化资源配置，提升国家整体经济实力和竞争力。

5. 门槛效应指标

人力资本投入用普通高校毕业人数表征，记为 stu、科技创新投入用科技经费筹集总额表征，记为 tec。

人力资本是技术创新和研发活动的重要基石。随着人力资本投入的增加，企业的研发团队素质和能力得到提升，能够更高效地利用 R&D 经费内部支出，推动研发项目的进展。这种提升不仅加快了新产品的研发速度，还提高了产品质量和技术含量，进而对全要素生产率产生影响。

科技创新强度的增加意味着企业在技术创新方面的投入和努力程度在提升。这包括了对新技术、新工艺和新产品的研发，以及对现有技术的改进和优化。这些创新活动需要大量的 R&D 经费支持，以确保项目的顺利进行和成果的取得。因此，随着科技创新强度的增加，R&D 经费内部支出也会相应增加，从而影响全要素生产率。

10.1.3 数据来源与描述性统计

1. 数据来源

本部分所需数据主要来源于相关年度《内蒙古统计年鉴》、各盟市统计年鉴、国民经济和社会发展统计公报以及 Wind 金融数据库等。部分缺失数据采用插值法和趋势外推法进行补充。

2. 描述性统计

选取 2013～2022 年内蒙古 9 个盟市的面板数据作为研究样本（由于兴安盟、锡林郭勒盟、阿拉善盟的 R&D 经费内部支出等关键指标数据缺失严重，故不计入样本）。同时为保证数据平稳性，对个别指标进行了取对数处理。运用 Stata18.0 软件，对所有变量进行描述性统计，如表 10.1 所示。

表 10.1　　　　　　　　　　变量的描述性统计

变量	(1)	(2)	(3)	(4)	(5)
	N	mean	sd	min	max
TFP	90	1.036	0.109	0.612	1.333
rdi	90	1.851	1.499	−1.121	4.350
gov	90	0.697	0.964	0.0996	3.989
inf	90	0.337	0.138	0.0863	0.682
ind	90	1.139	0.543	0.356	2.488

变量	(1)	(2)	(3)	(4)	(5)
	N	mean	sd	min	max
fin	90	1.092	0.713	0.395	3.195
env	90	0.0258	0.0166	0.00116	0.0674
pgdp	90	11.220	0.527	10.390	12.460
stu	90	8.688	1.213	5.903	11.140
tec	90	8.874	1.552	4.419	12.570

由表 10.1 结果可知，内蒙古全要素生产率的均值已经达到了 1.036，大于 1，标准差为 0.109，说明内蒙古全要素生产率已经达到了比较高的水平，但样本盟市间的全要素生产率水平均存在一定差异。R&D 经费内部支出的平均值为 1.851，标准差为 1.499，说明各个样本盟市间的 R&D 经费内部支出也存在一定差异。从控制变量来看，不同盟市在政府干预程度、基础设施建设、产业结构升级、金融发展、环境规制等方面也存在显著差异。

10.2　实证结果与分析

10.2.1　基准回归

Hausman 检验结果表明，应采用固定效应模型。通过逐步加入控制变量，观察核心解释变量 R&D 经费内部支出的系数符号、数值大小及显著性变化程度，探究 R&D 经费内部支出在不同因素作用下对全要素生产率的影响。基准回归结果，如表 10.2 所示。其中，第（1）列中仅引入核心解释变量，回归系数为 0.0815，在 1% 的水平下显著为正，表明 R&D 经费内部支出在提升全要素生产率方面具有重要作用。第（2）~

（6）列中依次加入各类控制变量。结果表明，在研究时段内 R&D 经费内部支出的回归系数始终在 1% 的水平下显著为正，表明 R&D 经费内部支出的提高可以显著提升全要素生产率水平。其原因如下，R&D 经费内部支出的增加意味着更多的资源被投入研发活动中，这有助于推动技术创新和进步。创新是提升全要素生产率的关键因素，因为它能够改善生产流程、提高生产效率，并可能开辟新的市场或应用领域。R&D 经费内部支出还有助于培养高水平的研发人员，以及更多的"大国工匠"。这些结构合理的高素质劳动者队伍能够更好地匹配更高端的技术和设备，从而缩短生产活动的时间，提高生产效率。R&D 经费的投入还可以直接支持企业开展更多的研发项目。这些项目可能产生更多更具市场竞争力的新的技术、产品或服务，从而为企业带来竞争优势，并"自下而上"推动整个行业的转型升级，提升整个行业的生产效率和技术层级，进而提升全要素生产率。

表 10.2　　　　　　　　　　　　基准回归结果

变量	（1）	（2）	（3）	（4）	（5）	（6）
	TFP	TFP	TFP	TFP	TFP	TFP
rdi	0.0815 *** (0.019)	0.0834 *** (0.019)	0.0766 *** (0.019)	0.0879 *** (0.019)	0.0767 *** (0.019)	0.0771 *** (0.019)
gov		−0.0415 (0.046)	−0.0547 (0.046)	−0.0018 (0.051)	0.0168 (0.048)	0.0150 (0.049)
inf			0.5581 (0.371)	0.6947 * (0.367)	1.3864 *** (0.410)	1.4158 *** (0.418)
ind				−0.0908 ** (0.041)	0.0120 (0.050)	0.0142 (0.051)
fin					−0.2659 *** (0.084)	−0.2656 *** (0.084)
env						0.4514 (1.042)

变量	(1)	(2)	(3)	(4)	(5)	(6)
	TFP	TFP	TFP	TFP	TFP	TFP
Constant	0. 8852 *** (0. 036)	0. 9106 *** (0. 045)	0. 7441 *** (0. 119)	0. 7437 *** (0. 116)	0. 6916 *** (0. 111)	0. 6677 *** (0. 125)
Observations	90	90	90	90	90	90
R-squared	0. 195	0. 204	0. 226	0. 273	0. 358	0. 359
Number of cities	9	9	9	9	9	9

注: ***、**、*分别表示在1%、5%、10%的显著性水平下显著, 括号内为标准误。

10.2.2 稳健性与内生性检验

1. 稳健性检验

为检验前文基准回归结果的稳健性, 分别采用以下两种方法进行验证。一是缩尾处理。解释变量 R&D 经费内部支出与被解释变量全要素生产率在各样本盟市之间存在的差异较大, 因此, 为了消除部分极端值对估计结果的影响, 对所有变量进行双边缩尾 1% 处理, 重新进行回归分析; 二是切割时段样本。2019 年底暴发的新冠疫情对全球、全国以及内蒙古的经济社会运行秩序均产生了较大的冲击, 从多方面严重影响了经济活动的开展, 对经济发展造成了持续的不利影响。因此, 截取 2012 ~ 2019 年段的分样本进行稳健性检验。回归结果如表 10.3 所示。

表 10.3　　　　　　　　内生型与稳健性回归结果

变量	(1) 缩尾处理	(2) 切割时段	(3) 内生性
	TFP	TFP	TFP
rdi	0. 0771 *** (0. 019)	0. 0665 ** (0. 0251)	

续表

变量	（1）缩尾处理	（2）切割时段	（3）内生性
	TFP	TFP	TFP
L. rd			0.0399 * （0.022）
gov	0.0150 （0.049）	− 0.0308 （0.0592）	0.0063 （0.061）
inf	1.4158 *** （0.418）	1.441 *** （0.530）	1.8962 *** （0.526）
ind	0.0142 （0.051）	0.115 * （0.0671）	0.0680 （0.061）
fin	− 0.2656 *** （0.084）	− 0.405 *** （0.117）	− 0.3429 *** （0.106）
env	0.4514 （1.042）	1.010 （1.320）	0.6068 （1.318）
Constant	0.6677 *** （0.125）	0.719 *** （0.139）	0.6026 *** （0.169）
Observations	90	63	81
Number of cities	9	9	9
R-squared	0.359	0.355	0.268

注：*** 、** 、* 分别表示在 1% 、5% 、10% 的显著性水平下显著，括号内为标准误。

　　如表 10.3 第（1）列所示，R&D 经费内部支出对全要素生产率的影响在 1% 的水平下显著，其系数为 0.0771，回归结果具有良好的稳健性。同样，第（2）列中 R&D 经费内部支出的系数为 0.0665，在 5% 水平下显著，再次印证了基准回归是稳健的。

2. 内生性检验

　　考虑到 R&D 经费内部支出与全要素生产率之间可能存在双向因果关系。全要素生产率水平的提升也会对 R&D 经费内部支出产生积极影响。当企业的生产效率和技术水平提高时，会有更多的资源用于研发和创新活动。这是因为生产效率的提高意味着成本的降低和资源的节约，这使得企业有更多的资金可以用于内部研发活动。同时，技术水平的提升也会激发企业进一步探索新的技术领域和应用场景，从而增加对内部研发活动的投入。因此采用解释变量滞后一期的方法进行估计，如表10.3 第（3）列所示，消除内生性问题后，R&D 经费内部支出的估计结果为 0.0399 且在 10% 的水平下显著，整体回归结果与基准回归保持一致，说明基准回归结果总体上是可靠的。

10.2.3　区域异质性检验

考虑到全区各盟市 R&D 经费内部支出水平等存在显著空间差异，不同地区的全要素生产率发展水平亦不相同，故从蒙东、蒙中、蒙西地区，分别检验 R&D 经费内部支出对全要素生产率发展的影响。回归结果如表 10.4 中所示。

表 10.4　　　　　　　　　区域异质性回归结果

变量	（1）蒙东	（2）蒙中	（3）蒙西
	TFP	TFP	TFP
rd	0.2325 *** (0.062)	0.0732 ** (0.030)	0.0960 ** (0.043)
gov	− 0.0743 (0.085)	0.1764 (0.122)	− 1.0570 (0.931)
inf	0.7795 (1.810)	1.4118 ** (0.520)	1.0299 (0.674)
ind	0.1183 (0.093)	0.0339 (0.083)	− 0.0977 (0.179)
fin	− 0.3461 (0.229)	− 0.2420 ** (0.107)	− 0.1138 (0.227)

续表

变量	（1）蒙东	（2）蒙中	（3）蒙西
	TFP	TFP	TFP
env	4. 5487 （5. 168）	1. 7180 （1. 749）	0. 4537 （1. 441）
Constant	0. 7250 （0. 437）	0. 5243 ** （0. 202）	0. 8738 ** （0. 293）
Observations	30	40	20
R-squared	0. 559	0. 388	0. 600
Number of cities	3	4	2

注：***、** 分别表示在1%、5%的显著性水平下显著，括号内为标准误。

通过对比分析 R&D 经费内部支出在不同区域对全要素生产率发展的异质性影响可以发现，蒙东地区 R&D 经费内部支出对全要素生产率发展的影响估计结果在 1% 的水平下显著，回归系数为 0.2325，而蒙中、蒙西地区 R&D 经费内部支出对全要素生产率发展的影响估计结果在 5% 的水平下显著，回归系数分别为 0.0732 和 0.0960。这表明 R&D 经费内部支出对全要素生产率发展，在蒙东、蒙中、蒙西三个地区都具有显著的促进作用，但促进作用依然有差距，蒙东地区的促进作用最强，蒙西地区次之，蒙中地区和蒙西较为接近，作用强度最弱。原因可能是，长期以来，蒙东地区经济社会发展相对滞后，在创新驱动战略实施等一系列利好政策推动下，表现出较强的后发优势。比如，2021 年 7 月《赤峰市人民政府关于"十四五"期间促进科技创新发展的实施意见》明确提出，推进科技企业孵化载体建设，对赤峰市在孵企业被认定为高新技术企业的，每认定 1 家给予孵化载体 30 万元奖励；对新获批的国家级和自治区级重点实验室、工程研究中心、制造业创新中心分别给予 500 万元、200万元奖励；对新获批的市级技术创新中心给予 50 万元奖励。这些支持创新的政策对提升区域全要素生产率发挥了重要作用。相比之下，蒙中地区以"呼包鄂"城市群为代表，科技创新能力较强，经济发展水平较高，但 R&D 经费内部支出对区域全要素生产率正向激励效应的可能因基数大、配置难度高等影响削弱了作用效果的强度。蒙西地区人口规模小、分布密度低，难以形成有效规模的大市场，且产业结构相对单一，可能在一定程度上导致 R&D 经费内部支出对区域全要素生产率的作用强度偏弱。

10.2.4　机制检验

一般而言，经济发展可以为 R&D 经费内部支出规模的增加提供坚实的物质基础。较高的经济发展水平意味着国家有更多的资源用于科技创新和研发活动，从而推动全要素生产率的提升。因此，引入人均 GDP 作为机制变量，分析人均 GDP 在 R&D 经费内部支出促进全要素生产率改善的过程中所发挥的作用，并根据方程（10.2）和方程（10.3）进行回归分析，结果见表 10.5。

表 10.5　　　　　　　　　　机制检验结果

变量	(1)	(2)
	pgdp	TFP
rdi	0.0815 *** (0.023)	0.0576 ** (0.019)
pgdp		0.2383 ** (0.094)
gov	−0.0602 (0.042)	0.0294 (0.038)
inf	0.2203 (0.870)	1.3633 *** (0.252)
ind	−0.1373 (0.106)	0.0469 (0.075)

变量	(1)	(2)
	pgdp	TFP
fin	-0.0833 (0.184)	-0.2458^{***} (0.073)
env	-1.3378 (1.585)	0.7702 (0.615)
Constant	11.3137^{***} (0.187)	-2.0283 (1.096)
Observations	90	90
R-squared	0.248	0.429
Number of cities	9	9

注: ***、** 分别表示在 1%、5% 的显著性水平下显著,括号内为标准误。

其中,由第 (1) 列可知,R&D 经费内部支出对经济发展水平的影响在 1% 的显著性水平下为正,回归系数为 0.0815。这意味着 R&D 经费内部支出能够显著地促进经济发展。R&D 经费内部支出每增加一单位,经济发展水平会相应提升 0.0815 个单位,这种正向关系反映了科技创新对经济发展的积极作用。在第 (2) 列中,在 R&D 经费内部支出和经济发展水平的共同作用下,对全要素生产率的影响在 5% 的水平下显著为正,回归系数分别为 0.0576、0.2383。这说明 R&D 经费内部支出和经济发展水平的提升都能显著提高全要素生产率。如前所述,全要素生产率是一个综合性的指标,它反映了经济体生产效率的多方面因素,包括技术进步、管理效率提升以及资源配置优化等。研发经费的投入通过推动经济发展,进而提升了全要素生产率,这意味着在经济持续增长的同时,生产效率也在不断提高,实现了经济增长质量和效益的"双提升"。其背后可能的原因是,R&D 经费内部支出推动了技术的研发和创新,从而促进了新技术、新工艺和新产品的不断出现。这些创新成果不仅提高了生产效率，降低了生产成本，还有助于推动产业结构的优化和升级，使得资源能够更加高效地配置到高效益、高附加值的产业细分门类中，进而不断强化上述作用过程。

10.3　门槛效应检验

前面的理论和实证分析表明，R&D 经费内部支出可以促进全要素生产率的不断改善。人力资本投入、科技创新作为 R&D 经费内部支出与全要素生产率提升的重要来源与保障，其发挥效应的强弱在 R&D 经费内部支出推动全要素生产率发展过程中的促进力度与作用方向如何？是否存在一个适度区间？人力资本投入和科技创新控制在什么范围内，R&D 经费内部支出推动全要素生产率发展的作用效果最为显著？这些问题有待结合 R&D 经费内部支出和全要素生产率发展的阶段性实践状况进一步分析。因此，构建门槛回归模型，模型如式（10.4）和式（10.5）所示：

$$\text{TFP}_{it} = \alpha_i + \alpha_1 \text{rdi}_{it} I(\text{eco} \leqslant \gamma) + \alpha_2 \text{rdi}_{it} I(\text{eco} > \gamma) + \beta_i X_{it} + \varepsilon_{it}$$

$$(10.4)$$

$$\text{TFP}_{it} = \alpha_i + \alpha_1 \text{rdi}_{it} I(\text{tec} \leqslant \gamma) + \alpha_2 \text{rdi}_{it} I(\text{tec} > \gamma) + \beta_i X_{it} + \varepsilon_{it}$$

$$(10.5)$$

其中，γ 为门槛值，门槛变量为人力资本投入（stu）与科技创新（tec），$I(.)$ 为示性函数，其他字母含义同上。人力资本投入用普通高校毕业人数表征、科技创新投入用科技经费筹集总额表征，且为了保证数据的平稳性，两个变量均取对数处理。以人力资本投入和科技创新为门槛变量，依次进行单门槛、双门槛检验，直到实证结果不显著为止。实证结果表明，两个变量均存在单门槛效应。门槛效应检验结果，如表 10.6 所示。

表 10.6　　　　　　　　门槛效应存在性检验及门槛值结果

门槛变量	门槛数	F 值	P 值	临界值			门槛值	95% 置信区间
				1%	5%	10%		
人力资本投入（stu）	单门槛	15.34	0.0167	16.0682	13.0258	11.2869	8.2145	[7.5679, 8.4449]
	双门槛	5.10	0.3233	11.9817	8.7053	7.6768	8.7707	[8.7137, 8.7797]
科技创新（tec）	单门槛	9.14	0.0433	11.1026	8.6817	7.4445	9.3764	[9.3259, 9.8460]
	双门槛	0.57	1.0000	16.4551	11.3378	8.8481	10.0889	[9.5277, 10.3916]

结果表明，以人力资本投入为门槛变量进行门槛效应的存在性检验时，单门槛效应通过了 1% 水平上的显著性检验；以科技创新为门槛变量进行上述检验时，单门槛效应在 1% 的显著性水平下显著。这表明，R&D 经费内部支出对全要素生产率改善的影响，分别存在以人力资本投入为门槛变量的单门槛效应以及以科技创新为门槛变量的单门槛效应。由表 10.6 可以看出，门槛变量 stu 的门槛值为 8.2145；门槛变量 tec 的门槛值为 9.3764。

表 10.7 是面板门槛回归的估计结果。其中，模型（1）是以人力资本投入为门槛变量的门槛效应模型，可以看出当人力资本投入低于门槛值时，R&D 经费内部支出对全要素生产率的影响系数为 0.0449，在 5% 的水平下显著为正；当人力资本投入跨越门槛值时，R&D 经费内部支出对全要素生产率的促进作用在 1% 的水平下显著为正，系数为 0.1004，这就证实了随着人力资本投入水平的上升，R&D 经费内部支出对全要素生产率正向影响呈现出显著的边际效应递增态势。模型（2）是以科技创新为门槛变量的门槛效应模型，可以看出，当科技创新低于门槛值时，R&D 经费内部支出对全要素生产率的影响系数为 0.0693，在 1% 的水平下显著为正；当科技创新跨越门槛值时，R&D 经费内部支出对全要素生产率的影响系数上升为 0.1235。这就进一步证

实了，R&D 经费内部支出对全要素生产率改善的促进作用，还会随着科技创新水平的提高而持续增强，呈现出边际效应递增的趋势。

表 10.7　　　　　　　　　　门槛效应估计结果

（1）人力资本投入		（2）科技创新	
变量	TFP	变量	TFP
rdi （stu≤8.2145）	0.0449 ** （0.020）	rd （tec≤9.3764）	0.0693 *** （0.018）
rdi （stu>8.2145）	0.1004 *** （0.019）	rd （tec>9.3764）	0.1235 *** （0.024）
gov	−0.0291 （0.048）	gov	−0.0142 （0.048）
inf	1.1811 *** （0.400）	inf	1.3234 *** （0.400）
ind	0.0444 （0.049）	ind	0.0487 （0.050）
fin	−0.2642 *** （0.080）	fin	−0.2976 *** （0.081）
env	0.4067 （0.982）	env	0.7075 （0.998）
Constant	0.7268 *** （0.119）	Constant	0.6937 *** （0.119）
Observations	90	Observations	90
Number of cities	9	Number of cities	9
R-squared	0.438	R-squared	0.425

注：*** 、** 分别表示在 1% 、5% 的显著性水平下显著，括号内为标准误。

第11章 内蒙古数字经济发展对全要素生产率的效应与机制检验

近年来，数字经济的快速发展从宏观到微观对既有经济运行秩序带来了复杂且系统的影响，根源在于数字经济发展具有自身特殊的底层逻辑与动力机制。通过构建综合测度模型和计量模型，研究数字经济对内蒙古全要素生产率的激励效应与作用机制。

11.1 数字经济发展的底层逻辑

数字经济作为数字时代典型经济形式，需要准确把握数字经济发展底层逻辑与现实基础，更好地调整优化数字经济时代制度体系，为我国经济在新一轮全球产业革命过程中实现弯道超车提供更加精准、高效的政策支持。

11.1.1 数字经济发展对社会生产力的影响

数字技术发展极大丰富了劳动工具的内容和形式，并显著推动社会生产力发展，客观上需要相应生产关系作出调整与优化。

（1）数字技术发展与应用大大提高了人类知识水平和劳动技能，并对资源要素开发与利用效率的提升具有革命性作用。技术水平决定了生产力水平和生产方式，进而决定了生产关系。劳动工具作为技术进步标志，其发展与应用极大提升了人类认识世界和改造世界的能力。数字技术与其他相关技术叠加，促进劳动工具更加精准高效，推动劳动对象外延进一步拓展，亦决定了相应生产关系具体形态。正如马克思指出的，"随着新生产力获得，人们便改变自身生产方式，而在这一改变过程中，他们便改变所有不过是这一特定生产方式的必然关联的经济关系"①。数字经济时代，互联网、云计算、人工智能、区块链等成为人们认识世界和改造世界实践过程中所运用的典型技术形式或工具，相较于农业时代、工业时代其中涉及的底层技术已经发生根本性变化。通过这些现代化、智慧化的先进技术与传统工农业深度融合，不仅大大提升了经济发展的智慧化水平，加速重构新型经济形态及其治理模式，而且极大提高了人类生产经营活动效率并成为经济结构持续优化、经济质量持续提升的关键动力。根据技术水平或劳动工具差异还能够进一步区分不同发展阶段的生产关系。数字技术发展与应用的过程，会出现组织形态、业务架构以及商业模式转变，并且在相应过程中企业数字资源要素、组织结构、增长战略及其度量都会发生变化，这些都是传统技术条件下所不具备的。

（2）数据作为数字经济时代的关键生产要素，正日益成为重要的战略资源。新型生产要素、新技术的出现是生产力提升的标志性事件，会驱动人类社会迈向更高发展阶段。数字经济与以往经济形态明显区别就在于其劳动方式不再单纯地以物质实体为载体，而是出现了数据作为生产要素以及数字化生产条件。数据是负载信息的重要物质载体。这些数据要素以往主要分散于生产经营的不同构成部分，不容易转变为直接显性的信息或知识。根据中国信息通讯研究院预测数据显示（见图 11.1），从目前到 2035 年，全球每年产生的数据呈现出指数型上升趋势。日益发展成熟的数字技术能够实现对海量数据的采集、存储、分析、共享等，进而将数据作为生产要素与数字技术的充分结合并转化为现实生产力，能够更加便利高效地实现生产过程的模块化，并打破诸多时空条件限制，以机器学习等方式形成对体力甚至脑力劳动的有效替

---

① 马克思恩格斯全集：第 27 卷 ［M］. 北京：人民出版社，1960.

代。同时，数据要素与数字技术相遇也使数字经济的共享性、兼容性、可持续性等突出特征体现得更加淋漓尽致。特别是拥有识别、计量以及管理超大规模数据的算法、算力等工具，将原本毫无生机的数据转变成为极具价值的劳动对象，而且具备了独立成为一种新型生产要素的基本条件。数据成为日益重要的生产要素，主要经历了以下三个重要的发展阶段，如表 11.1 所示。

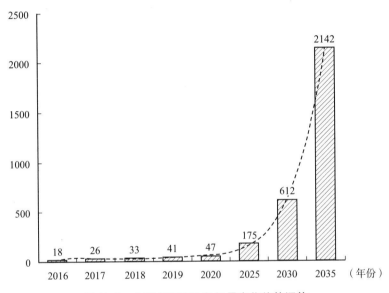

图 11.1　全球每年产生数据量变化趋势评估

资料来源：中国信息通讯研究院《大数据白皮书（2020）》。

表 11.1　　　　　　　　　　　　　数据应用的三个阶段

数据应用	第一阶段 （1960 年开始）	第二阶段 （1990 年开始）	第三阶段 （2015 年开始）
数据源	业务系统数据库	数据仓库	数据湖 + 外部数据
数据与业务间关系	随机或离散	常态化、体系化、外挂式	全域、敏捷、嵌入式
分析方法	图表统计分析	BI 分析	BI + AI
对决策带来的影响	辅助决策	增强决策	自动决策

资料来源：中国信息通讯研究院。

（3）数字经济时代的劳动方式和劳动形态正在发生深刻变化，数字人才在其中发挥的创造性作用持续得到加强。当新的生产力推动整个社会生产方式发生质的转变之后，也会催生深植于现实经济生活中具体劳动方式的变化。数字化、智慧化载体与传统劳动形式结合不仅从根本上改变了传统劳动方式和劳动形态，同时也使人们可获得的劳动产品变得更加丰富多样。数字经济条件下的劳动与生产资料已经超越了单纯的实体结合，相当部分的劳动过程可以在"云端"的虚拟空间得以实现，并创造出一部分"虚假的社会价值"。同时，数字人才作为数字经济的关键是推动数字经济劳动方式转变的最具能动性因素，并成为数字经济发展的中流砥柱。大数据、人工智能、虚拟现实、物联网等前沿科学发展激发出的数字技术应用广度和深度的同步深化，正是人类劳动能力的生动体现，这一能力正在持续得到加强。城市是数字基础设施相对完备和数字人才相对集中的区域，特别是随着数字经济网络化格局形成，基于人力资源供应链和城市网络的数字经济网络协同治理效应已经开始显现。这些变化既反映了人类认识世界、改造世界实践的质的飞跃，又会创造出更多高端数字人才需求。当前，在这一高端需求的直接推动下，具备相应技能的相关职业劳动者正成为相对高收入群体，这正是数字经济与传统经济在市场机制下融合发展，并发挥积极作用的生动表现。

11.1.2　数字经济发展对生产关系的影响

推动适应数字经济发展需要的生产关系层面的制度型供给侧结构性改革，可以为数字经济生产力的充分释放提供必要的规则环境。

（1）数字经济的异军突起对现行经济秩序提出挑战，倒逼既有制度条件作出必要调整变革，为新经济有序发展提供环境支持。为适应生产力发展需要，改革开放以来中国生产资料所有制关系进行了深刻调整，逐步实现了由完全公有制经济向以公有制为主体，多种所有制经济并存的转变，建立起了具有中国特色的社会主义市场经济制度。现阶段，我国大力推动供给侧结构性改革引发了供给体系质量和效率的重大提升。通过健全完善制度体系、纠正制度偏差、改革约束有效供给的制度规则，涉及诸多资源要素配置、市场运行机制等制度问题，为包括数字经济在内的新业态、新商业模式等萌发与成长提供优渥制度环境。数字经济时代，信息量与数据量增速快、规模大，呈现几何级数膨胀，且贯穿生产到消费各个环节数据信息的采集、加工与运用。通过对"数字脚印"的追寻，从根本上改变了传统市场运行中的随机或盲目行为，让生产者能够更加精准识别并把握转瞬即逝的市场机会，大大提高市场供给质量和效率，降低了供给的风险成本。

与此同时，从消费者角度看，更多精细化、个性化需求也能够得到更好满足。在数字驱动作用下，由于信息匹配结构性失衡导致的交易成本大大下降，为税收治理等制度供给侧结构性改革提供了重要窗口。数字经济时代参与交易主体以及交易方式也变得更加复杂化、分散化，同时作为市场交易主体的门槛大大降低，进而提升了交易主体数量和扩大了交易规模。在这一背景下，进一步推动配套制度供给侧结构性改革，特别是税收治理数字化转型，显得极为迫切，同时对于进一步增强数字经济综合治理能力亦显得尤为重要。从具体实践看，越来越多直接关系公共利益、市场秩序和公民权益的大型数据平台企业，正成为包括税收治理在内政府各领域治理的协作对象。

（2）当前，人与人之间经济社会关系表现出数字经济条件下的适应性调整，并推动了数字经济发展动能的持续生成与强化。市场经济条件下关于"人"的假设存在"经济人""理性人""有限理性人""社会人""复杂人"等不同认识，而且在特定生产力水平或生产组织条件下具有不同的适应性表现形式。人们在生产生活实践中的地位与相互关系，也因市场经济发育程度、竞争状况等存在更加丰富的关系情境。特别是在数字经济时代，技术、组织和制度相互作用过程的本质表现为，数字技术已经广泛渗透到资源要素配置各个环节，并且深刻改变了以往"人"发挥作用的具体组织形式，推动人类政治、经济和社会活动协调性的高速发展。

这种协调性通过数字技术提取数字经济参与者线上或线下的数字化

信息，进而精准高效地渗透到人们的生活以及生产过程中，并初步实现生活世界的数据商品化，让更多生活时间转化为生产剩余价值的劳动时间，促使人的生活世界逻辑被转化成为生产世界逻辑。这一转变充分体现了数字经济条件下人的价值创造活动形式的进一步深化和丰富化，反映了人们在社会生产中地位与相互关系变化的新特点、新趋势。它不仅表明了数字时代社会财富生成的途径和方式的不断增加，同时也折射出人在数字世界中的私人空间被挤压的现实困惑。

因此，对于人的经济社会属性认识应与数字经济发展特点相结合，并对人与人之间经济社会关系及时做出数字经济条件下的必要调整。新冠疫情暴发以来，数字经济在生产生活各方面为保障经济社会平稳运行表现出了强大的协调功能。同时还发展成为新增就业"蓄水池"，有力促进了生产经营秩序的恢复以及经济复苏，在一定程度上对冲了疫情对短期就业波动的不利影响。2021年中国信息通讯研究院发布数据显示，数字经济招聘岗位占总招聘数的67.5%，其招聘人数占总招聘人数的75.8%，主要分布在电子商务、共享经济和平台经济等数字经济的多个细分领域。

（3）数字化信息和知识使得劳动过程得到广泛而深刻的变革，这一变革正在全面融入价值的实现过程，并且其归属关系影响价值的分配结果。对数字经济条件下的收入分配问题，可追溯到20世纪90年代"数字鸿沟"概念的提出。美国著名未来学家托夫勒（1990）在《权力的转移》一书中讨论了"信息沟壑""信息富人""信息穷人"等概念，并指出新兴信息技术发展在发达国家和发展中国家之间存在不平衡现象，且已经造成了"数字鸿沟"。数据要素接入市场机会及其运用状况等会造成"数字红利"差异，并深刻影响收入分配结构。按照这一观点，能够利用数字技术推动数字经济发展创造价值的经济形式具体表现为"富国现象"，处于先导地位的国家凭借信息技术优势成为巩固其竞争优势的有利因素，而后发国家则仍停留在工业化中早期阶段，面临信息、知识双重滞后，即表现为"穷国现象"。

"数字鸿沟"还可能因为主体生产基础条件不同产生明显分化，拉大"信息富人"和"信息穷人"收入差距，并使二元社会结构特征得到加强。考虑到不同区域、阶层以及群体之间数字经济生产条件状况存在差异，"数字鸿沟"存在亦是不可避免，这种情况下造成收入效应的表现形式更为复杂。运用已有资源要素或有利条件，尽可能地占有更多数据等新型生产要素，并对由此形成的比较优势进行确认和强化，有助于在生产和分配中巩固相关权益。这种情况下拥有重要数据要素或掌握关键数字技术的劳动力，成为很多优质资本竞相追逐的对象。

11.2　数字经济发展的动力机制分析

日益繁荣的数字经济发展实践客观上构成了新的经济发展范式，并且它需要新的制度逻辑进行诠释和规范。数字经济作为数字技术应用过程中催生的新经济形态必然需要新的生产关系加以匹配，进而形成支撑数字经济不断向前发展的持久动力。

11.2.1　工业经济主导向数字经济主导的经济形态加速转变

经济形态反映了特定经济发展阶段生产力与生产力关系相互作用的过程及其呈现形式。透过经济形态，人们可以去粗取精、去伪存真，从本质上更好地把握经济发展的基本规律，而国民经济体系在主导经济形态转变的过程中则往往伴随着人类生产力发展水平的革命性变化。自人类文明的曙光点亮以来，处于主导地位的经济形态已经较为完整地经历了原始经济、农业经济和工业经济前后相继的发展演变历程。数字经济时代的历史大幕刚刚打开，它建立在工业经济基础上但又属于完全不同于工业经济形态的新经济形态。数字技术通过与资本、劳动、数据等要素相互作用，显著强化了对经济周期的边际影响。布莱恩约弗森和麦卡菲明确指出，20 世纪 70 年代以来，出现并快速发展的数字革命可以与工业革命相媲美，催生了数字经济这一与工业经济同等重要的新的经济形态。目前，数字经济已经形成了较为完整的数字生产力体系、数字生产关系体系以及数据要素体系。随着数字经济应用领域的不断拓宽，经济社会生产过程中出现了很多不能简单运用经典工业经济时代的经济学理论来解释的现象。比如，数字技术的广泛应用大大强化了企业采集和分析数据能力，这对于企业精准识别市场需求提供了决策支持，同时也显著降低了企业边际生产成本，而主流经济学中关于生产过程的边际成本递增、边际收益下降等基本理论已经不能准确地分析数字生产过程。这激发了学术界对数字经济理论与实践研究的热情，同时也在一定程度上丰富了主流经济理论体系的研究视域和内容。

数字经济作为一种新的经济形态不仅在市场经济的激烈竞争中得到检验，而且它的重要地位也得到了党和政府的高度关注。党的二十大报告中也明确提出，"加快发展数字经济，促进数字经济和实体经济深度融合，打造具有国际竞争力的数字产业集群。"2021 年 12 月 12 日，国务院印发《"十四五"数字经济发展规划》中，明确指出数字经济是"继农业经济、工业经济之后的主要经济形态"。可见，数字经济已经成为领航新时代我国经济高质量发展的"头雁"，关乎国家未来发展的方向和前途。因此，如何评价数字经济在经济发展演变过程中的地位和性质就显得十分重要。如果单纯沿着"技术—经济"范式分析数字经济，这种讨论的结果虽然肯定了数字经济的重要战略意义，但是从其所处的历史进程看，在认知上容易将其看作为工业经济发展的一个新阶段。然而，如果从经济形态变革的视角看，数字经济与工业经济在生产组织方式、市场运行特征等各方面都存在根本性的差别，那么这就有必要将数字经济作为一种独立的新经济形态来重新认识，并明确其新的历史地位。从经济形态的区分条件看，根本标志为生产要素的内容、结构以及生产函数的具体形式。比如，原始经济形态典型特征是采集狩猎；农业经济离不开土地和劳动力；工业经济形态则更加倚重于资本和技术；数字经济时代的标志则为数字技术与数据要素。在数字经济时代，人工智能、物联网、区块链、元宇宙等技术的快速进步与应用，已经超越了个别企业、个别领域，而是与几乎所有行业、产业相融合，并覆盖了价值创造的几乎所有环节，能够实现更高水平的配置效率以及同时实现更加显著的范围经济和规模经济效应。

11.2.2　数字经济的生产组织方式发生根本性变革

数字经济以数字技术为重要动力，并在具体的经济活动过程中与数据这一新型生产要素相结合，属于典型的利用信息化、网络化环境，创造价值的经济活动形式。与以往的生产组织方式不同，数字经济较好地打破了时空条件约束，实现了对更大范围、更多种类、更宽领域资源要素的优化配置，进而改变了国家或区域经济结构，并成为影响经济格局演变的重要力量。数字经济条件下的劳动与生产资料已经超越了单纯的实体结合，相当部分的劳动过程可以在"云端"的虚拟空间下加以实现。从实践效果看，这种力量不仅已经成为引领我国实现高质量发展的重要引擎，同时也成为推动形成新发展格局，建设现代化经济体系，乃至推动形成国家新竞争优势的必然选择和必经之路。数字技术与数据要素的结合，塑造出了更为先进、更有效率的生产方式。实际上，在数字技术的加持下，原本"一无是处"的数据要素在数字生产过程中表现出了边际效益递增，边际成本下降的特点。这种生产组织方式，全面且深刻地改变了工业经济时代的生产、分配、交换、消费的具体实现过程。在生产资料数字化、劳动供给智慧化条件下，人类劳动作用于以数据为主要内容的生产组织方式也被赋予了新的表现形式，即数字化的生产组织方式。

较之于工业经济时代的以机器主导的生产组织过程，数字经济生产方式以大数据、物联网、人工智能、区块链、云计算等数字技术为关键动力，涉及数字平台、网络传输、硬件设施等基本支持环境。这些因素共同构成数字化生产场域，突破了很多工业经济生产组织条件下的空间和时间壁垒。其中，硬件设施既包括智能移动终端、计算机等多数具有私人产品属性的物质载体，也包括通信卫星设施、铁塔等具有公共产品属性的物质载体。网络传输则以网络协议规范为基础，将硬件设施联通起来并能实现信息的实时交互。这种传输机制一旦建立并运行起来，持续生产的边际成本会持续降低，并表现出显著的正向外溢性。数字平台则是以算法、算力条件为基础搭建的云端平台、交易支付平台等操作程序，依托这些操作程序可以完成特定的功能。在数字化的生产组织过程中，硬件设施作为重要的控制终端，承担着数字虚拟空间出入口的重要功能，并直接参与到数字化的生产过程中。网络传输过程中依托不同环节上的硬件设备功能交互，在各类运行指令的引导下完成智慧化、信息化、数字化生产组织，提高生产效率。在上述生产过程中，在形成的数字虚拟空间的指引下，数字技术将现实空间的经济主体直接映射到数字虚拟空间，并实现了工业经济生产过程中各环节运行过程的适应性迁移。因此，在这种条件下链接数字技术与数据要素的各个组成部分协作配合，不仅实现了生产力水平的大幅提升，而且拓宽了劳动范围，延展了劳动对象，进一步催生了更加丰富多样的生产组织方式。

11.2.3　数字技术发展显著推动社会生产力发展

科学技术是第一生产力，已经被过去人类文明数千年发展的历史进程所证明。科学技术发展水平不仅是人类社会发展高度和层次的显著标志，而且彰显了人类认识世界和改造世界的能力。数字技术以信息技术为基础，代表了人类科学技术水平发展进入到新的历史阶段。作为一个连续不断的发展过程，20 世纪 70～90 年代，计算机技术、互联技术日渐趋于成熟，为数字经济发展提供了必要的技术基础。但是这一时期，并未形成数字经济发展所需要的信息技术与生产生活充分融合的直接场景。一直到 21 世纪初，互联网、云计算、人工智能、区块链等逐步成为人们认识世界和改造世界实践过程中所运用的典型技术形式或工具。值得说明的是，这些数字技术的创新与应用是工业化进程达到高级阶段的必然结果，同时又完全不同于农业经济、工业经济涉及的底层技术支持条件。数字技术推动数字经济发展的具体表现形式，不仅包括数字技术与数据要素直接结合而衍生出的数字产业化，而且还加深了数字技术与传统农业、工业形态的深度融合，并大大提高了产业数字化水平。不管是数字产业化，还是产业数字化都显著提升了经济社会发展的网络化、信息化和智慧化水平，为新的产业形态、商业模式的持续涌现和不断发展提供了肥沃的土壤。正因如此，数字技术的应用还带动了生产生活方式的根本性改变，突破了传统技术条件下对经济社会活动的种种束缚，极大提升了人类生产经营活动效率，并且成为促进经济规模不断扩大、经济结构持续优化、经济质量持续提升的关键动力。

在数字技术的支持下，数据作为数字经济时代的关键生产要素，正日益成为重要的战略资源。这一新的生产力与以往的不同在于，它不仅克服了传统经济社会活动中对于物质实体的过度依赖，而且实现了虚拟时空条件下数据要素与数字技术的结合。数字技术通过高效、准确地采集、存储、分析、共享等流程，提取了生产组织过程中形成的数据要素中负载的各类有用信息，实现了隐性信息或知识的显性化。同时，在这一过程中，也为数字生产力的最终形成提供了条件。在数字技术的直接推动下，数字生产力可以突破生产活动的时空条件限制，以机器学习、人工智能等方式或途径开展，并实现对人类体力劳动，乃至脑力劳动的有效替代，减少了生产过程中人类直接劳动的投入强度。正因为数字化生产过程所具有的这一特点，进一步强化了数字经济的共享性、兼容性和渗透性。尤其在具备识别、计量以及管理超大规模数据的算法、算力等工具支持下，将描述经济社会发展过程中"足迹"的数据要素转变成为具有较高经济价值的劳动对象，并使其成为一种独立的生产要素。此外，市场经济属于典型的法制经济，制度规则决定了参与市场经济行为主体的偏好选择和绩效实现状况。在数字技术与数据要素的结合下，辅之以制度为核心内容的生产关系的支持，共同支撑起数字经济生产力与数字经济生产关系良性互动的基础条件，推动了数字经济不断向前发展。同时，需要指出的是，在市场经济条件下，数字经济充分竞争发展的结果并不必然产生更高水平的经济效率，反而可能会因为自身掌握数据要素等形成企业攫取垄断利润的"保护层"，甚至由此不可避免地出现偷税、漏税、寻租，以及其他不正当竞争的现象，从而抑制数字经济效率。

11.3　研究设计

11.3.1　指标选择

数字经济通过加速信息流动、优化资源配置（宋洋，2020）、降低市场分割水平等方式不断带来新的技术变革，降低企业的创新成本与风险（Thompson et al.，2013），推动技术创新水平的不断提升。一方面，随着数字信息技术的广泛使用，数字经济可从降低错配与加剧竞争两个方向推动资源配置的优化（李宗显和杨千帆，2021）；另一方面，随着数字及互联网等技术的运用与数字信息平台的发展，使得信息知识的传播超越了信息产业界域，大幅提升传播信息的准确率并降低市场的盲从现象与削弱信息不对称性，带来更为透明的市场，从而推动了知识信息在创新主体间的流动（韩兆安等，2022）。现有研究从不同角度对数字经济推动全要素生产率提升进行了阐述。在微观层面，数字经济促使企业的范围经济与规模经济相结合，形成了新的盈利模式（任保平，2020），并通过提供更具对称性的信息渠道与创造就业机会提升我国国民收入；在中观层面，数字经济通过推动产业数字化的发展，并发展由数字要素增加带来产出增加的数字产业化，进而与实体经济进行深度融合（张蕴萍等，2021）；在宏观层面，数字经济从供需两侧推动产品的动态均衡，有效地解决了产品市场上供需结构错配的问题（戚聿东和褚席，2021），进而为提升全要素生产率创造必要条件。

数字经济（dig）是本研究的核心解释变量。随着数字技术与经济社会各领域的深层次融合发展，其内涵随时间推移不断丰富，学术界对数字经济核算的统一口径不尽相同。徐晓慧（2022）使用数字普惠金融指数来衡量数字经济发展水平。李英杰等（2022）从"数字基础设施、数字产业化、产业数字化"三方面衡量数字经济发展水平。考虑到数字经济具有高渗透性和普惠性,"数字产业化"和"产业数字化"是数字经济发展的两翼。数字基础设施建设和数字普惠金融是影响数字经济发展的重要因素。为更加客观、全面、系统的衡量数字经济发展水平,参考杜传忠和张远(2021)等的研究,基于数字基础设施、数字化产业、产业数字化、数字普惠金融四个方面的 6 个具体指标,构建综合指标来测度数字经济发展水平(见表 11.2),然后采用熵权法对相关指标权重进行测算,进而测算出内蒙古 9 个盟市(兴安盟、锡林郭勒盟和阿拉善盟的部分关键数字经济相关指标数据严重缺失,故不将其作为研究样本)的数字经济发展指数。

表 11.2　　　　　　　　　　数字经济发展水平指标体系

	一级指标	二级指标	单位	方向	权重
数字经济	数字产业化	人均电信业务量	元/人	正向	0.1645
		信息传输、计算机服务和软件业从业人员占比	%	正向	0.1672
	产业数字化	人均邮政业务量	元/人	正向	0.1649
	数字基础设施建设	每百人互联网用户数	户/百人	正向	0.1654
		人均移动电话用户数	部/人	正向	0.1696
	数字普惠金融	数字普惠金融指数	\	正向	0.1684

全要素生产率(TFP)是本部分的被解释变量。如前所述,全要素生产率刻画了生产过程中,所有投入要素(如劳动力、资本、土地等)的综合利用效率。它是一个相对指标,用于衡量在给定投入下,实际产出与潜在最大产出之间的差距。全要素生产率的提高意味着在相同投入下,能够获得更多的产出,从而实现经济增长。本章同样沿用第 9 章计算出的 2013~2022 年样本盟市的全要素生产率,作为被解释变量。

控制变量。具体如下:①工业发展水平(industrial):选用规模以上工业企业数来衡量;②交通便利程度(transportation):使用人均公路里程来衡量;③产业结构高级化水平(structure):使用第三产业增加值对第二产业增加值的比值来衡量;④盟市投资水平(investment):使用固定资产投资额来衡量。

11.3.2　数据来源与描述性统计

1. 数据来源

本部分所需数据主要来源于相关年度的《内蒙古统计年鉴》、国民经济和社会发展统计公报、政府工作报告以及有关盟市统计年鉴、《北京大学数字普惠金融指数报告》以及 Wind 金融数据库等。部分缺失数据采用插值法和趋势外推法进行补充。

2. 描述性统计

本部分研究的时间区间为 2013～2022 年，研究样本为样本盟市，并且为避免异方差情况出现，对所有控制变量进行对数化处理，统计结果见表 11.3。其中，数字经济发展水平指数的平均值为 0.348，标准差为 0.107，全要素出生率的平均值为 1.036，标准差为 0.109。这一结果说明，内蒙古不同样本盟市之间的数字经济发展水平和全要素出生率水平均存在一定差异。从控制变量来看，不同盟市在产业结构高级化、交通便利程度、盟市投资水平和工业发展水平等方面也存在显著差异。

表 11.3　　　　　　　　　　描述性统计

变量	N	mean	sd	min	max
数字经济（dig）	90	0.348	0.107	0.146	0.674
全要素生产率（TFP）	90	1.036	0.109	0.612	1.333
经济发展水平（eco）	90	11.120	0.480	10.140	12.450
产业结构高级化（structure）	90	0.838	0.0624	0.717	0.967
交通便利程度（transportation）	90	4.086	0.698	2.828	5.028
盟市投资水平（investment）	90	16.070	1.044	12.820	17.340
工业发展水平（industrial）	90	5.703	0.448	4.836	6.518
城镇化水平（urb）	90	0.670	0.161	0.443	0.959
科技创新能力（tech）	90	123.100	101.200	29.670	552.900

11.3.3　模 型 构 建

1. 数字经济影响全要素生产率的基准模型

为验证数字经济对全要素生产率的影响，建立基准回归模型如式（11.1）所示：

$$TFP_{i,t} = \alpha_0 + \alpha_1 dig_{i,t} + \eta X + \mu_i + \varepsilon_{i,t} \tag{11.1}$$

其中，下标 i 表示样本盟市，t 表示年份，因变量 TFP 代表全要素生产率，自变量 dig 为数字经济发展水平，X 为控制变量组，包括工业发展水平（industrial）、交通便利程度（transportation）、产业结构高级化水平（structure）、盟市投资水平（investment），μ_i 为盟市固定效应，$\varepsilon_{i,t}$ 为随机扰动项。

2. 数字经济影响全要素生产率的中介效应模型

数字经济时代，数字技术的广泛应用促进了科技创新能力的快速提升。在传统经济模式下，科技创新往往受限于技术条件、资金投入和人力资源等因素。然而，随着云计算、大数据、人工智能等数字技术的不断发展，科技创新的门槛大幅降低，创新速度和效率得到了显著提升。例如，通过大数据分析，企业可以更加精准地把握市场需求和消费者行为，从而提供更符合市场需求的产品和服务。同时，数字技术的普及也为企业提供了更加便捷的融资渠道和人才培养方式，进一步推动了科技创新能力的快速提升。当前，科技创新能力已成为世界各国推动经济发展的核心驱动力之一。这种进步不仅塑造了现代经济社会的格局，更对全要素生产率的提升产生了深远的影响。科技创新发挥作用过程中通过引入新技术、新设备和新工艺，提高了生产过程的自动化和智能化水平，从而显著提高了劳动生产率。例如，随着工业机器人的广泛应用，许多传统制造业领域的生产效率得到了大幅提升。并且科技创新还促进了知识和技术的传播与应用，使得生产过程更加精细化和专业化。这不仅提高了产品质量，还降低了生产成本，进一步提升了全要素生产率。

为检验科技创新能力在数字经济促进全要素生产率过程中的作用，

借鉴忠麟等（2014）的方法，构建如下实证模型，如式（11.2）和式（11.3）所示：

$$\text{tech}_{i,t} = \beta_0 + \beta_1 \text{dig}_{i,t} + \eta X + \mu_i + \varepsilon_{i,t} \qquad (11.2)$$

$$\text{TFP}_{i,t} = \gamma_0 + \gamma_1 \text{dig}_{i,t} + \gamma_2 \text{tech}_{i,t} + \eta X + \mu_i + \varepsilon_{i,t} \qquad (11.3)$$

其中，tech 表示科技创新能力，借鉴李旭辉（2023）的方法，使用人均科学技术支出来衡量科技创新能力，即公共财政支出中的科学技术支出除以该盟市的总人口。其他字母含义同上。

11.4 实证结果与分析

11.4.1 数字经济发展水平分析

运用 Stata18.0 软件，基于 2013～2022 年样本盟市的面板数据，通过熵权法对相关指标权重及综合指数进行测算，进而得到样本盟市的数字经济发展水平。如表 11.4 所示，数字经济发展水平的最小值和最大值分别为 0.1464 和 0.6735，这说明数字经济发展水平在不同地区具有较大的差异性。

表 11.4　　　　　2013～2022 年数字经济发展水平

样本盟市	2013 年	2014 年	2015 年	2016 年	2017 年	2018 年	2019 年	2020 年	2021 年	2022 年
呼和浩特市	0.3148	0.3148	0.3541	0.3134	0.4005	0.3992	0.6584	0.6735	0.6390	0.6366
包头市	0.1795	0.1795	0.2355	0.1663	0.2442	0.2695	0.3432	0.3076	0.3736	0.3848
乌海市	0.3227	0.3227	0.3395	0.2816	0.3389	0.3912	0.4368	0.3537	0.3844	0.3874
赤峰市	0.1464	0.1464	0.2338	0.2557	0.2358	0.3211	0.2867	0.3445	0.3974	0.3585
通辽市	0.1632	0.1632	0.2805	0.2252	0.2757	0.3193	0.3427	0.3999	0.4294	0.4159
鄂尔多斯市	0.2227	0.2227	0.2836	0.1541	0.2727	0.2779	0.3327	0.3310	0.3044	0.3610
呼伦贝尔市	0.2861	0.2861	0.3923	0.3647	0.3092	0.3849	0.4519	0.4769	0.4745	0.5045
巴彦淖尔市	0.1848	0.1848	0.3123	0.2965	0.2811	0.3239	0.3286	0.2973	0.4161	0.4467
乌兰察布市	0.1834	0.1834	0.2857	0.2916	0.3092	0.3220	0.3132	0.3268	0.3986	0.4047

由图 11.2 可知，从时间维度来看，各盟市数字经济发展水平总体上呈现出递增趋势，且发展速度较为平稳。其中，呼和浩特市的数字经济发展水平一直处于领先地位，2013～2022 年呈现持续增长的趋势，从 2013 年的 0.3148 上升至 2022 年的 0.6366，上升了 0.3218。其中，作为内蒙古自治区的首府城市，呼和浩特市拥有较为完善的科技创新基础设施以及其他丰富的科技创新资源，为数字经济的发展提供了有力支撑。包头市和乌海市的数字经济发展也表现出良好的势头，尤其是在近几年发展状况尤为显著。

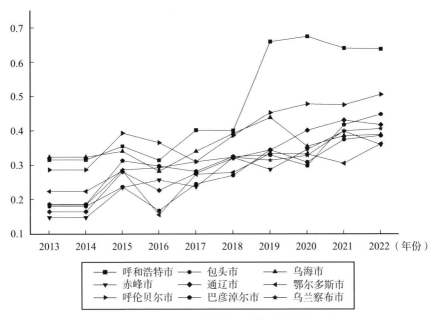

图 11.2 2013～2022 年样本盟市数字经济发展水平

从空间维度来看，通过对比样本盟市数字经济发展的实际情况可发现，2013～2022 年，样本盟市的数字经济发展整体进步明显但区域差异并没有明显缩小。位于中部地区的呼和浩特市、包头市与西部的乌海市的数字经济发展水平明显高于其他地区的数字经济发展水平。赤峰市、通辽市、巴彦淖尔市和乌兰察布市在 2013 年的数字经济指数均低于0.2，表明这些盟市在数字经济的起步相对较低，存在较大的发展空间；截至2022年，这些盟市在后续年份中有所增长，但与领先盟市之间的差距仍然明显。此外，由于内蒙古东部地区在数字经济起步阶段受到数字基础设施制约，无法形成数据要素高效流通、交易的机制，一定程度上导致大数据平台间的"数据壁垒"与企业间的"信息孤岛"短期内难以取得明显突破，从而使得这一地区数字经济发展水平相对较低。

11.4.2　相关性分析

由各变量之间的相关性检验结果可知（见表11.5），数字经济在5%的显著性水平下与全要素生产率正相关。其余变量之间也与全要素生产率存在一定的相关关系，表明本部分选取的变量可以对被解释变量进行解释。

表 11.5　　　　　　　　　　　变量相关性分析

变量	TFP	dig	industrial	transportation	structure	investment	eco	urb	tech
TFP	1								
dig	0.243**	1							
industrial	0.007	−0.525***	1						
transportation	−0.100	−0.140	0.118	1					
structure	0.092	0.264**	0.037	−0.714***	1				
investment	−0.116	−0.206*	0.702***	0.109	0.278***	1			
eco	0.317***	0.167	−0.032	−0.237**	0.379***	0.083	1		
urb	0.276***	0.244**	−0.273***	−0.568***	0.536***	−0.222**	0.774***	1	
tech	0.276***	0.030	−0.005	−0.391***	0.307***	−0.034	0.781***	0.730***	1

注：***、**、*分别表示在1%、5%、10%的显著性水平下显著。

还需指出的是，各解释变量间虽然有表现出相关性，某些变量间相关性还非常显著，但是相关系数都非常小。并且结合多重共线性检验

（见表11.6）可知，本部分所选变量的 VIF 值都小于 10，VIF 均值为
3.76，且 VIF 最大值为 6.05，因此模型不存在严重的多重共线性问题。
在未控制其他变量的情况下，单从变量两两之间的相关性不能准确地验
证假设，为此，后续采用计量经济学模型进一步检验数字经济发展对全
要素生产率的影响。

表 11.6　　　　　　　　　　　　多重共线性检验

变量	VIF	1/VIF
urb	6.05	0.165269
eco	5.12	0.195304
structure	4.10	0.243660
tech	3.49	0.286639
transportation	3.44	0.290965
investment	3.30	0.302890
industrial	2.90	0.345073
dig	1.67	0.597189
Mean VIF	3.76	

11.4.3　基准回归

运用 Stata18.0 软件完成对式（11.1）的回归分析，以检验数字经
济对全要素生产率带来的影响，结果如表11.7所示。Hausman 检验结
果表明模型适合固定效应模型。采用逐步加入控制变量的实现方法进行
回归，就给定样本而言，通过逐步加入控制变量的方法依次进行回归，
数字经济对全要素生产率的影响在 10% 的水平下显著为正。说明数字
经济有利于促进全要素生产率的提升。可能的原因是，数字经济基于大
数据、云计算、人工智能等先进技术，能够通过数字化、自动化的生产
方式，推动企业以更高效、更精准地配置资源，降低生产成本，提高资
源利用效率，进而提升全要素生产率。

表 11.7   基准回归结果

变量	（1）	（2）	（3）	（4）	（5）
	TFP	TFP	TFP	TFP	TFP
dig	0.3215 ** （0.136）	0.4638 *** （0.153）	0.3015 * （0.169）	0.2949 * （0.163）	0.2974 * （0.161）
industrial		0.0879 * （0.045）	0.1319 *** （0.049）	0.1125 ** （0.048）	0.1149 ** （0.047）
transportation			0.2692 ** （0.131）	0.3085 ** （0.127）	0.2330 * （0.132）
structure				− 1.2240 ** （0.472）	− 1.0413 ** （0.476）
investment					− 0.0552 * （0.030）
Constant	0.9240 *** （0.049）	0.3734 （0.288）	− 0.9213 （0.690）	0.0569 （0.766）	1.0846 （0.941）
Observations	90	90	90	90	90
R-squared	0.065	0.108	0.153	0.221	0.254
Number of cities	9	9	9	9	9

注： *** 、 ** 、 * 分别表示在1%、5%、10%的显著性水平下显著，括号内为标准误。

根据第（5）列，就控制便变量而言，工业发展水平（industrial）对全要素生产率的影响在5%的显著性水平上为正，说明工业发展水平越高，越能促进全要素生产率的提升。工业发展水平的提升往往伴随着产业集聚的形成。内蒙古推动工业园区和产业基地的建设有助于企业之间的相互合作和协作，形成规模经济效应。这种产业集聚有助于优化供应链，减少物流成本，提高生产效率，从而推动全要素生产率的提升。

交通便利程度（transportation）对全要素生产率的影响在10%的显著性水平上为正，说明交通便利程度越高，越能促进全要素生产率的提升。交通便利程度的提升意味着运输成本降低。企业可以更快、更便宜地将原材料、产品运输到目的地,从而提高企业的盈利能力和市场竞争力,进而促进全要素生产率的提升。

产业结构高级化水平(structure)对全要素生产率的影响在 5% 的显著性水平上为负。在产业结构高级化的过程中,资源可能会从生产率较低的部门流向生产率较高的部门。然而,由于市场摩擦、信息不对称等原因,资源优化配置可能受到限制,导致一些资源无法充分有效地利用,从而对全要素生产率尚未产生显著的促进作用。

城市投资水平(investment)对全要素生产率的影响在 10% 的显著性水平上为负。这可能是与投资的结构和质量有关,当投资主要集中在低技术含量的领域,或者投资的项目缺乏长期的发展潜力和可持续性,这些投资就无法对全要素生产率产生积极的推动作用。因此,不仅需要控制投资规模,避免过度投资导致资源的浪费和市场的扭曲,而且需要优化投资结构,将投资集中在高技术含量、高附加值的领域,以推动技术进步和产业升级,从而确保投资产出的质量和效益。

11.4.4 稳健性与内生性检验

1. 稳健性检验

从表 11.3 的描述性统计中可以看出解释变量与被解释变量在各样本盟市之间存在的差异均较大。为剔除离群值的影响,此处对所有数据均进行了 1% 的缩尾处理,重新进行回归分析,回归结果如表 11.8 所示。

表 11.8　　　　　　　　　　稳健性检验:缩尾处理

变量	(1)	(2)
	TFP	TFP
dig	0.3215 ** (0.136)	0.2974 * (0.161)

续表

变量	(1)	(2)
	TFP	TFP
industrial		0.1149** (0.047)
transportation		0.2330* (0.132)
structure		-1.0413** (0.476)
investment		-0.0552* (0.030)
Constant	0.9240*** (0.049)	1.0846 (0.941)
Observations	90	90
Number of cities	9	9
R-squared	0.065	0.254

注：***、**、*分别表示在1%、5%、10%的显著性水平下显著，括号内为标准误。

表11.8表示，无论是否加入控制变量，数字经济对全要素生产率的影响仍显著为正，通过了缩尾处理的稳健性检验。

2. 内生性分析

通过上述可知数字经济发展能有效推动全要素生产率提升，同时全要素生产率提升的过程会改善当地的生产生活基础设施，强化基本公共服务，进而可能会反过来提高当地的数字经济发展水平。根据时序概念，当前的全要素生产率不会对过去的数字经济发展产生影响，所以选取了数字经济的滞后一期来解决反向因果问题。表11.9中为滞后一期的数字经济对全要素生产率的实证结果。其中，无论是否加入控制变量，滞后一期的数字经济对全要素生产率均有着显著的正向影响，这也说明了数字经济对全要素生产率的促进作用可信度较高。

表 11.9　　　　　　　　内生性控制：滞后一期

变量	(1)	(2)
	TFP	TFP
l. dig	0.4684 *** (0.149)	0.4158 ** (0.162)
industrial		0.1236 ** (0.051)
transportation		0.2333 (0.150)
structure		− 0.8374 (0.524)
investment		− 0.0711 ** (0.034)
Constant	0.8781 (0.052)	1.0803 (1.051)
Observations	81	81
Number of cities	9	9
R-squared	0.122	0.305

注：*** 、** 分别表示在 1% 、5% 的显著性水平下显著，括号内为标准误。

11.4.5　区域异质性分析

内蒙古是我国五大少数民族自治区之一，地域辽阔，资源丰富，由于历史、区位、政策等多种原因，其发展存在着明显的地域差异。为了更好地理解不同区域数字经济的发展及其对全要素生产率的影响，将采用 7.3.4 节的分类方法，将全区划分为蒙东、蒙中和蒙西三个区域，来探究不同区域数字经济对全要素生产率影响的差异。区域异质性回归结果如表 11.10 所示。其中，蒙东地区数字经济对全要素生产率的影响在 10% 的显著性水平下为 0.8956。这表明蒙东地区数字经济的发展能够显著促进全要素生产率的提升。蒙东地区涵盖了赤峰市、通辽市、兴安盟和呼伦贝尔市，在数字经济发展方面均展现出了积极的态势。在农业领域，蒙东地区利用物联网、大数据等技术，实现了精准农业管理，提高了农作物的产量和质量；在工业领域，数字化技术的应用使得生产流程更加高效、精准，减少了资源浪费和环境污染。此外，蒙东地区还通过加强数字经济基础设施和基本公共服务建设、完善政策体系、优化营商环境等措施，为数字经济的发展提供了有力支撑。这些举措不仅吸引了大量的人才和企业涌入蒙东地区，也激发了创新创业的活力，为全要素生产率的提升注入了强大动力。

表 11. 10 　　　　　　　　　　区域异质性

变量	（1）	（2）	（3）
	蒙东	蒙中	蒙西
	TFP	TFP	TFP
dig	0. 8956 * (0. 494)	0. 2096 (0. 176)	− 0. 6472 (0. 462)
industrial	0. 2564 ** (0. 101)	0. 1462 (0. 113)	0. 5846 ** (0. 259)
transportation	0. 4739 (0. 379)	0. 1962 (0. 145)	1. 0634 ** (0. 486)
structure	− 2. 1087 ** (1. 012)	− 0. 1127 (0. 684)	− 0. 9496 (1. 332)
investment	− 0. 0913 (0. 076)	0. 0345 (0. 101)	− 0. 0134 (0. 047)
Constant	0. 3140 (2. 408)	− 1. 1263 (2. 391)	− 5. 0787 * (2. 563)
Observations	30	40	20
R-squared	0. 390	0. 173	0. 644
Number of cities	3	4	2

注：** 、* 分别表示在 5% 、10% 的显著性水平下显著，括号内为标准误。

蒙中地区数字经济对全要素生产率的影响为 0.2096，但不显著。蒙中地区包括鄂尔多斯市、包头市、呼和浩特市和乌兰察布市，这一区域位于内蒙古中部，是内蒙古的经济、文化中心地区。虽然蒙中地区拥有较为完善的产业链和创新体系，但其产业结构仍然呈现出"偏重"的特征，如能源、化工、制造业比重较高等，工业互联网、智能工厂等建设相对滞后。同时，这些产业在数字化转型方面可能还面临较大的技术、资金和管理挑战，导致数字经济对区域全要素生产率的提升作用受到一定限制。

蒙西地区数字经济对全要素生产率的影响为 - 0.6472，但不显著。这表明现阶段对蒙西地区而言数字经济无法推动全要素生产率的提升。可能的原因是，蒙西地区位于内蒙古西部，历史上经济发展相对滞后，可能导致数字经济发展的起点和基础相对较低，缺乏充足的数字场景应用、数字人才储备以及数字基础设施建设相对不足。同时，该地区的产业结构可能仍以传统资源型或农牧产业为主，这些行业在数字化转型过程中可能面临的难度较大。这些都可能导致数字经济发展对全要素生产率的提升作用不明显。

11.4.6　机制检验

为检验科技创新能力在数字经济促进全要素生产率过程中的作用，根据式（11.2）和式（11.3）进行回归分析，回归结果如表 11.11 所示。

表 11.11　　　　　　　　　　传导机制检验结果

变量	(1)	(2)
	tech	TFP
dig	201.0484 ** （82.542）	0.2205 * （0.109）

续表

变量	（1）	（2）
	tech	TFP
tech		0.0004 **
		(0.000)
industrial	97.0301 **	0.0778 *
	(33.763)	(0.038)
transportation	136.9877	0.1805
	(88.868)	(0.141)
structure	−496.0096	−0.8514
	(427.937)	(0.675)
investment	66.1433 ***	−0.0805 **
	(17.725)	(0.027)
Constant	−1706.9456 ***	1.7383
	(485.890)	(1.002)
Observations	90	90
R-squared	0.316	0.288
Number of cities	9	9

注：*** 、** 、* 分别表示在1%、5%、10%的显著性水平下显著，括号内为标准误。

由表11.11第（1）列可知，数字经济对科技创新能力的影响在5%的显著性水平下为正。在第（2）列中，数字经济和科技创新能力对全要素生产率的影响均显著为正。这表明数字经济通过推动科技创新能力来促进全要素生产率的提升。可能的原因是，数字化技术的不断发展和普及，使得企业能够更快速、更精准地获取市场信息和消费者需求，从而推动企业进行技术创新和产品升级。同时，数字经济还促进了创新成果的快速传播和应用，加速了科技创新的商业化进程，从而提升了创新的整体质量和效益。并且数字经济也为创新提供了更多的可能性，包括云计算、大数据、人工智能等先进技术的应用，这些都为科技创新提供了强大的技术支持。通过数字化技术的应用，企业可以优化研发流程，提高研发效率，降低创新成本。进而科技创新通过优化生产流程、提高生产效率、降低生产成本等方式，有效地提升了全要素生产率。以装备制造业为例，智能制造技术的引入使得生产过程更加自动化、智能化，大大提高了生产效率和产品质量。因此，科技创新是数字经济推动全要素生产率提升的重要渠道。

11.5　门槛效应检验

考虑到宏观经济发展水平是数字经济发展的重要基础，在经济发展的不同阶段，人们的消费观念、生活方式和产业结构也在发生深刻变化。而且随着城镇化进程的推进，城镇基础设施不断完善，人口和产业聚集效应已经较为充分地显现。因此，在经济发展水平和城镇化水平的不同发展阶段数字经济对全要素生产率的影响作用可能会因此而有所差异。为探究这种差异性影响，分别选取经济发展水平（eco）与城镇化水平（urb）作为门槛变量，构建门槛模型以考察二者可能带来的门槛效应，如式（11.4）和式（11.5）所示：

$$\text{TFP}_{i,t} = \alpha_i + \alpha_1 \text{dig}_{i,t} I(\text{eco} \leqslant \gamma) + \alpha_2 \text{dig}_{i,t} I(\text{eco} > \gamma) + \beta_i X_{i,t} + \mu_i + \varepsilon_{i,t}$$

$$(11.4)$$

$$\text{TFP}_{i,t} = \alpha_i + \alpha_1 \text{dig}_{i,t} I(\text{urb} \leqslant \gamma) + \alpha_2 \text{dig}_{i,t} I(\text{urb} > \gamma) + \beta_i X_{i,t} + \mu_i + \varepsilon_{i,t}$$

$$(11.5)$$

其中，γ 为门槛值，门槛变量为经济发展水平（eco）与城镇化水平（urb），$I(\cdot)$ 为示性函数，其他字母含义同上。经济发展水平使用人均 GDP 来衡量，城镇化水平使用城镇化率来衡量。

进行门槛回归前，使用 Bootstrap 自抽样法反复抽样 500 次，来判断是否存在门槛效用及门槛个数。检验结果如表 11.12 所示。当门槛变量为经济发展水平（eco）时，单门槛在 5% 的显著性水平下通过检验，但双门槛检验不显著，即存在单门槛效应。当门槛变量为城镇化水平（urb）时，双门槛检验不显著，单门槛在 5% 的水平下显著，即存在单门槛效应。

表 11.12　　　　　　　　　　　门槛效应检验结果

门槛变量	门槛数	F 值	P 值	临界值			门槛值	95% 置信区间
				1%	5%	10%		
经济发展水平	单门槛	19.74	0.0467	25.1355	18.3502	13.8617	10.5373	[10.4785, 10.5729]
	双门槛	-2.86	1.0000	19.0461	12.9713	10.6935	10.6573	[10.6474, 10.6846]
城镇化水平	单门槛	19.05	0.0500	23.9462	18.4581	15.5255	0.4938	[0.4901, 0.4943]
	双门槛	11.61	0.1433	19.0970	14.1933	12.4293	0.4754	[0.4681, 0.5059]

　　根据 Hansen 提出的估计法，门槛值是计值在 95% 置信区间下的 LR 图。图 11.3 为经济发展水平的 LR 图，对应的门槛值为 10.5373。图 11.4 为城镇化水平的 LR 图，对应的门槛值为 0.4938。由于临界值都处于虚线下方，由此判断门槛值有效。

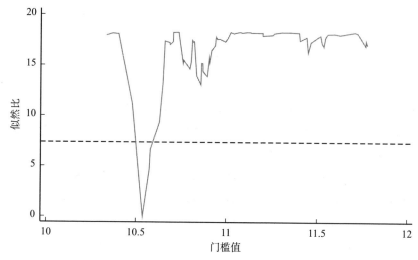

图 11.3　经济发展水平最大似然比估计值

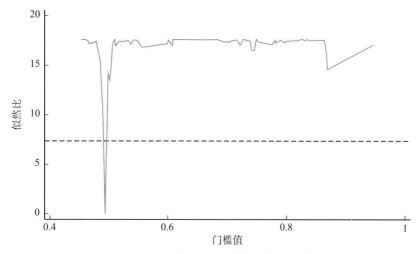

图 11.4　城镇化水平最大似然比估计值

根据式（11.4）、式（11.5）进行门槛回归，结果如表 11.13 所示。

表 11.13　　　　　　　　　门槛模型估计结果

门槛变量为经济发展水平		门槛变量为城镇化水平	
变量	TFP	变量	TFP
dig（eco≤10.5373）	−0.4788 ** （0.232）	dig（urb≤0.4938）	−0.1380 （0.226）
dig（eco>10.5373）	0.2518 * （0.145）	dig（urb>0.4938）	0.2740 * （0.155）
industrial	0.1475 *** （0.043）	industrial	0.1387 *** （0.047）
transportation	0.1881 （0.119）	transportation	0.1454 （0.131）
structure	−0.9756 ** （0.429）	structure	−1.0852 ** （0.459）

续表

门槛变量为经济发展水平		门槛变量为城镇化水平	
变量	TFP	变量	TFP
investment	-0.0742 *** (0.028)	investment	-0.0659 ** (0.029)
Constant	1.3637 (0.851)	Constant	1.5396 * (0.922)
Observations	90	Observations	90
Number of cities	9	Number of cities	9
R-squared	0.402	R-squared	0.318

注：*** 、** 、* 分别表示在1%、5%、10%的显著性水平下显著，括号内为标准误。

1. 门槛变量为经济发展水平

由表11.13可知，门槛变量为经济发展水平时，在门槛值前后数字经济的系数符号不同且绝对值存在较大差异，表明其对全要素生产率的影响存在显著差异。当经济发展水平低于10.5373时，会阻碍全要素生产率的提升；当经济发展水平高于10.5373时，数字经济显著促进全要素生产率。表明随着经济发展水平的提升，数字经济对全要素生产率的影响作用由负转正。可能原因是，当经济发展水平较低时，数字经济面临基础设施不完善、技术应用不广泛等问题。此时，数字经济的投入可能无法立即转化为现实有效的生产力，反而可能因为资源错配或技术瓶颈而阻碍全要素生产率的提升。此外，低经济发展水平下的企业和市场可能缺乏足够的创新能力和吸收能力，无法充分利用数字经济的优势，这也可能导致数字经济对全要素生产率的负面影响。随着数经济发展水平的提升，相关的技术和基础设施逐渐完善。例如，5G、云计算、人工智能等技术的成熟和普及，为数字经济提供了强大的支持。这些技术在提高生产效率、降低成本、优化资源配置等方面同样发挥了积极作用，从而推动了全要素生产率的提升。

2. 门槛变量为城镇化水平

由表 11.13 可知，门槛变量为城镇化水平时，在门槛值前后数字经济的系数符号不同且绝对值存在较大差异，表明随着城镇化水平越过门槛值后数字经济回归系数由负转正。当城镇化水平低于门槛值 0.4938 时，数字经济对全要素生产率的影响为 -0.1380，但不显著；当城镇化水平高于门槛值 0.4938 时，数字经济对全要素生产率的影响由负转正，在 10% 的显著性水平下为 0.2740。表明当城镇化水平越过门槛值后数字经济的促进作用才逐渐显现。可能原因是，较低的城镇化水平意味着基础设施、基本公共服务和市场环境等方面相对滞后，这些因素限制了数字经济的发展及其在全要素生产率提升方面的作用效果。随着城镇化水平的提高，城镇基础设施建设得到了完善，包括信息通信网络、数据中心等关键设施的覆盖和升级。这为数字经济的发展提供了坚实的物质基础，使其能够更好地服务于各行各业，推动全要素生产率的提升。并且城镇化水平的提升也促进了人才的聚集和流动。随着更多高素质人才进入城镇，他们为数字经济的发展提供了强大的人才支撑和智力支持。这些人才在推动数字技术创新、应用和推广方面发挥了重要作用，进一步增强了数字经济对区域全要素生产率的正向激励效应。

第五篇
内蒙古创新驱动的提升路径
与策略选择

第12章 内蒙古创新驱动的提升路径仿真研究

通过构建内蒙古科技创新政策实施效果的系统动力学仿真模型，验证扩大投资、扩大财政科技支出、扩大教育经费投入以及扩大节能环保支出等不同情景下的科技创新政策效果，明确相应的提升路径。

12.1 系统动力学建模理论分析

12.1.1 方法论提出

系统动力学由美国麻省理工学院杰·W. 弗雷斯特（Jay W. Forrester）教授提出。系统动力学理论建立在系统理论、决策理论等基础上，并结合其他相关学科的理论知识综合形成。系统动力学模型将系统进行逐层结构化的处理，找出系统因素间的反馈关系，然后利用计算机进行模拟实验，将系统内部作用机理可视化呈现。克里斯蒂娜·巴丘和伊万·拉杜（Cristina Baciu & Ioan Radu，2012）运用系统动力学模型模拟了不同情景下公共政策决策的逻辑优先级问题，以及由此可能造成的不同结果。

如图 12.1 所示，系统动力学体现的反馈回路原理是，依次将决策变量、水平变量和信息变量这三个变量连接起来，从源头即具有控制作用的变量，即决策变量开始，最终又回到该变量而形成的闭合回路。在系统动力学中，任何规模的系统都是由反馈回路组成的系统结构，一般而言，系统组成越复杂系统中的反馈回路关系结构也就越复杂。系统结构特征包括以下两个方面：

（1）系统 S 是由 P 个互相作用的子系统 S_i 组成，则有式（12.1）：

$$S = \{S_i \in S|_{1 \sim p}\} \tag{12.1}$$

其中，S 表示整个系统，S_i 表示子系统，$i = 1, 2, \cdots, p$。

（2）反馈回路是系统的基本结构。一阶反馈回路的变量有三种类型：水平变量、速率变量和辅助变量。变量的表达式为对应的三种方程。无论系统是否运行、是否根据时间变化、是否为线性系统，均可以通过方程式进行表达，如式（12.2）和式（12.3）所示：

$$\dot{L} = PR \tag{12.2}$$

$$\begin{bmatrix} R \\ A \end{bmatrix} = \begin{bmatrix} W_1 \\ W_2 \end{bmatrix} \begin{bmatrix} L \\ A \end{bmatrix} = W \begin{bmatrix} L \\ A \end{bmatrix} \tag{12.3}$$

其中，$\dot{L}$ 为纯速率变量向量；P 为转移矩阵；R 为速率变量向量；L 为水平变量向量；A 为辅助变量向量；W_1，W_2 为关系矩阵。

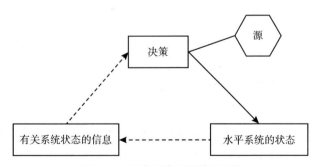

图 12.1　系统反馈回路基本结构

12.1.2　应用基本流程

系统动力学分析着眼于系统的整体性，找到系统内各要素间的关系，研究变量间的因果反馈机制，并通过改变系统要素的结构或者改变政策变量来观察系统运行的变化。运用系统动力学方法，探究科技创新政策及其作用对象构成系统运行的过程，能够充分且清晰地反映区域科技创新政策实施效果的系统内部影响因素间的动态关系。其基本流程如图 12.2 所示。

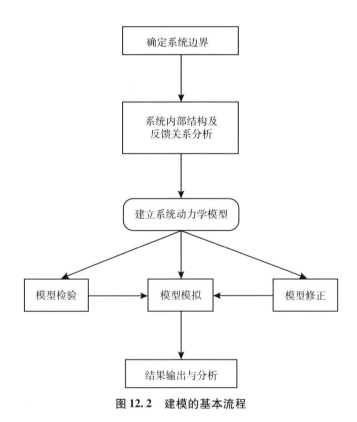

图 12.2　建模的基本流程

12.2　系统动力学模型建立

12.2.1　系统边界的确定

系统动力学的研究对象以及与研究对象相关的辅助变量都构成系统的重要组成部分。系统内部的要素之间相互作用客观上描述了现实世界的作用关系，由于受到系统内部容量的限制，一般假定系统内部的相互作用不因外部环境的影响发生质变。同时，在模型构建过程中，可以根据研究的深入逐步扩大系统范围，延伸系统边界。本书的研究区域是内蒙古自治区，系统的时间边界为 2009～2030 年，考虑到政策发挥作用可能存在滞后性，将 2009～2021 年设定为检验期，2022～2030 年设定为模拟期，同时将时间步长设定为 1 年。模型预测所需数据来自相关年度《中国统计年鉴》《内蒙古统计年鉴》《中国城市统计年鉴》以及内蒙古自治区及各盟市统计公报等，部分缺失数据采用插值法等方法处理。在对内蒙古科技创新政策实施效果的投入、产出、环境三大子系统中的指标变量及各个指标变量间因果反馈关系进行研究分析的基础上，通过增加部分中间变量可以将各子系统之间的因果反馈关系进一步明确为总模型因果反馈关系，以更好地解释内蒙古创新驱动的影响因素之间的作用机制。本系统的总模型因果反馈关系，具体如图 12.3 所示。

12.2.2　系统作用关系分析

根据上述因果反馈关系图，利用 Vensim 软件分析工具栏中的原因树（Causes Tree）和应用树（Uses Tree）工具进行分析，可以绘制相应的原因树及结果树，即因果反馈树状图。本书鉴于篇幅的限制以高技术产业产值、高技术产业主营业务收入的因果反馈树结构关系为例进行绘制，具体结果如图 12.4 和图 12.5 所示：

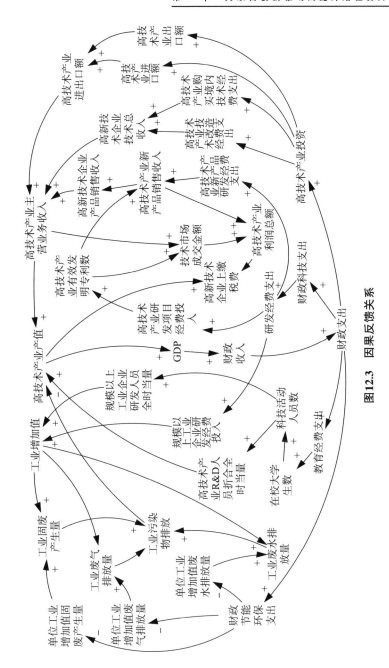

图12.3 因果反馈关系

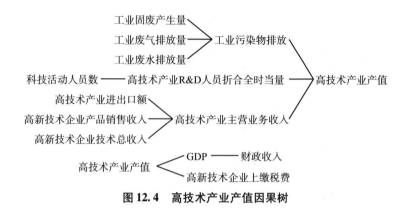

图 12.4　高技术产业产值因果树

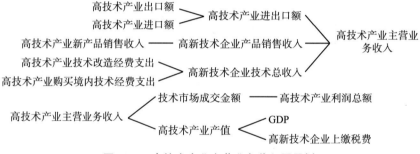

图 12.5　高技术产业主营业务收入因果树

反馈系统中回路的数量和长度是体现系统内部关系紧密程度的重要标志。利用 Vensim 软件分析工具栏中的 loops 工具对反馈回路中的所有变量进行研究，其中以高技术产业产值的反馈关系为例，共有 16 条回路。这些回路较全面地覆盖了内蒙古科技创新政策实施效果各个方面。其中的具体反馈回路关系，总结如下所述：

回路数字 1，它的长度是 7。高技术产业产值→GDP→财政收入→财政支出→高技术产业投资→高技术产业进口额→高技术产业进出口额→高技术产业主营业务收入。

回路数字 2，它的长度是 7。高技术产业产值→GDP→财政收入→财政支出→高技术产业投资→高技术产业购买境内技术经费支出→高新技术企业技术总收入→高技术产业主营业务收入。

回路数字 3，它的长度是 7。高技术产业产值→GDP→财政收入→财政支出→高技术产业投资→高技术产业技术改造经费支出→高新技术企业技术总收入→高技术产业主营业务收入。

回路数字 4，它的长度是 7。高技术产业产值→GDP→财政收入→财政支出→高技术产业投资→高技术产业出口额→高技术产业进出口额→高技术产业主营业务收入。

回路数字 5，它的长度是 7。高技术产业产值→GDP→财政收入→财政支出→财政节能环保支出→单位工业增加值废水排放量→工业废水排放量→工业污染物排放。

回路数字 6，它的长度是 7。高技术产业产值→GDP→财政收入→财政支出→财政节能环保支出→单位工业增加值废气排放量→工业废气排放量→工业污染物排放。

回路数字 7，它的长度是 7。高技术产业产值→GDP→财政收入→财政支出→财政节能环保支出→单位工业增加值固废产生量→工业固废产生量→工业污染物排放。

回路数字 8，它的长度是 7。高技术产业产值→GDP→财政收入→财政支出→教育经费支出→在校大学生数→科技活动人员数→高技术产业 R&D 人员折合全时当量。

回路数字 9，它的长度是 9。高技术产业产值→GDP→财政收入→财政支出→财政科技支出→研发经费支出→规模以上工业企业研发经费投入→工业增加值→工业固废产生量→工业污染物排放。

回路数字 10，它的长度是 9。高技术产业产值→GDP→财政收入→财政支出→财政科技支出→研发经费支出→规模以上工业企业研发经费投入→工业增加值→工业废水排放量→工业污染物排放。

回路数字 11，它的长度是 9。高技术产业产值→GDP→财政收入→财政支出→财政科技支出→研发经费支出→规模以上工业企业研发经费投入→工业增加值→工业废气排放量→工业污染物排放。

回路数字 12，它的长度是 9。高技术产业产值→GDP→财政收入→财政支出→财政科技支出→研发经费支出→高技术产业新产品研发经费支出→高技术产业新产品销售收入→高新技术企业产品销售收入→高技术产业主营业务收入。

回路数字 13，它的长度是 10。高技术产业产值→GDP→财政收入→财政支出→财政科技支出→研发经费支出→高技术产业研发项目经费投入→高技术产业有效发明专利数→高技术产业新产品销售收入→高新技术企业产品销售收入→高技术产业主营业务收入。

回路数字 14，它的长度是 10。高技术产业产值→GDP→财政收入→财政支出→教育经费支出→在校大学生数→科技活动人员数→规模以上工业企业研发人员全时当量→工业增加值→工业废水排放量→工业污染物排放。

回路数字 15，它的长度是 10。高技术产业产值→GDP→财政收入→财政支出→教育经费支出→在校大学生数→科技活动人员数→规模以上工业企业研发人员全时当量→工业增加值→工业废气排放量→工业污染物排放。

回路数字 16，它的长度是 10。高技术产业产值→GDP→财政收入→财政支出→教育经费支出→在校大学生数→科技活动人员数→规模以上工业企业研发人员全时当量→工业增加值→工业固废产生量→工业污染物排放。

12.2.3　系统动力学仿真模型建立

内蒙古创新驱动提升路径的系统动力学仿真模型的建立，以测度模型所包含的测度指标为基础，涵盖了区域科技创新投入、产出与环境，3 个子系统。运用 Vensim 软件绘制内蒙古创新驱动提升路径的系统动力学仿真模型流图，如图 12.6 所示。根据需要，建立系统动力学仿真模型流图的过程中对系统边界之内加入部分相关辅助变量，使内蒙古创新驱动提升路径系统反馈关系更加完善。其中，包含 GDP、地方财政支出、高技术产业投资额、年煤炭产量 4 个水平变量；年高技术产业投资额增速 4 个速率变量；财政科技支出等 35 个辅助变量。

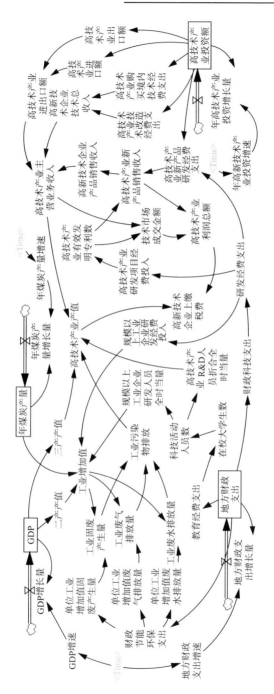

图 12.6 内蒙古创新驱动提升路径的系统动力学仿真模型流图

12.3 系统动力学模型检验与情景设定

12.3.1 模型有效性检验

现实的系统一般是由各个密切关系的部分组成的有机整体。系统动力学方法是采用抽象和近似替代的思想，对复杂的现实系统进行描绘或刻画。这种对现实系统反映的真实程度客观上决定了模型的科学性和有效性。在实际操作过程中常见的检验方法主要由于理论检验和历史检验两种。具体如下所述：

（1）理论检验：具体方式为变量间关系、参数的取值是否合理、单位是否一致、模型边界是否清晰等的判断；排除机制上的错误，如系统动力学流图的结构、方程的表述、因果反馈关系及变量设置的合理性检验。在完成系统内部有关子系统、变量等检验、分析、测试等有关检验之后，才可以为研究对象现状及未来发展趋势进行更为客观有效的分析研判。

（2）历史检验：在完成理论方面的有关检验之后，模型的有效性到底如何，需要以历史数据的比较验证为基准，特别是对水平变量的历史检验应当达到较小的误差范围以内，才能保证系统模型模拟仿真结果的准确有效。一般情况下，对模型仿真模拟采用的检验公式，如式（12.4）所示：

$$D_t = \frac{X_t - X'_t}{X'_t} \times 100\% \qquad (12.4)$$

式（12.4）中 X_t 为 t 时刻历史值，X'_t 为 t 时刻模拟值，D_t 为偏离度。

模拟结果与历史值存在一定误差是难免的，一般模拟值与历史值之间的偏差不超过 10%，就可以认为构建的系统模型是有效的。如果检验结果存在较大偏差，就要结合实际分析系统变量之间的关系是否合理或者需要增加新的辅助变量，以减小或消除"噪声"带来的影响，从而提高仿真输出结果的精确度。本部分构建的系统动力学仿真模型涉及变量较多，选取具有系统模型中具有代表性的 4 个水平变量的有效性检验结果如表 12.1 所示，地方财政支出各年度模拟误差均在 6% 以内，完全符合有效性要求。年煤炭产量除 2019 年模拟误差超过 10% 以外，其余年份均符合有效性要求。GDP 受近年来不确定性因素较多等影响，2015 年和 2017 年模拟误差相对较大，其余年度均在 10% 左右，能够较好地满足有效性要求。高技术产业投资额受到政策调整等因素影响较大，但模拟误差在 10% 左右或以内的年份仍能保持在半数以上，处于可以接受范围。这说明整体的仿真结果与实际情况吻合度较好，因此可以确定本部分构建的系统动力学仿真模型可以对现实系统的定量关系做出较为真实、准确的仿真模拟，并能实现对未来发展趋势的分析预测。

表 12.1　　　　　　　　　系统模型有效性检验结果

年份	GDP			年煤炭产量		
	历史值	模拟值	误差	历史值	模拟值	误差
2009	9725.78	9725.78	0.00%	60100	60100	0.00%
2010	11369.4	11672	2.66%	76507.3	78664.66	2.82%
2011	13654.7	14359.9	5.16%	96322.7	97961	1.70%
2012	16795.3	15880.6	−5.45%	110289	104190.9	−5.53%
2013	18575.6	16916.5	−8.93%	112936	103000	−8.80%
2014	19783	17770.2	−10.17%	109435	99391.3	−9.18%
2015	20772.1	17831.51	−14.16%	100899	90957.1	−9.85%
2016	20834.4	18632.57	−10.57%	91314	84558.9	−7.40%
2017	21772	16103.2	−26.04%	83095.7	90597.3	9.03%

年份	GDP			年煤炭产量		
	历史值	模拟值	误差	历史值	模拟值	误差
2018	18811	17289.2	-8.09%	89078.6	97560.3	9.52%
2019	18227.9	17212.5	-5.57%	91483.7	109068.1	19.22%
2020	19576.7	17359.8	-11.32%	100724	102550.9	1.81%
2021	19498.4	20514.2	5.21%	94680.2	103896.1	9.73%

年份	高技术产业投资额			地方财政支出		
	历史值	模拟值	误差	历史值	模拟值	误差
2009	146.38	146.38	0.00%	1925.1	1925.1	0.00%
2010	168.337	172.4466	2.44%	2337.07	2273.5	-2.72%
2011	198.638	120.31	-39.43%	2858.24	2989.2	4.58%
2012	139.046	224.5831	61.52%	3558.51	3426	-3.72%
2013	260.017	268.3339	3.20%	3775.58	3682.15	-2.47%
2014	309.42	338.4699	9.39%	4058.74	3884.2	-4.30%
2015	389.869	344.1542	-11.73%	4281.97	4290.1	0.19%
2016	397.666	321.1998	-19.23%	4517.48	4526.29	0.20%
2017	369.83	182.0869	-50.76%	4720.77	4523.1	-4.19%
2018	210.803	251.6434	19.37%	4725.49	4806.3	1.71%
2019	290.908	216.8651	-25.45%	5023.2	5097.9	1.49%
2020	250.181	234.2542	-6.37%	5570.73	5268.2	-5.43%
2021	270.195	225.5597	-16.52%	5347.9	5240.1	-2.02%

12.3.2　方案仿真情景设定

　　情景分析法又称前景描述法，在管理工程领域实践中应用较多。该方法在实际运用较为广泛，属于一种策略管理技术，即经过考虑分析各种结果及其影响，可以帮助决策者作出更科学的选择。区域科技创新政策实施效果提升是一个长期的发展演变过程，因此在情景设定同时兼顾对检验期内调节变量参数的实际值变化情况和差别化情景设置的需要。根据已有文献和专家建议，通过对研究对象系统特征的详细考察，选定的高技术产业投资额、财政科技支出、教育经费支出、财政节能环保支出 4 种不同情景下的仿真方案，对 2022~2030 年内蒙古科技创新政策实施效果变化趋势进行动态仿真预测。结合以往变化特征，具体参数设定方式如表 12.2 所示。

表 12.2　　　　　　　　　　**情景参数设定**

	方案 a	方案 b	方案 c
扩大投资支持	年增速 18%	年增速 15%	年增速 12%
扩大财政科技支持	提高 15%	提高 10%	提高 5%
扩大教育经费支持	提高 15%	提高 10%	提高 5%
扩大节能环保支持	提高 15%	提高 10%	提高 5%

12.4　提升方案模拟结果比较分析

根据总模型流图，分别从内蒙古创新驱动提升路径的主要影响因素中选取关键评价指标代入系统模型中进行动态仿真模拟，比较不同仿真方案中关键指标的变化趋势，并对仿真结果进行分析。

12.4.1　扩大投资型方案

高技术产业是引领区域经济高质量发展的"头雁"，通过不断加大高技术产业投资可以为高技术产业发展奠定坚实的物质基础和重要

保障。模拟结果显示，在扩大投资型条件下对应的 a、b、c 三个方案
中，均能够实现比现状延续情景下的对高技术产业进出口更好的推动
作用，且从变化过程看，随着时间的推移高技术产业投资所产生的效
果呈现逐渐加强的趋势。具体而言，如图 12.7 所示，截至模拟期末，
三种方案下所实现的高技术产业进出口额分别为 1210.54 百万美元、
1085.56 百万美元、981.436 百万美元，高于现状延续情景下的 895.109
百万美元。

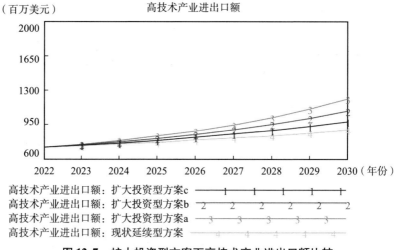

图 12.7　扩大投资型方案下高技术产业进出口额比较

　　模拟结果显示，如图 12.8 所示，截至模拟期末在扩大投资型条件
下对应的 a、b、c 三个方案中所实现的高新技术企业技术总收入分别为
7667.62 千元、5883.93 千元、4397.87 千元，高于现状延续情景下的
3165.82 千元。这表明，通过增加高技术产业投资的方式，各方案均能
够实现比现状延续情景下的对高新技术企业技术总收入更好的推动作
用。并且从变化过程看，随着时间的推移高技术产业投资对高新技术企
业技术总收入所产生的效果呈现逐渐加强的趋势。

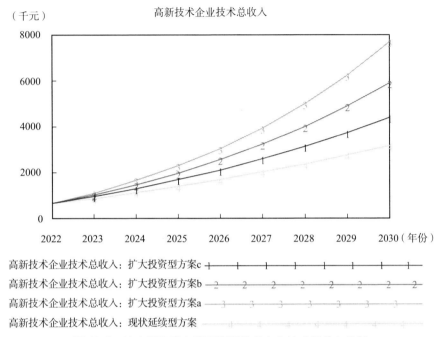

（千元）

高新技术企业技术总收入

高新技术企业技术总收入：扩大投资型方案c
高新技术企业技术总收入：扩大投资型方案b
高新技术企业技术总收入：扩大投资型方案a
高新技术企业技术总收入：现状延续型方案

图 12.8　扩大投资型方案下高新技术企业技术总收入比较

　　模拟结果显示，如图 12.9 所示，截至模拟期末在扩大投资型条件下对应的 a、b、c 三个方案中所实现的高技术产业利润总额分别为 2556.22 亿元、644.164 亿元、−948.842 亿元，高于现状延续情景下的 −2269.56 亿元。其中，方案 a 和方案 b 情景下，所带来的高技术产业利润总额呈现逐渐提高的趋势，且随着时间的推移，提高的效果愈加显著；而现状延续情景和方案 c 情景下，所带来的高技术产业利润总额呈现逐渐下降的趋势，并且出现了负值，这表明发生了明显的亏损现象。

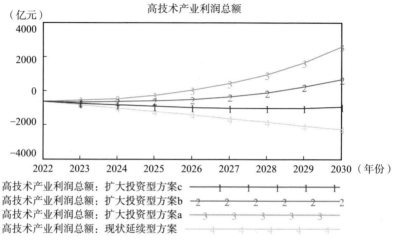

图 12.9　扩大投资型方案下高技术产业利润总额比较

12.4.2　扩大财政科技支持型方案

财政科技支出是弥补科技创新外部效应的重要财力保障，通过不断增加财政科技支出力度和强度有助于增强企业作为市场经济主体进行创新的积极性和主动性。模拟结果显示，如图 12.10 所示，截至模拟期末在扩大财政科技支持条件下对应的 a、b、c 三个方案中所实现的高技术产业产值分别为 491.085 亿元、470.591 亿元、450.096 亿元，高于现状延续情景下的 429.601 亿元。这表明，通过增加财政科技支出的方式，各方案均能够较好地实现比现状延续情景下的对高技术产业产值更加显著的推动作用，且财政科技支出规模越大对高技术产业产值所产生的推动作用就越显著。

模拟结果显示，如图 12.11 所示，截至模拟期末在扩大财政科技支持条件下对应的 a、b、c 三个方案中所实现的高技术产业主营业务收入分别为 509.81 亿元、406.256 亿元、302.702 亿元，高于现状延续情景下的 199.148 亿元。这表明，通过增加财政科技支出的方式，均能够实现比现状延续情景下的对高技术产业主营业务收入更加显著的推动作用，且财政科技支出规模越大对高技术产业主营业务收入所产生的推动作用就越显著。

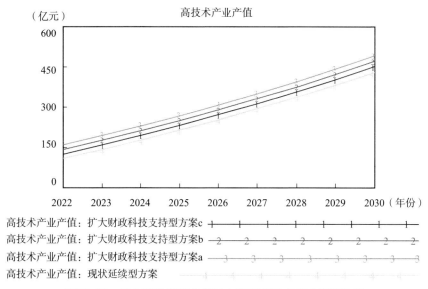

（亿元）

高技术产业产值

高技术产业产值：扩大财政科技支持型方案c
高技术产业产值：扩大财政科技支持型方案b
高技术产业产值：扩大财政科技支持型方案a
高技术产业产值：现状延续型方案

图 12.10　扩大财政科技支持型方案下高技术产业产值比较

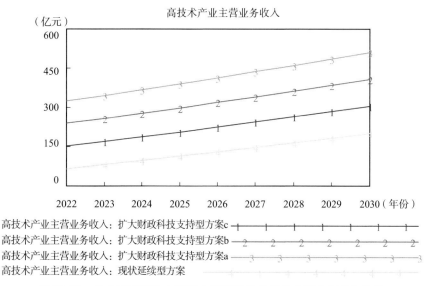

（亿元）

高技术产业主营业务收入

高技术产业主营业务收入：扩大财政科技支持型方案c
高技术产业主营业务收入：扩大财政科技支持型方案b
高技术产业主营业务收入：扩大财政科技支持型方案a
高技术产业主营业务收入：现状延续型方案

图 12.11　扩大财政科技支持型方案下高技术产业主营业务收入比较

模拟结果显示，如图 12.12 所示，截至模拟期末在扩大财政科技支持条件下对应的 a、b、c 三个方案中所实现的技术市场成交金额分别为 224116 万元、205477 万元、186838 万元，高于现状延续情景下的 168199 万元。这表明，通过增加财政科技支出的方式，均能够实现比现状延续情景下的对技术市场成交金额更加显著的推动作用，且财政科技支出规模越大对技术市场成交金额所产生的推动作用就越显著。

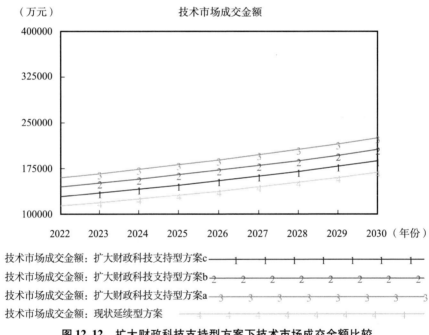

图 12.12　扩大财政科技支持型方案下技术市场成交金额比较

模拟结果显示，如图 12.13 所示，截至模拟期末在扩大财政科技支持条件下对应的 a、b、c 三个方案中所实现的高技术产业新产品销售收入分别为 514626 万元、409904 万元、305181 万元，高于现状延续情景下的 200459 万元。这表明，通过增加财政科技支出的方式，均能够实现比现状延续情景下的对高技术产业新产品销售收入更加显著的推动作用，且财政科技支出规模越大对高技术产业新产品销售收入所产生的推动作用就越显著。

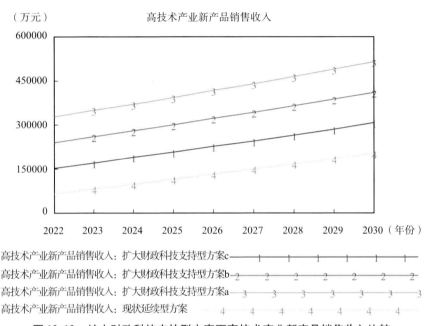

（万元）　　　　　　　高技术产业新产品销售收入

高技术产业新产品销售收入：扩大财政科技支持型方案c ————｜—｜—｜—｜—｜—｜—｜—
高技术产业新产品销售收入：扩大财政科技支持型方案b —2—2—2—2—2—2—2—2—
高技术产业新产品销售收入：扩大财政科技支持型方案a —3—3—3—3—3—3—3—3—
高技术产业新产品销售收入：现状延续型方案 ----4----4----4----4----4----4----4----

图 12.13　扩大财政科技支持型方案下高技术产业新产品销售收入比较

　　模拟结果显示，如图 12.14 所示，截至模拟期末在扩大财政科技支持条件下对应的 a、b、c 三个方案中所实现的高新技术企业上缴税费分别为 4.32×10^9 千元、3.41×10^9 千元、2.5×10^9 千元，高于现状延续情景下的 1.59×10^9 千元。这表明，通过增加财政科技支出的方式，均能够实现比现状延续情景下的对高新技术企业上缴税费更加显著的推动作用，且财政科技支出规模越大对高新技术企业上缴税费所产生的推动作用就越显著。

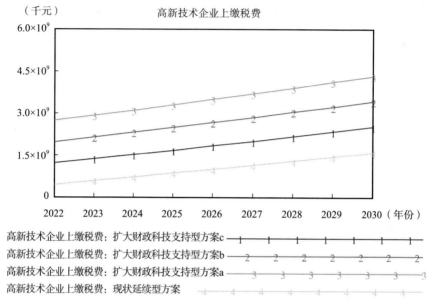

图12.14 扩大财政科技支持型方案下高新技术企业上缴税费比较

12.4.3 扩大教育经费支持型方案

高素质人才是培育创新驱动发展动能的关键要素，关乎经济高质量发展能否取得切实成效。教育作为高素质人才培养的重要途径，可以为经济社会发展提供源源不断的人力资源支持。模拟结果显示，如图12.15所示，截至模拟期末在扩大教育经费支持条件下对应的a、b、c三个方案中所实现的科技活动人员数分别为8.59万人、8.46万人、8.32万人，高于现状延续情景下的8.19万人。这表明，通过增加教育经费支出的方式，均能够实现比现状延续情景下的对科技活动人员数扩大更加显著的推动作用，且教育经费支出规模越大对科技活动人员数规模扩大所产生的推动作用就越显著。

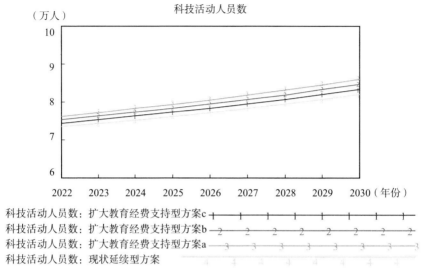

图 12.15　扩大教育经费支持型方案下科技活动人员数比较

　　模拟结果显示，如图 12.16 所示，截至模拟期末在扩大教育经费支持条件下对应的 a、b、c 三个方案中所实现的高技术产业 R&D 人员折合全时当量分别为 1182.38 人年、1125.85 人年、1069.33 人年，高于现状延续情景下的 1012.8 人年。这表明，通过增加教育经费支出的方式，均能够实现比现状延续情景下的对高技术产业 R&D 人员折合全时当量扩大更加显著的推动作用，且教育经费支出规模越大对高技术产业 R&D 人员折合全时当量扩大所产生的推动作用就越显著。

　　模拟结果显示，如图 12.17 所示，截至模拟期末在扩大教育经费支持条件下对应的 a、b、c 三个方案中所实现的规模以上工业企业研发人员全时当量分别为 22537.2 人年、22212.3 人年、21887.4 人年，高于现状延续情景下的 21562.6 人年。这表明，通过增加教育经费支出的方式，均能够实现比现状延续情景下的对规模以上工业企业研发人员全时当量扩大更加显著的推动作用，且教育经费支出规模越大对规模以上工业企业研发人员全时当量扩大所产生的推动作用的表现效果就越显著。

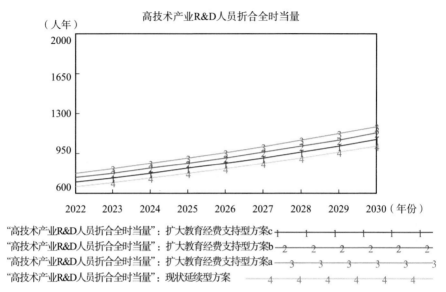

图12.16　扩大教育经费支持型方案下高技术产业 R&D 人员折合全时当量比较

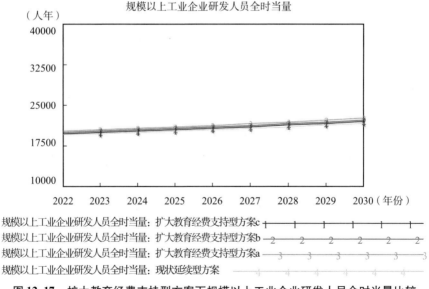

图12.17　扩大教育经费支持型方案下规模以上工业企业研发人员全时当量比较

模拟结果显示，如图 12.18 所示，截至模拟期末在扩大教育经费支持条件下对应的 a、b、c 三个方案中所实现的工业增加值分别为 6307.51 亿元、6256.83 亿元、6206.15 亿元，高于现状延续情景下的 6155.47 亿元。这表明，通过增加教育经费支出的方式，均能够实现比现状延续情景下的对工业增加值扩大更加显著的推动作用，且教育经费支出规模越大对工业增加值扩大所产生的推动作用的表现效果就越显著。

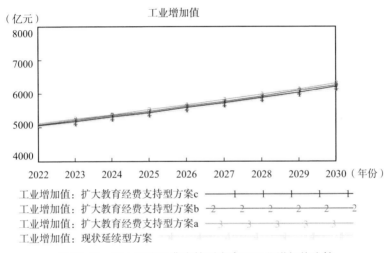

图 12.18　扩大教育经费支持型方案下工业增加值比较

12.4.4　扩大节能环保支持型方案

节能环保投入可以为绿色技术的研发与应用提供更加充实的资金保障，同时也能够为产业发展的绿色转型奠定重要基础。模拟结果显示，如图 12.19 所示，截至模拟期末在扩大节能环保支持条件下对应的 a、b、c 三个方案中所产生的工业污染物排放分别为 65176.7 万吨、66967.4 万吨、68758.6 万吨，低于现状延续情景下的 70549.7 万吨。这表明，通过增加节能环保支出的方式，均能够实现比现状延续情景下的对工业污染物排放削减更加显著的推动作用，且节能环保支出规模越大对工业污染物排放削减所产生的推动作用的表现效果就越显著。

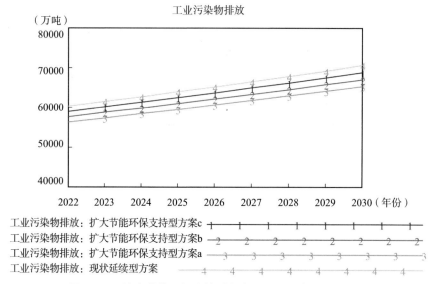

图 12.19　扩大节能环保支持型方案下工业污染物排放比较

模拟结果显示，如图 12.20 所示，截至模拟期末在扩大节能环保支持条件下对应的 a、b、c 三个方案中所产生的工业固废产生量分别为 15403.5 万吨、15556 万吨、15708.4 万吨，低于现状延续情景下的 15860.8 万吨。这表明，通过增加节能环保支出的方式，均能够实现比现状延续情景下的对工业固废产生量削减更加显著的推动作用，且节能环保支出规模越大对工业固废产生量削减所产生的推动作用的表现效果就越显著。

模拟结果显示，如图 12.21 所示，截至模拟期末在扩大节能环保支持条件下对应的 a、b、c 三个方案中所产生的工业废气排放量分别为 24022.9 万吨、24647.9 万吨、25272.9 万吨，低于现状延续情景下的 25897.9 万吨。这表明，通过增加节能环保支出的方式，均能够实现比现状延续情景下的对工业废气排放量削减更加显著的推动作用，且节能环保支出规模越大对工业废气排放量削减所产生的推动作用的表现效果就越显著。

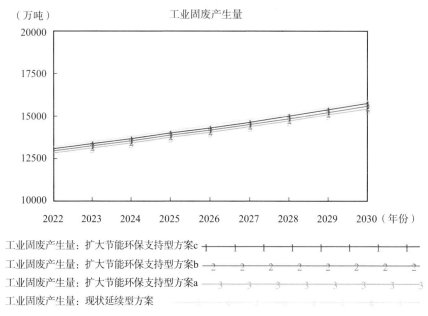

图 12.20　扩大节能环保支持型方案下工业固废产生量比较

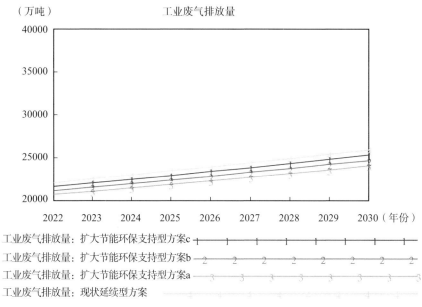

图 12.21　扩大节能环保支持型方案下工业废气排放量比较

模拟结果显示，如图 12.22 所示，截至模拟期末在扩大节能环保支持条件下对应的 a、b、c 三个方案中所产生的工业废水排放量分别为25749.9 万吨、26763.6 万吨、27777.3 万吨，低于现状延续情景下的28791 万吨。这表明，通过增加节能环保支出的方式，均能够实现比现状延续情景下的对工业废水排放量削减更加显著的推动作用，且节能环保支出规模越大对工业废水排放量削减所产生的推动作用的表现效果就越显著。

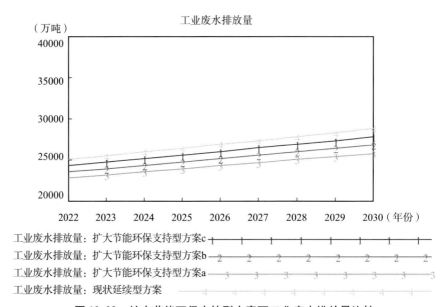

图 12.22 扩大节能环保支持型方案下工业废水排放量比较

第 13 章　增强内蒙古科技创新政策激励效应的总体思路与政策建议

增强内蒙古科技创新政策实施效果事关供给侧结构性改革、经济高质量发展等重大战略部署的实施成效。结合前面的研究，必须深刻认识当前内蒙古科技创新政策实践中面临的瓶颈因素，同时也要明确强化创新驱动发展的方向和前途，更加精准、有效地采取对策举措。

13.1　增强内蒙古科技创新政策激励效应的总体思路

13.1.1　遵循科技创新规律，注重强化政策长期效应

实践证明，增强科技创新政策的微观化效应是一项复杂的系统工程。根据系统理论，开放系统中的各个组分在动态变化条件下会逐步调整其所在系统整体中的位置。如果受到来自于系统外部能量或物质输入的影响，系统内部的运动模式以及各个组分之间的关系或作用强度可能会发生变化，取得比较优势的组分功能会被强化。从系统演变的结果看，系统内部优势组分被强化之后，可以将其他不具有显著比较优势的组分吸引到自己的附近，因此系统就会产生在一定条件约束下的相对稳定的秩序，并决定了系统呈现的最终形态。也就是说，系统有序建立秩序的过程，即新的格局重新稳定的过程，体现了多项参量逐步归并的集

约化发展的结果。基于这一思考，科技创新政策激励效应发挥过程中各子系统具有与系统序参量类似的功能，在临近界点时发生的突变，意味着新的宏观结构出现。要形成此类序参量，离不开系统内要素（子系统）之间的有机联系和密切配合。只有当系统内要素（子系统）之间的协同、系统关联作用达到一定强度时，系统才有可能表现出更高水平的新的有序结构。从而由构成系统的各个子系统之间相互作用，促进系统整体形成各子系统不具备的、全新的效应。

根据前面的研究，提升内蒙古科技创新政策激励效应根本在于整体政策系统各组分的协调配合，并通过强化创新驱动，指向系统整体优化的基本方向。在这一过程中，相应政策系统演变内在机制要与激励相容的原则相符合。如慢变量（基础领域研发等）决定系统优化所需要的时间，一旦急于求成则可能导致"欲速则不达"的结果。根据内蒙古现有的科技创新政策体系以及创新驱动发展基础条件等因素，如何以科技创新政策的激励效应提升为导向，不断强化创新驱动发展内生动力，引领内蒙古经济社会转型发展成为亟待破解的重大实践问题。要坚持问题导向和需求导向，处理好短期和长期、局部和全局的关系，通过有为政府和有效市场相结合，构建更加完善的支持科技创新政策体系，以引导、支持、鼓励创新驱动发展。如增加财政拨款、优化财政补贴、设立企业创新政府基金、政府采购等财政政策扶持，以及一系列针对科技创新领域的税收政策支持，同时还包括各类专门人才政策、创新环境政策等。与此同时，要充分发挥市场在资源要素配置中的决定性作用，鼓励各类科技创新要素积极参与到市场竞争中去。通过市场经济的历练和检验，才能形成更加牢固的支撑创新驱动持久发力的根本保障。总体而言，进入新时代，立足当地区情进一步强化区域科技创新政策激励效应并明确相应的提升动力机制，是当前内蒙古推动供给侧结构性改革、促进经济社会高质量发展等重大战略部署的迫切需要，也是内蒙古突破长期以来形成的资源产业比较优势造成的"路径依赖"，实现向创新驱动发展根本转型的现实需求。

13.1.2 坚持内外联动，做好"科技兴蒙"大文章

科技创新是推动内蒙古经济社会发展持续稳定向好的根本动力。作为边疆少数民族地区，内蒙古科技创新实践中一直存在底子薄、基础弱、创新要素匮乏、创新能力不足等突出短板。立足实际区情，内蒙古推动实施创新驱动发展战略的紧迫性尤为凸显。2019 年 12 月 9 日，中华人民共和国科学技术部与内蒙古自治区人民政府在北京联合召开部区工作会商会。这次会议上"科技兴蒙"行动作为当前和今后一段时期内蒙古实施创新驱动发展战略的总抓手被正式确定。"科技兴蒙"行动实施以来，内蒙古支持区域科技创新的软硬基础条件有了质的飞跃，科技创新能力不断迈上新台阶，取得新成就。在"科技兴蒙"行动的推动下，内蒙古在创新发展的顶层设计、规划编制、机制改革等方面科学、长效的机制逐渐形成并不断加强。通过实施"科技兴蒙"行动，内蒙古立足区域空间跨度大、科技创新要素配置不协调的状况，采取东西部联动和对口支援等机制或模式来增强整体科技创新力量，着力加强资源型产业等传统产业转型升级，夯实高质量发展依托的现代产业体系的根基。与此同时，通过加强科技创新赋能，转变发展方式，优化经济结构，转换增长动能，筑牢祖国北方生态安全屏障，促进绿色可持续发展，依靠科技创新实现可持续发展且具备较强市场竞争力的充分发展。

2020 年 10 月，内蒙古自治区党委自治区人民政府印发实施《关于加快推进"科技兴蒙"行动 支持科技创新若干政策措施》（即"科技兴蒙 30 条"）。这一系列重大战略举措加快推进"科技兴蒙"行动走深走实，高水平深化创新链、产业链、人才链、政策链、资金链全面融合，充分释放科技创新在推动内蒙古经济社会高质量发展、实现人民高品质生活、构建新发展格局、推进现代化建设中的重大政策利好。当前和今后一段时期，做好内蒙古科技创新工作，特别是实施创新驱动发展战略，要以"科技兴蒙"行动为总纲，统领"生态优先、绿色发展"为重要内容的高质量发展，紧紧围绕"两个屏障""两个基地""一个

桥头堡"的战略定位，协同推进国家重大战略全面落实，持续深化与京蒙等跨域协作发展具体实现方式，支持不同区域创新主体务实合作。区内各盟市、旗县也要按照自治区党委政府统一部署，因地制宜、因时制宜，积极推动实施"科技兴蒙"行动。目前，各地行动迅速、成效显著。比如，呼和浩特市从中国科学院、中国农业科学院等国字号科研机构引进国家级科技领军人才；鄂尔多斯市与北京大学、中国矿业大学（北京）、中国地质大学（武汉）以及辽宁工程技术大学等高校，面向产业发展转型的实际需要共建了一批高水平研究院所；鄂尔多斯市通过实体引进内蒙古工业大学新能源学院，致力于当地化培养"本硕博"梯度合理且完整的高素质、高层次人才。总之，进入新时代，要牢固树立科技是第一生产力、人才是第一资源、创新是第一动力的战略思维，完整准确全面贯彻新发展理念，主动服务和融入国家新发展格局。要聚焦"十四五"规划重大工程项目、重大战略任务以及经济社会发展重大需求，紧密结合自治区发展基础，发展阶段，特别是资源要素禀赋特征，积极推进我国北方重要生态安全屏障、祖国北疆安全稳定屏障建设，促进国家重要能源和战略资源基地、农畜产品生产基地绿色转型，充分发挥好向北开放重要桥头堡的服务功能。

13.1.3 聚焦关键点位，高标准实施科技"突围"工程

科技创新承担着为经济社会高质量发展赋能的核心力量。要将科技创新摆在经济社会发展全局中更加重要的地位，聚焦完善产业体系，高标准布局实施科技"突围"工程，加快在科技创新平台建设、人才工作等领域走出一条符合区情且利于长远发展的新路子。通过实施科技"突围"工程，着力加强科技创新在引领现代化产业体系建设过程中的关键作用，加快推进新型工业化、新型城镇化，改造提升传统产业，特别是资源型产业，培育壮大新能源、新材料、现代装备制造等新兴产业，前瞻性谋划发展生命科技、新一代信息技术等未来产业，推动建设一批重点产业集群，延伸并强壮产业链和供应链。要着力打造"科技兴

蒙"升级版，大力发展代表生产力发展方向的新质生产力，鼓励内蒙古各盟市、旗县因地制宜，推动部署实施符合当地需要的科技"突围"项目。着力解决研发投入规模不足、强度偏低问题，确保科技投入刚性增长。要做好政策联动，高标准谋划实施一批战略性、引领性重大科技创新平台，以"点"的突破带动"面"的突围，全面构建"政产学研才金服用"多维一体的科技创新生态系统，为全区经济社会高质量发展提供更加有力的科技创新支撑。

实施科技"突围"工程，要做到精准谋划，聚焦地区经济社会发展实际需求，明确具体主攻方向和可能的突破口，着重加强关键核心共性技术的研发以及转化应用，充分发挥科技创新在培育发展战略性新兴产业、推动经济提质增效升级、强化引领型产业发展的重要作用。要做到立足当前和着眼长远相互促进，谋划实施战略性、引领性科技创新工程，以高投入、优环境、强政策，改革创新基础性、全局性科技创新领域各项工作。要充分运用科技创新成果，加快推动科技创新成果转移转化步伐，充分发挥各级各类科技创新平台作用，推动科技创新与产业发展同频共振，让更多的"科技之花"结出"发展硕果"，推进全区科技"突围"向更多层次、更宽领域、更大范围纵深推进，不断促进并强化资源要素的有效供给和高效配置。要加快推动重要标志性科技项目实施见效，在国家级科技创新平台建设等方面实现新突破。加大科技创新生态"补短板""强优势"协同推进力度，持续完善国家层面科技创新政策落地需要自治区、盟市、旗县配套举措。引导推动银行、保险、证券等金融机构以及各类创新创业投资资本、金融产品或服务持续改进模式，为科技创新提供必要的金融环境支持。围绕新能源、农畜产品、装备制造等特色产业建设一批具有重要影响力的行业性科技创新平台，增强科技创新要素的汇聚效应，强化"卡脖子"问题的协同攻关力度并确保取得显著成效。同时，加大国家乳业技术创新中心、鄂尔多斯国家可持续发展议程创新示范区、巴彦淖尔国家农业高新技术产业示范区等重要国家级平台建设力度，为高标准实现科技"突围"提供强劲动力。

13.2　科技创新投入方面的政策建议

财力、人力和物力是开展科技创新活动的基础性条件，也是科技创新政策制定实施力度的主要显性指标。从投入角度强化科技创新政策激励效应，实现创新驱动内蒙古经济实现高质量发展的目标，应从加大科技创新财政支持、加强科技创新人才培养等方面着手。

13.2.1　提高投入规模并优化投入结构

近年来，内蒙古宏观经济发展呈现稳中向好的态势，但是科技创新投入并没有与宏观经济发展实践需要完全相适应，制约了创新动能的持续释放和高质量发展的纵深推进。要着重解决科技创新关键要素总量不足的问题，不断提高全区科技创新投入力度，着重增加重点行业领域研发经费投入规模，持续优化科技创新投入结构。要增强各级政府财政科技投入的"灯塔"作用，鼓励社会力量研发投入的积极性和主动性。根据区域资源禀赋特征和所处发展阶段，鼓励大型煤炭、电力等相关具有较强科研实力和经济条件的大中型企业带头加大研发、技改投入力度，树立行业"标杆"。要着力解决 R&D 经费投入规模占地区生产总值比重偏低的问题。要通过规范、灵活采用各种形式的政府和社会资本合作新机制（PPP，public-private partnership）模式，创新研发经费投入方式，改善投入结构，带动更多优质民间资本广泛参与内蒙古科技创新实践。要高标准规划实施好科技"突围"工程等一批重大创新支持项目，不断强化内蒙古基础创新能力以及科技成果的推广应用。鼓励高校、企业等各类创新主体积极参与科技创新活动，支持有条件的高校、企业建立技术研究院、产业研发中心、成果转移转化中心等各类新型科研机构，提高对科技创新活动的拉动作用。通过发挥技术创新的溢出效应，积极引导更多规模以上工业企业在科技创新活动中的龙头作用，促使区内各类工业企业，尤其是资源型企业逐步转向依靠科技创新谋求可持续发展。

　　企业既是市场经济的主体，也是科技创新具体实践的重要力量。要着力强化企业创新主体地位，培育企业创新发展动能，厚植企业创新发展优势。结合内蒙古实际需要，推动实施科技创新型企业培育，大力推进高新技术企业和科技创新型中小企业"双倍增"行动计划。鼓励高等学校、科研院所等研发力量为企业创新发展赋能，支持高校、院所、企业等多主体联合申报自治区和国家有关科技计划项目、重大或重点研发项目。推进落实固定资产加速折旧、研发费用加计扣除等政策，支持企业开展科技创新活动，将科技创新能力切实转化为核心竞争力，进而形成更具竞争力的发展优势。要充分发挥新型举国体制体现的是社会主义制度能够集中力量办大事的优越性，集中力量解决一批制约区域创新发展的"卡脖子"问题。要注重加强区内外部科技创新资源要素的联动，深度参与重大项目研发。比如，内蒙古北方重工业集团有限公司、内蒙古工业大学与清华大学、太原重型机械集团有限公司、中国二十二冶集团有限公司等部门与企业的科研人员一起通力合作，共同完成了"3.6 万吨黑色金属垂直挤压机成套装备与工艺关键技术研发及产业化"项目，打破了国外长期对我国的垄断，创造了显著的经济社会效益。同时，该项目还获得了 2015 年度国家科学技术进步二等奖。

13.2.2　不断强化队伍建设和平台建设

　　创新驱动发挥作用根源来自于人才的驱动，各类科技创新人才是人力资本附加值最丰富、最高端的群体，也是支撑内蒙古高质量发展的核心要素。面对来自于经济社会转型发展的重大现实需要，必须加大全区科技人才政策、制度的集成创新，持续夯实内蒙古科技创新人才队伍建设的根基，紧紧扭住提升创新驱动能力这个"牛鼻子"，进一步强化科技创新人才保障。通过依靠科技创新发挥作用跑出高质量发展加速度，更高水平赋能科技强区建设。要信守政府承诺，进一步加大科技创新人才政策执行落实力度。坚持以需求为导向，加快建立面向服务对象的分工协作、服务完备的创新人才工作体制机制。着重针对科技创新人才政策执行过程中存在的问题症结，积极对接存在"堵点"的部门或环节，精准制定实施推动政策落地实施的具体举措。要加大有组织科研工作实施力度，提高科技创新人才发挥作用的整体效能。要在不断加大企业科技创新人才的在创新实践中的中流砥柱作用，着力解决一批企业生产一线存在的"症结"问题的同时，鼓励企业科技创新人才与高等学校、科研院所在科学研究、成果转化、人才培养等领域协作，通过联合科研攻关等形式，厚植创新发展的底蕴。要瞄准行业科技创新前沿，加大接续人才培养工作推进力度，形成可持续、有活力的新时代科技创新人才队伍。通过不断优化科技创新人才评价制度，坚决打破科技创新领域的"论资排辈"等不合理现象，畅通青年科技创新人才的晋升通道。

人才是推动区域创新发展的关键力量。要充分发挥科技人才对科技创新活动的推动作用，重视自有人才作用的发挥和外部高端人才的引进，着力补足科技创新人才短板。具体而言，一方面，要加大科技人才队伍建设，提高对现有科技人才的针对性培训力度，积极组织科技创新学术交流活动，营造尊重创新、尊重人才的良好氛围，为内蒙古培养一批知识水平高、技术能力强的高端科技创新人才队伍。要不断提高科技人才福利、设立科技人才个人奖项、实行技术成果入股等方式提高科技人才研发积极性，为内蒙古创新驱动发展不断提质增效做出积极贡献。另一方面，要秉持"不求所有，但为所用"的理念，以开放的姿态应对当前人才市场流动频次不断加大的现象，抓住机会，在政策允许范围内，围绕内蒙古创新驱动发展亟待解决的重大现实问题，柔性引进一批急需的高层次人才。鼓励区内有条件的高校、企业等通过设立院士工作站、博士工作站、专家工作站等方式积极吸引区外高端人才，为科技人才提供仪器设备、工作场地等有利于研发的工作条件。同时，还要继续做好"草原英才"工程、"新时代专业技术人才选拔培养项目"等自治区层面的重大专项人才工程，积极培育并鼓励符合条件各类人才积极申报国家级人才项目，为内蒙古科技创新实践不断引向深入做出积极贡献。另外，通过解决子女入托入学以及配偶工作，提供人才公寓等为科技创新人才提供便利的生活条件。

13.2.3　加大对资源能源型产业等重点领域支持力度

资源型产业作为主导产业之一在内蒙古经济结构中的地位较长时期内将不会发生根本性变化。要通过深入实施"科技兴蒙"行动，加强科技创新对全区资源能源型产业转型发展的引领作用。具体而言，要从源头推动发展实践的变革，围绕资源能源型产业等重点领域，持续优化科技计划类别，创新项目形成机制，采用"揭榜挂帅""赛马制"等方式，由企业出题面向社会发布科技创新需求，吸引更大范围、更多领域的科技创新主体通过"揭榜挂帅"等方式参与研发攻关。资源型产业转型发展面临的问题或瓶颈多为行业性难题，并且很多问题已经限制行业发展较长时间。为此，要集中优势科技创新资源要素，借助新型举国体制优势为推动资源能源型产业高质量发展提供保障。内蒙古要抓住推动科技创新不断向前发展的重要机遇，在战略谋划和决策部署过程中，充分利用新的国家科技创新组织模式与管理体制机制，高标准做深做实"科技兴蒙"行动，通过京蒙合作等具体形式，围绕国家战略任务与地方经济社会发展目标，科学统筹区内外科技创新资源，协调推进资源能源型产业等重点领域项目、基地、人才、资金一体化配置，培育支撑国家能源资源保障安全的战略科技力量。

具体而言，当前在内蒙古国民经济体系中占据主导地位的煤炭、电力等资源型工业企业在宏观经济增长出现较大的压力下，推动产业升级的迫切性、必要性比以往任何时候都更加明显。要全面贯彻落实创新驱动发展的各项政策措施，加快淘汰落后产能，积极促进传统资源能源型产业转型升级，高水平布局新能源产业。通过科技创新增加资源型产品的经济附加值，不断拓宽内蒙古资源能源型产业的市场空间。同时，要着重突破内蒙古经济发展过程中的经济结构过度单一、市场综合竞争力不强、开放程度不高等瓶颈问题，补足经济发展短板。强化科技创新的引领作用，紧紧围绕国家战略发展方向，支持特色优势产业科技创新需求。要鼓励各盟市、旗县，因地制宜、因时制宜、因事制宜，不断探索适合各地重点产业、行业发展基础、发展阶段的科技创新政策，切实增强科技创新赋能成效。蒙中地区涵盖了全区多数的高校、科研院所以及各类科技创新企业。要充分发挥蒙中地区对全区创新驱动发展的引领作用，并借力区位优势、要素优势、市场优势等便利条件，强化对蒙东和蒙西地区创新驱动发展的辐射带动作用。蒙东和蒙西地区要优化政府支持政策的作用领域和方式，在加大政府支持资源能源型产业等重点产业门类在技术升级、工艺改造、人力资源以及其他相关投入的同时，发挥蒙东和蒙西地区资源要素禀赋优势，做好与蒙中区域发展战略的战略对接，不断在更大空间、更多领域上延伸现代产业链条。

13.3　科技创新产出方面的政策建议

科技创新产出是创新驱动经济高质量发展的重要标志和直接体现。内蒙古要在加大既有创新投入条件下创新产出"数量"提升的同时，积极做好目前创新产出"质量"的提高，以更好地为全区经济高质量发展提供更加强大的动力支持。

13.3.1　大力推动科技成果转移转化

企业是科技创新活动的主体；技术市场是科技创新成果转移转化的重要媒介。要多措并举，积极探索数字经济条件下的科技成果转化新模式，提升科技成果商业化、产业化水平，不断优化这一过程中配套的政策组合结构。探索设置一批专门从事促进科技成果转化的机构，负责组织科技创新成果交流活动，推广科技创新成果进行交易，实现科技创新成果向现实生产力转化。适应数字经济发展需要，建设科技成果数字化交流平台，加强政产学研用合作，鼓励学校、企业以及科研机构开展学术交流活动，提高科技创新成果转化率。支持高校、科研院所乃至具备条件的企业建立创新成果转移和转化机构，从根本上提高创新成果转移转化效率。探索建立一批跨区域、跨行业的产业创新联盟，为科技成果顺利转化提供便捷的辅助性服务，不断提高对科技创新活动的拉动作用。通过"废改立"方式对当前的科技创新政策体系进行完善和升级。具体而言，"废"就是要果断停止那些已经不能产生实际激励效应，甚至具有逆向选择风险的有关科技创新的政策，避免低效、无效财力资源的浪费。"改"就是对那些不能适应创新驱动发展需要的政策进行不断规范、完善，并能够做到与时俱进，确保激励作用的持续发挥。"立"就针对强化科技创新政策激励效应的需要，及时出台一些新的支持政策，建立起系统高效，更具有针对性、精准性的科技创新政策体系。

在推动科技成果转化过程中还要持续优化资源配置，不断深化信息协同交互水平，进一步畅通科技创新成果转移转化的微观运行机制。根据科技成果转移转化市场发展趋势及国家和地方科技创新顶层设计来引导相关资源分配，建立并完善需求与约束相结合的自我发展机制。要以市场为导向，强化市场在资源配置中的决定性作用，更好地发挥政府的作用，逐步建立完善的资源共享和有偿服务的运行机制，做好资源投入的顶层设计和宏观协调管理。以产业共性关键技术研究为核心，集成国家、自治区及盟市、旗县的公共财政投入，学校及企业的专项资金投入、研发项目投入等，建设开放共享的大型仪器设备平台。要积极建设面向服务对象的开放性科研数据库，实现图书文献、科研信息资源的数字化、网络化，对各类专家学者提供全天候、全方位的科技查新等服务。通过制度建设、流程管理、激励措施等有效手段，搭建一支职业化、专业化的科技成果转移转化专业技术人员队伍。要充分释放数字经济红利，利用数字技术不断整合社会创新资源，高效畅通各类科技创新成果转移转化的信息交互。不断加强数字化场景应用，建设面向协同创新的网络生态社区，为不同领域、不同层次创新人才提供信息传递、知识发现及交流合作等线上服务，从而强化科技创新成果转移转化实践中各个环节以及与外部环境之间的信息联系，形成创新驿站，推动人才流、资金流、项目流、技术流、知识流等创新要素在协同创新体内外实现高效流通融合。

13.3.2　不断释放市场消费对科技创新的带动作用

当前和今后一段时期，消费都将为拉动我国经济增长提供重要动能。通过推动消费升级在需求侧拉动产业升级，能够为科技创新提供更加广阔的发展空间，推动科技创新更好赋能经济高质量发展。随着市场经济发展日臻完善，新的消费需求不断涌现正在成为产业优化调整的动力之源。这一过程中，消费者会逐渐增加对高科技含量、高性能产品的需求规模，同时也会在一定程度上减少对低端产品的需求比重。由此，在需求的推动下客观上增加了高技术产品的发展机会。特别是科技创新在生产领域的广泛应用，各类柔性生产方式持续推陈出新，使得定制生产、定制服务等边际成本显著下降。要通过发挥政府政策作用，加强对市场消费行为的引导，推动消费结构不断优化升级，促使企业生产和服务向纵深跨越，不断改变着原有产业结构的运行方式，重塑更高水平产业结构以及更高效率的产业内部组织之间匹配关系，为提高科技创新贡献水平，促进经济社会高质量发展的奠定基础。根据市场经济发展基本规律，在消费规模增长的带动下能够直接促进生产规模的不断提高，而在这一过程中会吸引更多的资本加入并持续推动技术升级，提高生产效率。也就是说，市场在扩大的过程中会提升市场竞争的激烈程度，倒逼技术进步、革新，进而为提升科技创新水平创造必要条件。同时，这种情况下对于加强消费行为的政策引导，促进消费转型升级也提出了更高要求。

当前，内蒙古地区经济发展运行过程中的积极因素持续增多，但面临的外部环境复杂性、严峻性仍然较为突出，并且内外部市场有效需求不足、社会预期偏弱，经济稳定向好的基础仍需持续巩固，经济运行过程中还存在不少风险和挑战。特别是受到以资源型产业为主导产业的经济结构特征影响，应对市场波动的能力相对较弱。为此，要充分考虑国家宏观经济整体发展形势和基本判断，深入结合内蒙古发展的产业基础、发展阶段以及定位等因素，推动积极的财政政策在提振消费过程中更加突出提质增效。一方面，消费政策不断提升居民消费能力，激发消费活力，释放消费潜力，促进消费持续恢复，为拉动经济增长提供源源不断的重要动力；另一方面，也要注重消费政策对装备制造业、新能源产业等行业中的研发投入强度较高企业，特别是"专精特新"企业加大支持力度，让科技赋能企业发展更容易得到市场肯定。政府购买也是鼓励科技创新的一种重要方式。科技创新型企业发展过程中往往面临着市场知晓度不高，市场群体小众化特点，这种情况下很容易加大企业发展的困难程度。尤其在企业初创阶段，容易表现出"酒好也怕巷子深"的特点，因此通过政府购买的方式可能创造出更具针对性，更加有效的市场需求，同样也是对企业科技创新的充分肯定和鼓励。

13.3.3　积极发展社会化科技创新服务组织

一般而言，更加充分的分工是市场经济不断向更高水平不断迈进的重要标志。要大力发展现代科技服务业，持续深化科技创新相关产业链条分工更加专业高效。通过积极发展壮大各类科技创新中介服务机构，进一步形成通达和便利的线上线下相结合的交易平台，为提升科技创新产出水平，优化科技创新产出结构提供更加优质高效的市场化、专业化服务。要鼓励各类行业协会、社会团体等科技中介服务组织发展，推动政府部门向社会组织转移非必要职能，向社会组织开放更多的公共资源和领域，尤其是支持科技中介服务组织进入群众生产生活性服务领域，作为政府和市场的有效补充共同参与经济社会发展实践中去。要不断深化相关领域的制度型供给侧结构性改革，通过制定并实施相关优惠政策引导和鼓励各类科技创新领域中介机构的不断创新服务具体方式，持续提高服务质量和水平。围绕技术贸易、风险融资、创新人才服务、知识产权交易、技术入股等，致力于形成结构化服务体系，并着力提高各类服务的能力和水平，使其延伸到市场信息咨询服务等多个细分领域或门类。

技术进步推动了生产力不断向前发展。随着数字技术创新步伐加快和应用领域的不断拓展，不仅从根本上改变了生产领域的组织方式、商业模式等，同时也为提升市场化服务领域更好更快发展提供了重要契机。要在政策支持下，作为各类非市场化服务的重要补充，鼓励企业积极构建数字经济条件下的各行业或细分门类的公共创新技术服务与支持平台，通过平台进一步整合针对科技创新型中小企业的中介服务机构，促使其服务供给更加精准优质，并且在市场力量的作用下推动服务功能更加社会化和服务组织更加网络化、信息化、智慧化。这要更多地依靠市场力量更好地配置各类创新服务资源，增强各类科技创新中介服务组织发挥作用的广度、深度和高度，为打通从"实验室"到"工厂"的"最后一公里"保驾护航。与此同时，科技创新服务业发展自身也离不开政策规范指导。要根据创新发展的需要深化服务体制改革，调整优化服务模式，强化对服务效能的监测。还要加强行业自律，提升自我约束，通过探索建立中介服务行业协会等形式，使其成为加强各中介服务机构交流、增加创新服务机构合作的桥梁和纽带，不断增强行业性协会应在推动产业发展和技术创新产业方面具有权威性和代表性。同时，要更有效地引导中介服务机构与企业在创新成果转化过程进行合理利益分配，以免利润分配成为障碍，进一步促进创新成果的转移转化，更好地服务地方经济社会高质量发展。

13.4　科技创新环境方面的政策建议

结合内蒙古发展基础、所处的发展阶段，依靠科技创新力量从根本上打破相对单一的资源要素驱动经济增长的发展方式，同时制定并实施一系列支持创新驱动经济高质量发展的政策举措，营造有利于内蒙古深入落实创新驱动发展战略的良好环境氛围。

13.4.1　提供更加优质高效的配套公共服务

优质配套的公共服务是弥补科技创新外部性，提高各类市场主体科技创新积极性和主动性的重要保障。要从生产和生活基本公共服务配套两大方面为内蒙古科技创新环境提供支持。生产性公共服务方面：要为符合区域比较优势的特定产业、行业、领域，提供更加精准优质的公共服务，强化科技创新赋能，为创新驱动高质量发展营造良好氛围。要坚持"有效市场"与"有为政府"相结合，在充分发挥市场在配置各类创新资源要素决定性作用的同时，确保政府宏观调控的精准发力。要以创新驱动为引领，让符合内蒙古比较优势的产业、行业、领域真正转变为内蒙古的发展优势，推动全区经济高质量发展。同东部发达地区相比，内蒙古仍然缺少各类优质的基础设施和基本公共服务供给，要进一步提高对科技创新提供精准优质公共服务重要性的认识，做到"靶向定位""精准施策"，相关职能部门要各司其职，密切协作，疏通企业在创新实践中反映强烈的"中梗阻"问题。要遵循科技创新推动区域经济社会发展的客观规律，致力于推动"一张蓝图绘到底"，坚决杜绝"晋升锦标赛"等导致的各类只顾眼前，不管长远的"短视"行为。要确保科技创新政策导向的长期性、连续性，从根本上解决朝令夕改、"新官不理旧账""见客下单"等不作为、乱作为问题，致力于培育和形成更强劲的内蒙古科技创新政策激励效应的持久动力。要结合内蒙古实际，在关乎新技术、新工艺等推广应用领域积极突破财力限制，拓展市场化创新主体的发展与成长空间，有效激发发展活力。

生活性公共服务供给方面：近年来，内蒙古城乡基础设施和基本公共服务供给覆盖的水平和质量都有显著提高，有力推动了经济社会发展水平的不断提高。通过加强优质高效的公共服务供给，不断激发科技创新对提升物质财富创造能力，改善人民生产生活，推动经济高质量发展的重要作用。要加强人才在科技创新实践中的核心作用，不断强化科技创新在经济社会发展全局中的引领作用，抢抓新一轮科技革命带来的重要机遇，全力推动产业变革升级。在这种形势下，加大高质量的人才队伍建设对内蒙古而言十分迫切。马克思曾说过，人类必须首先学会基本的物质生产，获得了基本的生存资料，然后再去从事科学、艺术、宗教、哲学等精神领域的活动。要进一步提高各级各类人才在内蒙古干事创业的向心力、凝聚力和满意度，吸引更多高技能、创新型人才乐业安居，更好地满足他们对于美好生活的期待和向往，更好地激发他们奉献社会、回报国家的主观能动性。通过提供优质的基本公共教育服务、基本医疗服务以及社会保障等，让更多的科技创新人才能够扎根内蒙古，奉献北疆，服务社会。

13.4.2 不断增强科技创新政策取向的一致性

增强宏观政策取向一致性构建现代治理体系的重要制度保障。科技创新政策涵盖了财政、税收以及其他具体政策，种类多样，结构复杂。要加强统筹协调，保持科技创新政策的取向一致性，合理引导科技创新实践有序推进。结合内蒙古实际，支持科技创新的财税政策要适度加力、提质增效，实施过程中注重灵活适度、精准有效，还要体现有关配套产业政策发展和安全并举、加快发展新质生产力。要激发科技创新微观主体活力，着力畅通国民经济内外循环，为高质量发展提供坚实的科技支撑。相关科技创新政策在出台之前需要以是否有利于推动经济社会高质量发展作为重要判断依据，进行综合考量，全面评估，同时加强部门会商，防止各管一摊，相互掣肘，顾此失彼，甚至造成政策的"合成谬误"。特别是要避免政策相互对冲，力争各项政策间实现相互配合、相互促进，达到同频共振，为经济发展持续回升向好态势提供有力支撑。由于科技创新政策具体门类还涉及不少非经济政策，统筹经济鼓励政策与非经济鼓励政策的取向一致性，不断加强机制设计，在开展充分全面的社会调查或访谈的基础上，通过局部试点、总结经验、普遍推广等衔接方式，动态调整科技创新政策体系，确保相关政策作用相互强化。

增强科技创新政策组合效应，激发企业作为创新主体积极主动开展创新活动的热情，提高企业新产品、新服务的产出能力。为了推动创新驱动发展，鼓励各盟市、旗县根据自身发展需要通过选择政府补助、税收优惠等政策组合的方式激励企业从事各类技术创新活动，鼓励和引导更多、更高质量的创新产出。要通过优化配置财政收支政策工具组合，使之产生"1 + 1 > 2"的效果，同时避免政策组合对激励效应可能存在相互挤出。企业作为市场经济的主体，是开展科技创新活动的重要参与主体。内蒙古相关部门和各盟市应该实施引导企业进行科技研发的相关政策，积极引导科技创新要素向企业集聚，激发企业进行科技创新的热情。要对内蒙古地区的企业进行深入调查研究，将尚未进行科技研发活动的企业作为重点支持对象，引导有条件的企业建立研发机构，尤其是要调动中小型科技创新型企业进行技术创新的积极性。要深入排查制约企业进行技术创新的因素并制定相关措施加以解决，充分释放企业对提高内蒙古科技创新能力的关键作用。在具体实践中，要注重发挥政府、高校、企业对科技创新发展的推动作用，对各创新主体贯彻执行科技创新政策情况进行管理评估。要在一定范围内试点成立专门的政策协调机构，协调各类政策执行，对政策执行过程中遇到的问题及时解决。

13.4.3 持续提升区域科技创新整体效能

在不断加大科技创新财政支持力度的同时，进一步强化财政奖补政策对区域科技创新实践支持的精准性、针对性和有效性，做到适时介入或退出，避免"大水漫灌"式的低效、无效的财力投入。一方面，要瞄准薄弱环节继续加大财政奖补对区域创新发展支持力度，合理制定并实施财政奖补支持区域创新发展的标准、规范等，更加突出对内蒙古科技创新的关键领域、重要环节的支持。着重致力于提升原始创新能力，把有限的财政投入花在"刀刃"上，持续改善经济社会发展领域的基础研究、前沿技术研究的科研环境和条件。由于内蒙古能源资源领域的重大关键技术、共性技术等研究投入规模大、技术团队水平要求高，而且远远超过了个别地方政府或单个企业具有的资源要素整合能力，因此客观需要各级政府进行统一调度支持，统筹加大投入力度，积极推动创新主体之间进行协同创新。另一方面，要注重发挥有限奖补政策的杠杆功能，充分支持市场在资源配置中的决定性作用，保持内蒙古科技创新要素市场上各类可交易资源的有效配置。同时，也要尽可能减少政府奖补对企业创新行为的不当干预或过度激励，做到适时介入或退出，减少或避免低效、无效的政策。要依靠市场自发配置资源要素的力量形成的市场竞争机制，致力于疏通各类创新资源要素在经济主体之间进行有效配置的各种障碍，积极培育全国统一大市场格局，促进各类创新资源要素市场更加开放、高效。另外，还应倡导和推动企业开展引进技术以及消化吸收再次创新，支持细分行业之间、企业之间等不断深化消化吸收以及再次创新等有关合作，形成支持创新驱动发展的持续动力。

不断完善现代市场经济体系，着力优化市场法治环境，激发各类市场化创新主体公平参与市场竞争的活力。要注重各类政策文件在不同时间、不同部门、不同领域良性互动，尤其是要对科技创新投入、产出、环境三大类政策做好协同。要明确各部门对科技创新活动的引导职责，充分发挥不同部门对科技创新政策制定的主体作用。根据部门职责出台有关人力、财力、物力、环境等科技创新政策以鼓励、引导、支持内蒙古科技创新实践不断向前发展。要立足市场化创新主体发育滞后、经济活跃程度相对不高的实际，进一步放宽市场准入许可，将本地市场管理纳入全国统一的市场准入负面清单制度框架。要优化政务服务，提升政务服务效率，进一步完善"双随机、一公开"监管实施细则，为科技创新政策激励效应的不断释放提供优渥的环境支持。要不断加强全社会信用体系建设，加大力度整顿和规范市场秩序，增强外部投资的吸引力，持续优化营商环境。要将"放管服"改革与减税降费协同推进，着重做好针对科技创新型中小微企业的普惠性政策制度设计，集中做好涉及科技创新型中小微企业收费和降低融资、用能、上网、物流等成本的管理工作，更加有效地激发具有较强科技创新实力的各类市场主体，更加公平公正参与市场竞争的活动。

参 考 文 献

［1］赵彦云，甄峰．我国区域自主创新和网络创新能力评价与分析［J］．中国人民大学学报，2007（4）：59－65.

［2］王慧艳，李新运，徐银良．科技创新驱动我国经济高质量发展绩效评价及影响因素研究［J］．经济学家，2019（11）：64－74.

［3］Edward L. Endogenous Innovation，the Organization of Work and Institutional Context［J］. Journal of Electronic Science and Technology of China，2006（4）：373－384.

［4］贾根良，王晓蓉．国家创新能力测评的缺陷与体制研究的重要性［J］．中国人民大学学报，2008（6）：31－38.

［5］薛阳，胡丽娜．关于税制改革赋能我国数字经济国际竞争力提升的若干思考［J］．中国科学院院刊，2023，38（11）：1729－1739.

［6］胡丽娜．数字经济发展的底层逻辑及其对现行税制的影响［J］．北京社会科学，2023（8）：57－67.

［7］严晗，朱启贵，李旭辉．大数据视角下我国区域科技创新高质量发展水平综合评价分析［J］．科技管理研究，2023，43（22）：102－110.

［8］郭本海，王梓兴，王菲．数字经济驱动下中国省域高技术制造业的创新效率评价研究［J］．研究与发展管理，2023，35（4）：65－79.

［9］舒元，张华嘉．经济增长理论研究的复兴［J］．社会科学，1998（1）：65－69，24.

［10］North D C. 制度、制度变迁与经济绩效［M］．上海：上海三

联书店，1994.

[11] 刘伟. 着力打造中国经济的升级版 [J]. 求是，2013 (9)：22 - 25.

[12] 黄群慧. "新常态"、工业化后期与工业增长新动力 [J]. 中国工业经济，2014 (10)：5 - 19.

[13] 李黎明，谢子春，梁毅劼. 创新驱动发展评价指标体系研究 [J]. 科技管理研究，2019，39 (5)：59 - 69.

[14] 薛阳，秦金山，王健康，等. 中国高技术产业创新效率时空演变研究 [J]. 统计与决策，2022，38 (18)：69 - 72.

[15] 张新杰. 中国区域经济发展与制度创新的实证研究 [J]. 经济理论与经济管理，2009 (1)：35 - 38.

[16] 孔伟杰，苏为华. 知识产权保护、国际技术溢出与区域经济增长 [J]. 科研管理，2012，33 (6)：120 - 127.

[17] 易先忠，潘锐. 产业数字化对本土需求引致创新的强化效应——科技强国建设的优势途径 [J]. 财贸经济，2023，44 (11)：137 - 153.

[18] 陈亮. 产业集聚影响下区域科技创新效率的集聚效应与拥挤效应——基于北上广深面板数据的实证分析 [J]. 科技管理研究，2023，43 (19)：173 - 183.

[19] 袁志刚. 新发展阶段中国经济新的增长动力——基于宏观经济的长期增长和短期波动分析框架 [J]. 人民论坛·学术前沿，2021 (6)：12 - 21.

[20] 赵建强，张佳磊. 京津冀协同发展战略的区域科技创新效应分析——基于合成控制法的实证评估 [J]. 河北经贸大学学报，2023，44 (3)：78 - 88.

[21] 肖宏伟，牛犁. 我国经济发展动力结构特征与变革方向 [J]. 经济纵横，2021 (5)：85 - 92.

[22] 叶初升，方林肖. 供给侧结构性改革的增长效应：潜在经济增长率的视角 [J]. 社会科学战线，2019 (8)：96 - 109.

［23］任颖洁．供给侧结构改革视角的中国产业转型与升级路径
［J］．社会科学家，2020（8）：82－88．

［24］任保平．高质量发展的制度保障［J］．红旗文稿，2020（4）：
31－33．

［25］冯梦黎，胡雯．中国创新系统对经济高质量发展的影响研究
［J］．技术经济与管理研究，2021（4）：12－16．

［26］师博，樊思聪．创新驱动经济高质量发展的空间效应与机制
研究［J］．广西大学学报（哲学社会科学版），2021，43（2）：78－84．

［27］傅利平，张恩泽，黄旭．创新资源集聚、区域协同创新与京
津冀高质量发展［J］．科学学与科学技术管理，2024，45（2）：35－
50．

［28］韩喜平，马丽娟．新质生产力的政治经济学逻辑［J］．当代
经济研究，2024（2）：20－29．

［29］盛朝迅．新质生产力的形成条件与培育路径［J］．经济纵横，
2024（2）：31－40．

［30］黄群慧，盛方富．新质生产力系统：要素特质、结构承载与
功能取向［J/OL］．改革：1－10［2024－03－10］．http：//kns. cnki.
net/kcms/detail/50. 1012. F. 20240229. 1305. 004. html.

［31］白宝光，胡丽娜，薛阳．内蒙古科技创新政策实施效果评估
实证分析［J］．科学管理研究，2017，35（5）：67－70，79．

［32］薛阳，胡丽娜，冯银虎．基于信息熵和TOPSIS的内蒙古科技
创新政策绩效评价［J］．世界科技研究与发展，2017，39（6）：511－
515．

［33］郝晓燕，刘玲玉．多维分类视角下的内蒙古科技政策评价研
究［J］．内蒙古统计，2018（5）：23－27．

［34］李铀，张笑蕾，贺娟．内蒙古大中型工业企业创新能力的动
态评价研究——基于优势识别的视角［J］．赤峰学院学报（自然科学
版），2022，38（3）：62－68．

［35］曹考，超博．发展中地区人力资本与技术创新的动态配置及

路径选择——以内蒙古自治区为例 [J]. 中南民族大学学报（人文社会科学版），2022, 42 (4)：162 -169, 188.

[36] 孙晶，黄思敏. 黄河流域绿色创新发展的时空分异及收敛检验——来自内蒙古沿黄生态经济带的经验发现 [J]. 科学决策，2023 (6)：159 -174.

[37] 郝晓燕，白鹭，任慧，等. 基于专利结构透视下的内蒙古新能源产业创新路径研究 [J]. 科学管理研究，2023, 41 (5)：80 -87.

[38] 林木西，张紫薇，和军. 基于创新过程视角的科技创新驱动力比较研究 [J]. 山东社会科学，2020 (1)：91 -97.

[39] 王振，卢晓菲. 长三角城市群科技创新驱动力的空间分布与分层特征 [J]. 上海经济研究，2018 (10)：71 -81, 93.

[40] 刘思明，张世瑾，朱惠东. 国家创新驱动力测度及其经济高质量发展效应研究 [J]. 数量经济技术经济研究，2019, 36 (4)：3 -23.

[41] 任颖洁，李成勋. 马克思再生产理论视角的供给侧结构改革与中国产业升级研究 [J]. 科学管理研究，2020, 38 (6)：64 -69.

[42] 洪银兴. 40 年经济改革逻辑和政治经济学领域的重大突破 [J]. 经济学家，2018 (12)：14 -21.

[43] 熊兴，余兴厚，王宇昕. 推进基本公共服务领域供给侧结构性改革的路径择定 [J]. 当代经济管理，2019, 41 (1)：44 -53.

[44] 王一鸣. 百年大变局、高质量发展与构建新发展格局 [J]. 管理世界，2020, 36 (12)：1 -13.

[45] 李华，董艳玲. 中国经济高质量发展水平及差异探源——基于包容性绿色全要素生产率视角的考察 [J]. 财经研究，2021, 47 (8)：4 -18.

[46] 任保平，李禹墨. 新时代背景下高质量发展新动能的培育 [J]. 黑龙江社会科学，2018 (4)：31 -36.

[47] 方大春，马为彪. 中国省际高质量发展的测度及时空特征 [J]. 区域经济评论，2019 (2)：61 -70.

［48］周琛影，田发，周腾．绿色金融对经济高质量发展的影响效应研究［J］．重庆大学学报（社会科学版），2022，28（6）：1－13．

［49］刘方，赵彦云．微观企业全要素生产率及其增长率测算方法综述［J］．工业技术经济，2020，39（7）：39－47．

［50］戚聿东，褚席．数字经济发展促进产业结构升级机理的实证研究［J］．学习与探索，2022（4）：111－120．

［51］Merton，R. Science，technology &society in seven-teeth century England［M］. New York：Howard Fertig，1970.

［52］Kenneth Arrow. Economic welfare and the allocation of resources for invention［J］. Journal of Law & Economics，1962，（12）：609－626

［53］黄群慧，贺俊．"第三次工业革命"与中国经济发展战略调整——技术经济范式转变的视角［J］．中国工业经济，2013（1）：5－18．

［54］李香菊，杨欢．财税激励政策、外部环境与企业研发投入——基于中国战略性新兴产业 A 股上市公司的实证研究［J］．当代财经，2019（3）：25－36．

［55］樊利，李忠鹏．政府补贴促进制造业企业研发投入了吗？——基于资本结构的门槛效应研究［J］．经济体制改革，2020（2）：112－119．

［56］胡丽娜．财政分权、财政科技支出与区域创新能力——基于中国省级面板数据的实证研究［J］．经济体制改革，2020（5）：149－155．

［57］何宜庆，吴铮波，吴涛．金融空间特征、技术创新能力与产业结构升级——以八大经济区为例［J］．经济经纬，2020，37（1）：96－104．

［58］Hottenrot H，Lopes Bento C. R&D collaboration and SMEs：The effectiveness of targeted public R&D support schemes［J］. Research Policy，2014（6）：1055－1066.

［59］Colombo M G，Croce A. Guerini M. The effect of public subsidies on firms investment cash flow sensitivity：transient or persistent？［J］. Research Policy，2013（9）：1605 – 1623.

[60] 武龙. 风险投资、认证效应与中小企业银行贷款 [J]. 经济管理，2019（2）：172 – 190.

[61] Musgrave R A. The theory of public finance：a study in public economy [R]. New York：McGraw – Hill. 1959.

[62] Oates W E. Fiscal federalism [R]. New York：Harcourt Brace Jovanovich. 1972.

[63] 周克清，刘海二，吴碧英. 财政分权对地方科技投入的影响研究 [J]. 财贸经济，2011（10）：31 – 37.

[64] 权飞过，王晓芳. 财政分权、金融结构与企业创新 [J]. 财经论丛，2020（1）：22 – 32.

[65] 柳光强. 税收优惠、财政补贴政策的激励效应分析 – 基于信息不对称理 论视角的实证研究 [J]. 管理世界，2016（10）：62 – 71.

[66] Luo Wen, Dai Zilong, Fang Xi, Wang Guangjie. Modeling and Empirical Analysis of Regional Science and Technology Innovation Performance Evaluation Index System [P]. Proceedings of the 2019 4th International Conference on Social Sciences and Economic Development.

[67] 赵闯，陈劲，李纪珍，梅亮. 企业创新系统：概念内涵与研究演进 [J]. 创新与创业管理，2018（1）：124 – 142.

[68] 陈红花，尹西明，陈劲，王璐瑶. 基于整合式创新理论的科技创新生态位研究 [J]. 科学学与科学技术管理，2019：1 – 15.

[69] 王家明，张云菲，丁浩. 山东省区域创新能力时空双维实证评价研究——基于 PFHWD – TOPSIS 模型 [J]. 华东经济管理，2020，34（11）：18 – 28.

[70] 杜英，李晥玲. 基于子系统协同度评价的区域科技创新能力测度——以甘肃省为例 [J]. 中国科技论坛，2021（2）：91 – 99.

[71] 何仁伟，谢磊，孙威. 京津冀城市群城市化质量综合评价研究 [J]. 地域研究与开发，2016，35（6）：42 – 47.

[72] 申建旗. 对供给学派与我国供给侧结构性改革的深化认识

[J]. 经济研究导刊，2018 (36)：3 - 4.

[73] 乔治·吉尔德. 财富与贫困 [M]. 上海：上海译文出版社，1981.

[74] 林毅夫. 新结构经济学 - 反思经济发展与政策的理论框架 [M]. 北京：北京大学出版社，2012.

[75] 付为政. 供给侧视角下内蒙古经济增长动力演进和转换研究 [J]. 黑龙江民族丛刊，2019 (6)：77 - 82.

[76] 于光军. 供给侧结构性改革与内蒙古新经济体系建设 [J]. 内蒙古社会科学（汉文版），2016，37 (4)：11 - 17，2.

[77] 陈素梅，李鹏. 供给侧结构性改革对中国经济的影响——基于一般均衡的视角 [J]. 当代财经，2020 (7)：3 - 14.

[78] 夏清华，何丹. 政府研发补贴促进企业创新了吗——信号理论视角的解释 [J]. 科技进步与对策，2020，37 (1)：92 - 101.

[79] 曹洪军，张绍辉. 创新对经济高质量发展的影响机制与地区异质性分析 [J]. 山东社会科学，2022 (3)：26 - 33.

[80] 莫洪兰，张林，杨艳飞，等. 中国式现代化视域下贵州省数字创新赋能经济高质量发展研究 [J]. 商业经济，2024 (4)：139 - 142.

[81] 刘颜，伦晓波. 经济高质量发展水平测度、区域差异及提升路径研究——以湖南省为例 [J]. 科学决策，2023 (4)：56 - 68.

[82] 尹朝静，李欠男，马小珂. 中国县域农业全要素生产率增长的地区差异及动态演进 [J]. 华中农业大学学报（社会科学版），2022 (3)：108 - 118.

[83] 张子申，金明伟. 中部六省全要素生产率测算及异质性考察 [J]. 统计与决策，2022，38 (11)：129 - 133.

[84] 方建春，张宇燕，吴宛珊. 中国能源市场分割与全要素能源效率研究 [J]. 科研管理，2020，41 (10)：268 - 277.

[85] 薛阳，秦金山，李曼竹，等. 人力资本、高技术产业集聚与城镇化质量提升 [J]. 科学学研究，2022，40 (6)：1014 - 1023，1053.

［86］张军，吴桂英，张吉鹏．中国省际物质资本存量估算：1952—2000［J］．经济研究，2004（10）：35－44.

［87］温忠麟，叶宝娟．中介效应分析：方法和模型发展［J］．心理科学进展，2014，22（5）：731－745.

［88］李宗显，杨千帆．数字经济如何影响中国经济高质量发展？［J］．现代经济探讨，2021（7）：10－19.

［89］韩兆安，吴海珍，赵景峰．数字经济驱动创新发展——知识流动的中介作用［J］．科学学研究，2022，40（11）：2055－2064，2101.

［90］任保平．数字经济引领高质量发展的逻辑、机制与路径［J］．西安财经大学学报，2020，33（2）：5－9.

［91］张蕴萍，董超，栾菁．数字经济推动经济高质量发展的作用机制研究——基于省级面板数据的证据［J］．济南大学学报（社会科学版），2021，31（5）：99－115，175.

［92］戚聿东，褚席．数字经济发展、经济结构转型与跨越中等收入陷阱［J］．财经研究，2021，47（7）：18－32，168.

［93］杜传忠，张远．数字经济发展对企业生产率增长的影响机制研究［J］．证券市场导报，2021（2）：41－51.

［94］Cristina Baciu, Ioan Radu, Cleopatra Şendroiu. Local public policy process: a new approach based on the system dynamics principles［J］. Journal of Advanced Research in Law and Economics. 2012（6）：4－9.

［95］J. Brewer. Kronecker products and matrix calculus in system theory. IEEE Transactions on circuits and systems. 1978（9）：772－781.

［96］尤永杰．现代系统论整体性对整体与部分范畴的丰富与发展［J］．学理论，2010（36）：33，51.

［97］范冬萍．系统科学哲学理论范式的发展与构建［J］．自然辩证法研究，2018，34（6）：110－115.